Malamente

narrAZIONI

245

Produzione
C&P Adver > Mario Papalini

Progetto grafico e impaginazione
Rossella Cascelli

Fotografie
Stefano Erasmo Pacini, 1977

Effigi

Effigi Edizioni
Via Roma 14, Arcidosso (GR) Tel. 0564 967139
www.cpadver-effigi.com - cpadver@mac.com

Stefano Erasmo Pacini

Malamente

Una educazione maremmana

C&P Effigi

All'isola che non c'è, al bar che c'è stato,
ai compagni di sogni e di strada. A Laura.

Tutti mi dicon, Maremma, Maremma
ma a me mi pare una Maremma amara,
l'uccello che ci va, perde la penna
e io ci ho perduto una persona cara.
Sia maledetta, Maremma, Maremma,
sia maledetta, Maremma e chi t'ama,
sempre mi trema 'l cor, quando ci vai,
perché ho paura che, non torni mai

Canto popolare inizio '800

Fuggiremo il riposo fuggiremo il sonno
Prenderemo al volo l'alba e la primavera
E prepareremo giorni e stagioni
a misura dei nostri sogni

Paul Eluard

Sommario

Duemiladiciannove.
Da qualche parte del mondo

Adesso che tutto è finito mi chiamano il vecchio. Non tanto per l'età, ma per quello che racconto. Mondi lontani, eventi irripetibili, echi di battaglie, trame tessute sul filo dei ricordi mandati a memoria nelle serate passate con i racconti di nonni e genitori.

Mi ascoltano perplessi, divertiti, sorpresi, e spesso mi domandano se ho l'età che dichiaro, e quando gli spiego che non conta il tempo che ho trascorso ma quello che rappresento con la memoria che tramando, ecco, si perdono. In qualche modo li inquieto perché qualunque cosa affermino non sono più capaci di immaginare, sognare, sollevarsi dal pantano dell'esistenza, volare via. Ma non mi disturbano, prima o poi troverò chi capirà e continuerà a raccontare al posto mio. E altrimenti pazienza, verranno nuove albe, nuovi germogli, nuove storie per ricominciare da capo ancora una volta, qui, dove ho sempre vissuto e mai sono stato.

"Ho letto, le ho lette finalmente. Molti personaggi popolano le tue storie. I personaggi di una storia, come le persone che vivono la tua storia; però talvolta i ruoli si scambiano, si sovrappongono, sfumando una verità fin troppo mutevole e vaga. Ci siamo anche noi qui dentro. Ma tu sei chi? E io sono chi, veramente? Laura".

PRIMA PARTE

Anni cinquanta del secolo scorso. Fattoria di Mucini, alta Maremma

"La felicità non è fare tutto ciò che si vuole, ma volere tutto ciò che si fa"
(Friedrich Nietzsche)

È il primo ricordo vivido che ho. La luce calda che penetra la finestra trapassa una tenda chiara e sottile proiettando un cono che illumina la stanza e si spegne sul muro. Nel suo fascio luminoso così simile a quello che avrei poi conosciuto nei cinema, ballano una danza lieve decine di particelle di pulviscolo.

Silenzio.

Lontano, ovattato, un ronzio meccanico. Per tutta la vita ho collegato la campagna, il silenzio e il rumore lontano di un piccolo aereo con la pace pura.

Mi sono appena svegliato, mi tiro su e mi appoggio alle sbarre di legno del lettino, giro la testa verso la camera di mamma e babbo. Non ci sono. Mi volto verso la porta che dà sulla cucina. Vedo solo una parte della stanza, ma oltre il borbottio della caldaia della cucina a legna non giungono altri rumori. Vedo scivolare qualcosa. Poi più niente, qualche rumore non di legna che arde o di acqua che bolle, ma come un vento lontano. All'improvviso la porta si oscura. Una figura immensa, pelosa, mi si avvicina emettendo brutti suoni. Attacco a piangere, ma-mma ma-mma, ma-mma.

Quella cosa scura pelosa cade a terra, c'è il mio babbo che sorride, "non piangere Stefano, era uno scherzo, non piangere dai, lo vedi che non era un orso ma una pelliccia, ero io, ero io, dai non piangere, non piangere ora arriva mamma, ora arriva, eccola, eccola!" Mi sento sollevare verso il soffitto e stringere dalle braccia di mamma, mi bacia rapida e lecca le lacrime spuntate, si volta verso babbo, "ti sembra uno scherzo da fare?! Mi sarei impaurita io, ma che sei?! Non è niente era babbo orso, non è niente, andiamo si mangia un biscottino".

Ho già smesso di piangere.

"Dai, vai a invitare Tina e Alberto, li vedi sono lì sotto il quercione, non ti preoccupare, ti aspetto qui non me ne vado. Fagli sentire la tua voce, non ti vergognare, dai. Gli devi dire: ha detto mamma se volete venire stasera a vedere la televisione da noi, non importa che portiate le sedie. Capito? Dai, vai! Su, se vai dopo mamma ti regala una cosina buona, uno di quei biscottini a forma di omino, ah, guarda come va il golosone!" Corro ondeggiando quei pochi passi, Tina si piega verso di me sorridente, forse ha già sentito tutto, sa che è un pretesto di mamma per cercare di vincere la mia timidezza, che quasi non spiccico parola. Sono preoccupati, volevano chiamare il dottore, poi hanno lasciato perdere che costava troppo e non è che fosse quel gran luminare.

"Tina devi venire da noi stasera!" Urlo e torno indietro come una molla. Mi sento grande.

Me ne vado per la casa che mi sembra immensa, con quei muri azzurrini che ogni tanto si arricciano e sfaldano, ed io col dito prendo e ingoio quelle scaglie che sanno di sale, e si mischiano al mio moccio perenne. "Stefano maremma scannata! Stai fermo, smetti di mangià quei troiai, ti fanno veni' i bachi un'altra volta e poi stai a mangià semi e sulla buca tutto il tempo!" Mia sorella urlava e andava a dirlo a mia madre che correva col mestolino di legno minacciando di portarmi nella buca. "Ho paura della buca, ci sono i tarponi dicevo, la buca no mamma la buca no". Il bagno aveva un cesso rialzato con due scalini e una buca a piano che scendeva conica e dritta verso il pozzo nero. Il coperchio in pietra pesantissimo che i rattoni non avessero a risalire in casa.

È nevicato. Un silenzio bianco e ovattato ci avvolge, usciamo con i bicchieri io e mia sorella. "Stefano prendi solo quella sopra, la più pulita, bravo, riempi il bicchiere, ecco, dai svelto si fa la granita!" Torniamo in casa intirizziti. La stufa va a pieno regime, mia madre versa dello sciroppo nella neve poi prendiamo su con i cucchiaini, ci guardiamo e ridiamo, ridiamo anche con gli occhi.

La sera mio babbo mi mette sulla seggiolina che ha fatto apposta per me, mi grida "tieniti forte! Vola, vola, volaaa!" E mi alza sopra la sua testa mi fa sfiorare le travi del soffitto, passare tra i salami e buristi appesi, mentre con la bocca fa il rumore dell'aereo "uooooo e ora si atterra!"

"Ancoa, ancoa" dico muovendo le piccole braccia come fossi un uccellino che sta per volare.

Il babbo ci ha spiegato quello che accadrà. E mentre lo fa scurisce dei piccoli vetri sulla fiamma del fuoco della stufa. "Accade una volta ogni tanti anni, siamo fortunati a poter vedere una eclissi totale, il sole pian piano scomparirà del tutto perché gli passa accanto la luna, ma poi torna eh", aggiunge vedendo la mia aria perplessa, "possiamo guardare con questi vetri anneriti se no si diventa ciechi!" La mattina niente scuola, siamo pronti con i nostri vetrini, è febbraio fa freddo ma è una bella mattinata, il sole è sorto da poco. Inizia a perdere consistenza la luce, l'aria diventa più opaca e fredda, siamo schierati tutti fuori casa vetrini in pugno a schermarci, anche mia madre è uscita di cucina. Cala un silenzio strano, sospeso, anche nel bosco. All'improvviso mentre continua ad avanzare un'ombra gigantesca vedo arrivare Lino e Angiolina i nostri vicini di casa, Lino è un po' lento ha la gamba farra e non tanto sale in zucca poverino ma sta ridendo e urlando "guardate! Guardate le galline tornano nel pollaio, vanno a dormi' vanno!" Ha ragione, si stanno affrettando in fila indiana silenziose e smarrite. Cala la notte o qualcosa che le somiglia in peggio, ho paura nonostante il vetrino, le esclamazioni di mio babbo che continua a dire "che spettacolo, che bellezza c'è da perderci la testa", ma anche mia sorella e mia madre tacciono non convinte. Quando il sole riemerge il bosco riprende a vivere e la luce intiepidisce l'aria. Ricordo un grande sospiro di sollievo.

"Stagionaccia" dice mia madre. Mi ha appena preparato un uovo alla coque che ho divorato. Fuori tira forte il vento, cade una pioggia rossiccia sporca di sabbia, il babbo spiega che arriva dal deserto del Sahara, le correnti la portano su su per migliaia di km. Mia sorella sta studiando in ginocchio in camera, sul letto il libro di grammatica, sento la sua cantilena che si confonde con la musica, disturbata da scariche e rumori della radio. "Stasera giochiamo a battaglia navale?" Chiedo speranzoso a babbo. "Certo scerì" - che sta per sceriffo visto la pistola a fulminanti e cinturone che mi ha appena regalato-, "dopo cena una partita si fa, poi a letto che domattina c'è la scuola". "Nevica!" Irrompe in cucina mia sorella sorridente, "nevica rosso!" Ci catapultiamo fuori, è vero non è bianca immacolata come sempre, è rossiccia, sporca. "Questa è bella" dice il babbo, "è crollata la temperatura di colpo e nevica con la sabbia, è un fenomeno raro, i vecchi lo chiamavano neve di sangue". "Forse dipende dall'eclissi" azzarda mia madre con un mezzo sorriso. Babbo non le risponde neppure, ma la sua occhiata basta e avanza.

Tempo di guerra

"Sperare significa smentire l'avvenire"
(Emil Cioran)

I miei si erano conosciuti in primavera. La guerra era scoppiata l'estate precedente. Marisa finalmente si era affrancata dal collegio dei Servi di Siena, dove sua madre Beppina era stata costretta a mandarla insieme ad uno dei fratelli. Non c'era pane per tutti in casa benché si finisse gli occhi a cucire e la schiena a cucinare nella Fattoria di Scorgiano. La casa dove abitavano era attaccata al muro della grande villa della contessa, e tutti la chiamavano "la casa dei Michele", per via che da generazioni il nome si ripeteva continuamente, costringendo quindi a specificare: "il donnaiolo", "il capoguardia", "il napoleonico" e altri appellativi per cercare di strigare la matassa. Suo marito Michele fante scampato al massacro della grande guerra e alla epidemia di febbre "spagnola" che ne aveva ammazzati più che al fronte, era morto neppure quarantenne per una polmonite. Come non mancasse altro la grande crisi economica era arrivata e il fascismo autarchico le faceva solo scuotere la testa e imprecare. "Siete beccamorti! Con quelle camicie nere sembrate la mia povera zia sempre a lutto, corvacci, beccamorti, questo siete!". E quando il fattore le aveva chiesto di fare il suo dovere e andare a donare l'oro alla patria, lo aveva fulminato con quei suoi occhi azzurri gelidi. "Oro alla patria? Lo daranno i signori l'oro alla patria caro fattore, lo darà la contessa io ho solo la fede del mio matrimonio, è l'unica cosa che mi ha lasciato mio marito a parte tre figli! Porcoddissi! Prima di darla alla patria la fede la butto nel pozzo dell'acqua, poi se vuole la va a pesca' lì! Cristo non è morto di sonno! Non mi fa' bestemmia' eh!"

Il fattore batteva in ritirata cercando di salvare la faccia con un poco convinto e biascicato "eh qui si fa l'impero e invece voi amici dei fuoriusciti… se non fosse per Lui non sareste qui voi, villan fottuti!". Ma sapeva che Beppina era una donna ombrosa e pericolosa. Minuta, ma dotata di una forza nervosa fuori dal comune, sorretta da due occhi glaciali e fiammeggianti allo stesso tempo, capace di scatti d'ira funesta. Ricordavano ancora in tanti quando da ragazzetta nel '17 aveva organizzato una sassaiola contro il prete di Strove che pare avesse allungato un po' le mani sulle ragazzette. E la sua famiglia non era da meno: il fratello maggiore all'avvento del fascismo era emigrato in Brasile e lì sparito, mentre il padre ciabattino e socialista figurava nella lista nera del regime. Il giorno in cui si era sposata i fratelli di Beppina avevano fatto la guardia fuori dalla chiesa, un po' per prevenire vendette dell'ultima fidanzata appena abbandonata dallo sposo, un po' per sincerarsi che non si desse alla fuga anche con lei.

A Beppina decisamente i fascisti non piacevano, lo aveva capito bene Marisa già in quinta elementare. La scuola aveva indetto un concorso provinciale per la miglior poesia sulla primavera, in premio un viaggio alle migliori con le maestre il 21 aprile, natale di Roma, nella città eterna per assistere anche ad un discorso del duce. Marisa volava quel giorno tornando a casa, aveva vinto, era tra le prescelte per il viaggio premio! Beppina aveva letto la poesia e poi l'avviso della maestra, e mentre guardava la figlia scuoteva la testa, facendole tramontare il sorriso. "Brava, è davvero bella Titti questa poesia, ma te a Roma con quella fanatica della maestra non ci vai, lascia che vada con la sua figliola a vedere Mascellone e i suoi beccamorti! Dai, non fare quella faccia, quel giorno farai festa, si andrà al mercato di Colle e poi, guarda cosa ti regalo", e prese tre penne di pavone che fecero incantare Marisa.

Mia madre le ha sempre portate con sé, adesso le ho io. La poesia invece è andata perduta.

Marisa aveva patito fame e preghiere nel collegio dei Servi a Siena dove era stata accolta per alleggerire il fardello di Beppina. Freddo, orari e vita militari, punizioni per qualunque sciocchezza. Aveva persino mutato modo di parlare che molte sue compagne erano dell'alta Italia e lei ne aveva preso la calata senza volere, attenuato la c aspirata, tanto che sua madre le aveva detto durante una visita: "porcoddissi! O come parli, non è che mi diventi tedesca?" Marisa temeva particolarmente una suora, un donnone grande e grosso che faceva scherzi da prete alle più piccole, per poi riderci con una risata asinina. Aveva una gamba di legno e una volta l'aveva chiamata: "vieni Marisa piccolina, vieni che ho una cosina", e le aveva messo in mano la gamba che aveva svitato. "Ora portala a fare una giratina ahahahahahaha!!!" E più Marisa rimaneva lì impietrita più ragliava la sua risata.

Dopo pochi ma interminabili anni aveva lasciato il collegio e trovato impiego alla Bertolli a confezionare fiaschi e bottiglie di vino e d'olio. Tredici km all'andata e tredici al ritorno in bicicletta, un paradiso in confronto al convitto nonostante le paure all'imbrunire, i cinghiali che le tagliavano la strada su per la salita di casa, la pioggia, la neve. E il resto della giornata in una campagna poco incline al sentimentalismo. Governava i polli, dava l'erba ai conigli, aveva un maialino che appena la vedeva usciva dal branco e la seguiva come fosse un cagnolino, e questo la faceva sentire un poco magica. Un giorno però il porcello non era venuto fuori ed era bastata un'occhiata di sua madre per farle capire che fine avesse fatto.

In fondo alla discesa sul ponte di Gracciano per un po' di giorni aveva trovato un bel tipo con i baffi sottili e i capelli lucidi di brillantina, un aiuto barbiere, che la faceva ridere con le sue battute galanti. "O dove pedala questo fiore così bello? Fermati o rosa a conoscer Pier Nello!" Lei sorrideva ma proseguiva, ricordando bene le raccomandazioni di Beppina. Che non si sa come venne rapidamente a sapere del moscone in agguato sul ponte, un tipetto dalla fama di ganzino, e il barbieretto cambiò bersaglio e Marisa strada, non prima di rimediare uno schiaffone per aver accennata una protesta. "Sei donna ormai, alla larga dai maschi ganzini alla larga porcoddissi!".

Ma a quattordici anni si sentiva grande, portava i soldi a casa, faceva girare la testa a molti per la sua altezza e portamento fuori dal comune, e il bruciore e ricordo dello schiaffo svanì nell'istante in cui conobbe quel bel tipo sorridente in divisa d'aviatore. Bovisio.

Si era arruolato in aviazione, un po' per il fascino del volo un po' per un calcolo azzardato che probabilmente gli salvò la vita. Ed anche per iniziare a staccarsi dalla grande famiglia patriarcale. Non credeva più che avesse un gran futuro. L'aver studiato, l'intuire che i metodi di coltivazione erano arcaici assicurando al massimo la sopravvivenza in una mezzadria dove il padrone faceva il bello e cattivo tempo, lo avevano portato a scontrarsi con il capoccia Giusto che gli diceva con affetto ma a muso duro: "Bovisio, qui si è sempre fatto così e sempre si farà così, quando sarò morto io e il capoccia sarai te potrai fare come dici, prima no!"

Lo scoppio della guerra non l'aveva sorpreso. Aveva già pensato che se fosse finito in fanteria le cose si sarebbero messe male, non aveva nessuna fiducia nella guerra lampo né nella sua vittoria sbandierata dal regime. Aveva guadagnato tempo con il corso a Capodichino al termine del quale era uscito marconista aviatore. Era stato preso in quanto diplomato perito commerciale, il primo della famiglia, studiando di notte, in quanto Casagrande il podere condotto a mezzadria da tutta la famiglia non permetteva di stare con le mani in mano. Amava quella casa nelle campagne tra Colle e Gracciano, e abitarla in venti tra cugini, zii, nonni, nipoti lo faceva sentire parte di un blocco unito non solo dal lavoro e dalla terra, ma anche dal volersi bene, dal cercare un futuro migliore.

La fatica non mancava ma il pane neppure. La mattina all'alba si riunivano nella stalla e a ognuno veniva affidato un compito a seconda dei lavori e delle stagioni. Intanto le donne preparavano grandi zuppiere colme di pane e fagioli, panzanella, minestre, la pasta e il pane fatti in casa e custoditi nella grande madia con la farina. Tante verdure dell'orto, pomodori, uova. Raramente carne, che per lo più andava al padrone del podere, mentre i salumi venivano preparati una volta passato il Natale quando arrivava il norcino e veniva ammazzato il maiale. Mio padre ricordava distintamente la prima volta. La sveglia di quel mattino quasi gioiosa, con il camino a pieno regime e un paiolo già colmo di acqua bollente, zio Giusto che affilava i coltelli di buon umore e zio Raffaello che montava la macchina per fare le salsicce. Con i cugini Beppe, Livio, Gino, Vasco, Arduino e con il suo fratellino Brunetto avevano formato un piccolo corteo fino alla porcilaia. Nell'aria gelida si vedeva il fiato uscire dalle bocche, Beppe diceva "eh, ora gli tocca poro maiale" mentre Brunetto saltellava e chiedeva "che gli fanno? Che gli fanno?" E Livio gli dava sulla voce "chetati che ora lo vedi che gli fanno, le salsicce e i prosciutti ci fanno!" Il maiale all'ingrasso aveva intuito subito. Appena il norcino, Santi, Giusto e Raffaello erano entrati con la fune per legarlo aveva dato in strida altissime, ribellandosi e dimenandosi disperatamente. Una volta legato lo avevano trascinato fino a sotto la tettoia. Giusto imprecava, "madonna schicchirillosa o quanto pesa, sarà un quintale e più!" "See, è grassa se arriva a novanta kg", ribatteva Raffaello, mentre Santi sbuffava. A un certo punto era calato il silenzio, anche il porco si agitava meno, rassegnato.

Il norcino aveva preso lo spillone e lo aveva infilato con un colpo deciso tra l'orecchio e il muso della bestia. Un fremito rapido ed il crollo. Un catino ovale di zinco era stato posto sotto il muso, con un taglio sotto la gola era stato fatto uscire il sangue. Intanto Giusto e Raffaello avevano cominciato a strinarlo e lavarlo con l'acqua bollente, radendo le setole con coltelli affilati come rasoi. Santi aveva portato una scala di legno, legato alla scala appoggiata alla parete il maiale era stato rapidamente aperto dal norcino prima col coltellaccio e poi con colpi di mannaia e martello ben assestati. Un altro catino si era riempito delle interiora. A pranzo i bambini avevano gustato i migliacci preparati da Pia, sangue di maiale, farina, zucchero, cotti sulla stufa. Brunetto aveva strillato: "è bono il maialone!"

Tutto veniva meticolosamente annotato, sia per la mezzadria e fare i conti con il padrone, sia per la famiglia e i suoi vari nuclei per fare le parti a seconda dei componenti e del lavoro. Parti diverse tra uomini e donne, anziani e bambini. Un uomo dai 18 anni in poi valeva tre punti, una donna due, i ragazzi sopra i 12 anni uno. Ma non si poteva risparmiare mai nulla ed era dura la quotidianità con un solo gabinetto alla turca senza acqua corrente ed elettricità.

Bovisio che continuava gli studi, unico tra i cugini, fu presto delegato anche a tener di conto che il capoccia Giusto cominciava a vederci poco.

Poi la guerra si era presentata a grandi passi e mio padre aveva iniziato a calcolare come salvarsi la vita.

Si erano incontrati a Scorgiano per una serata da ballo alla buona nella sala dietro la Posta, lui era arrivato in bicicletta da Gracciano, con Beppe in canna, facendo un po' per uno a pedalare. Più che al ballo chiaramente erano interessati alle ragazze arrivate dalle campagne, sia pur vigilate da madri zie o sorelle.

Marisa non passava inosservata. Più alta di lui, gran sorriso, occhi verdi e capelli castani, con un vestito fatto da sua madre sarta che pareva arrivato da Parigi. Bovisio non le aveva staccato gli occhi di dosso, poi avevano ballato insieme tre volte. Era stato amore a prima vista.

Marisa aveva tardato a prendere sonno quella notte, continuando con sua sorella Marina a parlare di quell'aviatore di Gracciano, piccolo, asciutto ma pieno di fascino con lo sguardo assassino. "Ora se lo viene a sapere mamma che dirà?" "Ma dai, secondo me le piace, non fasciarti la testa prima di averla rotta" le rispondeva Marina, "e poi ha un lavoro buono anche se viene dalla campagna, te lo immagini se diventa un tenente, eh, un bel tenentino?" "Marina, ti sei dimenticata che c'è la guerra?! O come ragioni?" "La guerra? Vedrai finisce presto, altri sei mesi al massimo". "Dici? Speriamo, è già durata troppo". Intanto Bovisio e Beppe filavano spediti giù in discesa verso il ponte di San Marziale. "Hai trovato una bella topina eh?" Lo stuzzicava Beppe, ma Bovisio non rispondeva come suo solito, si limitava a sorridere come fosse da solo.

Aveva visto bene Marina. Beppina non aveva fatto molte storie quando Bovisio aveva bussato e si era presentato "per fare la parte in casa" a lei e al nonno Michele che faceva le veci del padre, dicendo che aveva intenzioni serie e che voleva frequentare Marisa. Sia il nonno che la madre avevano tenuto a precisare che comunque c'era tempo, vista la guerra in corso, ma sotto i baffi Michele aveva sorriso per la sua nipotina, diventava grande, bella, e quel tipo di Gracciano comunicava sicurezza e serietà al primo sguardo. "Speriamo bene, Dio ce la mandi bona e senza vento", aveva sospirato Beppina, mentre già i due piccioni erano scappati per prati in compagnia di Marina.

Si vedevano poco, lui era ancora alla base di Capodichino e poteva venire in licenza una volta al mese. In queste occasioni cercavano di recuperare il tempo perduto, ma era difficile sfuggire alla sorveglianza di Marina, degli amici, e poi agli impegni, che Marisa era entrata a Casagrande presentata da Bovisio a tutti, dal capoccia in giù, fino ai suoi genitori Santi e Pia. Il primo aveva bofonchiato imbarazzato "piacere bimba!". Per quelle cose era davvero poco pratico, si era sposato nel '21 scampato ai massacri sul Carso e all'epidemia di spagnola che ne aveva ammazzati più della grande guerra, quasi vecchio a trent'anni suonati che appena aveva frequentato una donna l'aveva messa incinta dopo averla rovesciata nel fosso durante una pausa della potatura in vigna. Per cui si erano sposati ad aprile e a novembre era nato mio padre. Marisa ci rideva ancora, a distanza di una vita, con la storia del nome di mio padre. Santi era un contadino che si alzava alle 4 di ogni mattina ma durante il giorno sonnecchiava appena poteva, anche mangiando, anche sul carro che i buoi conoscevano la strada a memoria. E così fu anche il giorno che partì da Casagrande per andare all'anagrafe di Colle Val D'Elsa a segnare mio padre. Pia si era molto raccomandata. "Chiamalo Giovanni, oppure Fortunato". Arrivato all'anagrafe Santi aveva comunicato contento di dover segnare un bimbo, un mastio! "Bravo, complimenti!" gli aveva sorriso l'impiegato, "arrivano braccia per lavorare la terra! Come lo chiamate?" Santi si era guardato intorno smarrito, come se cercasse sua moglie, o che gli aveva detto prima di partire? Diolae aveva dormito bene cullato dallo scrocciolio del carro e ora un si ricordava nulla. L'impiegato era rimasto con la penna a mezz'aria, pronta per essere intinta nel calamaio. "O quell'omo, avete sentito? Come lo chiamate? Non è che si può stare qui tutta la mattinata per voi eh!" Santi si era sentito perso, diolae o che aveva detto Pia? In quel mentre era intervenuto il responsabile dell'ufficio, il cavalier Meloni "che ne dite di chiamarlo Benito?" Il Meloni era il fondatore del fascio a Colle e di lì a un anno avrebbe anche marciato su Roma. "No, no", si riscosse

Santi, “lo chiamo Bovisio!”. All’improvviso gli era venuto a mente che prima di essere spedito sul Carso durante la grande guerra era rimasto due mesi a Milano, a Bovisio Masciago assegnato lì con l’artiglieria e le salmerie, avrebbe ricordato per sempre Milano per le mosche fitte come a Casagrande. L’impiegato soddisfatto iniziò a scrivere, “Bo-vi-sio” “No, no, diolae! La mi’ moglie lo vole chiamà Giovanni o Fortunato ora mi rammento” urlò Santi. “Tardi” replicò lo scrivano “ma ve li aggiungo come secondo e terzo nome, Bovisio, Giovanni, Fortunato, fu Santi”.

Pia non si era arrabbiata, “un nome vale l’altro” gli disse, “però la prossima volta vengo anch’io all’anagrafe” e aveva mantenuto la parola e i nomi per gli altri figli Brunetto e Fedora.

A Marisa quel giorno Pia aveva fatto un sorriso dolcissimo e le aveva detto: “o bravi, l’importante è che vi vogliate bene, tutto il resto vien da sé”.

Si erano scattati anche qualche piccola foto formato taschino insieme. In una si vedono sul prato davanti alla fattoria di Scorgiano, lei con i capelli sciolti che guarda dritto in macchina, lui con la giacca e la cravatta che le mette una mano sulla spalla e la guarda premuroso, sul retro la data “1941, ore d’incomparabile felicità”. La calligrafia è di mio padre.

Si scrivevano molto. Lui aveva anche una sottile vena ironica, lei rise molto quando vide una cartolina tassata con scritto: “tanti saluti e baci, paga la tassa e taci!” E si commosse invece, e corse a confidarsi subito con sua sorella e le amiche, quando in una lettera lui le scrisse che quel pomeriggio era stato in libera uscita con i suoi amici avieri a Napoli. Erano andati tutti insieme in un noto casino del centro famoso per le sue donne prosperose, ma all’ultimo momento non era entrato, aveva pensato a lei e rinunciato, aveva preferito giocare a boccette al biliardo in un caffè vicino. “Amore! Marisa questo è amore” le dissero in coro abbracciandola.

Mucini. Non si è mai capito bene cosa volesse dire questo nome, qualcuno pensa sia una storpiatura di mucido che indica una zona umida, piena di muffe come probabilmente era prima della bonifica.

Piccolo puntino sulla carta geografica è Mucini, all'incrocio tra la strada che viene da Siena e sta per arrivare a Massa Marittima e quella che risalendo le montagne vicine porterebbe fino a Volterra, si trova su un poggetto contornato di ulivi e boschi. Alla sommità si arriva con una strada bianca fiancheggiata di cipressi, e qui fa bella mostra di sé una villa stile liberty di fine '800 con un bel parco e chiusa da alte mura. All'ingresso della villa una chiesetta con campanile, tutto intorno vari poderi e casali della tenuta. Il proprietario fu molto a lungo Moris, un possidente che al massimo dello splendore aveva altri 43 poderi in varie zone dell'alta e bassa Maremma. Ma il vizio di giocare lo ridimensionò molto. Secondo alcuni Mucini fu persa a carte dopo una partita protrattasi dal tramonto all'alba. Per altri la tenuta fu svenduta per i debiti da gioco. Fatto sta che negli anni trenta subentrò la signorina Devoto, sorella del grande italianista del vocabolario.

Durante la guerra, dopo l'8 settembre, divenne sede del comando tedesco di zona. Accanto alla casa dove sarei nato non molti anni dopo fu montata una grossa stazione radio e una batteria antiaerea. La villa fu raggiunta nella notte del 10 giugno del '44 da alcuni delatori fascisti che arrivavano dal vicino villaggio minerario di Niccioleta occupato temporaneamente dai partigiani e poi gestito dai minatori stessi. Fu anche grazie a queste spie che tre giorni più tardi un rastrellamento nazifascista portò al massacro di 83 minatori.

Appena in grado di camminare da solo avevo esplorato i dintorni della casa con i muri azzurrini, alcune volte anche con una piccola bicicletta con le ruote per non cadere. Precauzione vana per gli assalti di mia sorella che con la scusa di seguirmi sulla sua bici spesso cercava di buttarmi fuori strada, riuscendo una volta a farmi finire impigliato in un filo spinato come Cristo in croce, un'altra a spaccarmi il labbro sul manubrio, una terza a farmi finire in una concimaia.

Mucini oltre la villa era comunque un luogo selvaggio, abitato da contadini che ancora tagliavano i capelli con la macchinetta per tosare le pecore, con capanne di saggina per gli animali pressoché identiche a quelle etrusche, buoi che trainavano il piccolo aratro di legno con la punta in ferro che i nostri vicini utilizzavano per lavorare la terra sassosa tra gli ulivi. Nel mezzo alcune grandi querce secolari che probabilmente avevano visto passare Garibaldi in fuga dopo la morte di Anita, dove il 1 settembre si svolgeva una grande fiera del bestiame. Quel giorno centinaia di contadini vestiti a festa sciamavano dai poderi e dai paesi vicini, chi per portare animali da vendere chi per comperarli, suggellando gli affari con grandi strette di mano e bevute di vino. Poi le bancarelle con gli attrezzi agricoli e quelle con i dolciumi. Tutti si portavano da casa pane companatico e vino, pochi arrivavano alla vicina osteria. Il giorno dopo con mia sorella si perlustrava tutta l'area in cerca di qualche monetina perduta.

Titta era la cagna mezza lupa dei miei vicini, gli dava qualche avanzo Lino ma veniva spesso a scodinzolare anche da noi, sapendo che qualcosa avrebbe rimediato. Ogni tanto l'accarezzavo, non molto convinto. Un giorno Lino mi chiamò "'tefano vieni a vede' Titta ha fatto i canini, vieni a vede' dai vieni!". Corsi fino alla sua cuccia, mi sporsi verso l'imboccatura che la cagna era dentro e si intravedevano diversi cuccioli. Titta scattò abbaiando furiosamente, presi a correre verso casa ma inciampai su un sasso e in un attimo vidi il muso del cane vicino al mio, avevo il cuore in gola mentre lontana mi arrivava la voce di Lino "Titta cuccia, cuccia ho detto, a cuccia maremmacane!"

Titta mi annusò e poi se ne tornò via. Mi ci vollero dieci anni per attenuare e poi far svanire il terrore per i cani.

Marisa aveva molto patito la perdita del padre, il collegio, la separazione dalle amiche. Ma soprattutto non poter vedere suo nonno che si chiamava Michele come il bisnonno combattente con Napoleone durante la campagna d'Italia dove si era guadagnato una medaglia esposta nella bacheca di famiglia insieme a quelle ottenute dai gemelli Romolo e Remo durante la grande guerra. "Nella nostra famiglia sparavano tutti cara Titti" diceva a mia madre indicando i fucili attaccati al muro, "anche le donne, per cui lo insegnerò anche a te!"Mia madre lo adorava lui la viziava con piccoli regali e con i racconti fantastici della sua vita. Che spiegavano molte cose. Era stato capo guardiacaccia della Fattoria, ma amante ufficiale della contessa nella realtà, cavalier servente, compagno di tutte le occasioni non strettamente ufficiali.

Qualcuno si spingeva anche ad attribuirgli il ruolo di genitore dei figli del pallido conte, ma su questo il suo riserbo era sempre stato assoluto. Certo era che aveva ricevuto dalla contessa una delle prime biciclette della Toscana, e lui si divertiva ad andare per le campagne suonando il campanello e mettendo in fuga i braccianti che pensavano fosse una creatura demoniaca. Era alto, possente, con due baffoni ben curati ed aveva imparato a leggere e scrivere e far di conto più che bene, tanto che molti contadini, cappello in mano, lo fermavano per la strada chiedendogli favori o lumi. La contessa aveva concesso in usufrutto gratuito a lui e i suoi discendenti finché vi avessero abitato la grande casa attaccata all'ingresso della villa padronale. Sul muro una piccola edicola votiva di Santa Barbara con la data, 1797. Era anche un grande affabulatore, lo ascoltavano tutti senza stancarsi, che si trovasse a una riunione nel casino di caccia o in famiglia. E a mia madre raccontava anche storie più o meno proibite. "Titti io te le racconto, ma te acqua in bocca mi raccomando eh, lo so che non sei una boccalona come tua sorella, però non le andare a dire che se no si passa dei guai io e te. Quando ero giovane scortavo il signorino che poi sarebbe diventato conte e, tu sapessi, non andava solo a caccia con gli amici nobili, ma organizzavano nei boschi anche dei balli angelici, con le amiche di città, tutti nudi e nude! Amanti del Sole e della natura. Eh, poi c'era una che suonava il violino e loro dovevano fare con i corpi delle figure artistiche che un loro amico dipingeva. Quando il conte vecchio organizzava le feste in villa, ma quelle grandi eh, quelle che faceva due o tre volte l'anno, allora sì, avresti dovuto vedere che sfarzo! Tutta la servitù, che allora stava nelle stanzine delle soffitte, lavava, puliva, spolverava tutto per giorni e giorni. Da Milano arrivava una statua fatta apposta, tutta di cioccolata, e il conte mandava il fattore e il vice con due carrozze a prendere le figliole più belle dei suoi contadini per invitarle al gran ballo. Ma prima le voleva esaminare, voleva vedere se si erano lavate bene, gli alzava la gonna col frustino di bue, col nerbo come quello dei fantini al Palio, e mi ricordo come fosse ieri di una mora, bella bella eh di San Chimento, ma sudicia, tanto che aveva le gambe con le chiazze di croccia, al che il conte s'infuriò gli ci fece mette' lì, lì nel mezzo del pepe, così almeno si lava" disse. "Eh Titti che tempi, che tempi". Mia madre ascoltava rapita e ogni volta che poteva cercava di fargli raccontare di nuovo queste storie e altre ancora, senza mai stancarsi.

Le notizie che arrivavano gli confermavano di non averla pensata male. Da casa gli scrissero che suo cugino Vasco risultava disperso durante una battaglia nel deserto libico. Morto, pensò mio babbo, oppure prigioniero degli inglesi se è andata bene. Ricordò la volta che giocando insieme a lui e i suoi cugini a Casagrande lo aveva fregato con uno scherzo birbone mentre giocavano a "piglialo per la coda". La coda era una ramazza di saggina che rappresentava una volpe da catturare, ognuno a turno correva tirandosela dietro, vinceva chi riusciva ad acchiapparla prima degli altri. Era ormai il crepuscolo e toccava a Vasco fare la volpe, Bovisio fremeva perché era l'unico che ancora non l'aveva acchiappata e quella era l'ultima possibilità prima di dover pagare pegno ed essere canzonato da tutti. Si concentrò aguzzando la vista nella notte che calava per vedere da dove sarebbe sbucato Vasco, forse da dietro il pagliaio, o forse dalla porcilaia. Non si accorse del rapido parlottio tra i suoi cugini, né del cenno d'intesa che avevano scambiato con la volpe. "Eccolo!" Urlò Beppe, ma invece di scattare tutti partirono piano, Bovisio si trovò in testa, "ti prendo, ti prendo, preso!" Gridò eccitato quando in tuffo prese la ramazza e l'urlo gli si strozzò in gola mentre partiva la risata generale. La scopa era ricoperta di merda di maiale.

A Capodichino i fascisti erano sempre trionfalistici, ma non si parlava più di guerra lampo. I capi che intervenivano alle adunate chiedevano sempre volontari per equipaggi da spedire in Africa, ed ancora si offrivano in molti, mio padre si guardava bene dal farlo che i volontari precedenti non si erano più visti, e poco gli importava del sarcasmo del colonnello che indicava ai volontari "guardateli i cuor di leone!" Ricordava anche bene che al giuramento non era stato l'unico a urlare "l'ho duro" al posto di "lo giuro". E il mese prima c'era stata una mezza rivolta per il vitto marcio che aveva provocato una dissenteria generale, tanto che qualcuno era andato a cacare persino nella vasca da bagno degli ufficiali. Avevano saltato il rancio dopo la prima consegna per questo, ed alla seconda di due giorni che era seguita si erano quasi tutti rasati i capelli a zero per protesta. Di questo non parlava nelle lettere a Marisa per via della censura, ma quando tornava in licenza ne aveva di cose da raccontare. Tra le altre cose era riuscito ad insegnarle l'alfabeto morse e le aveva regalato un piccolo trasmettitore.

La guerra non accennava a terminare, anzi si allargava con

l'invasione dell'Unione Sovietica e l'entrata in guerra degli Stati Uniti. Nel frattempo Bovisio per la sua abilità di marconista o forse per il destino benigno, era stato assegnato alla base radar di Mentone nella Francia occupata, sulla costa a un tiro di fucile dalla frontiera. Marisa ne aveva subito goduto in quanto a regali che riceveva durante le sue licenze: calze, foulard, profumi francesi, cose da signori. Bovisio faceva rispetto ai suoi colleghi al fronte una vita rilassata. E spesso esplorava i dintorni, e se non fosse per i militari in giro gli sarebbe sembrato di stare in un film. Ma non era un bel film. Ricordava scene in cui i fanatici, i fascisti, ma anche tanti approfittatori, rubavano, maltrattavano i francesi che non si sforzavano di parlare italiano, cercavano di insidiare con le buone o le cattive le ragazze che non giravano in gruppo, ripagati dal disprezzo generale. Le lettere che giungevano da casa raccontavano della difficoltà a mantenere i patti col padrone visti i maschi sotto le armi, Vasco ancora disperso, gli inverni sempre più rigidi e i raccolti scarsi. Marisa andava in villa e con la vecchia contessa ascoltavano di nascosto Radio Londra, dalla Russia le notizie erano sempre più catastrofiche, quando lo raccontavano a Beppina lei scuoteva il capo "va a finire male porcoddissi, me la sentivo io da tanto tempo". Con l'allarme aereo iniziarono i bombardamenti del nodo ferroviario di Poggibonsi, e alla villa cominciarono ad affluire gli sfollati soprattutto da Firenze e Siena. Tra questi un tipo pelato, grassottello e sordo come una campana. "Mario, Mario ci senti?" Gli urlavano da vicino Marisa e le amiche. "Che succede, che succede?! Bombardano?!" Rispondeva apprensivo, e allora Marisa e Marina iniziavano a correre verso il bosco come se fosse scattato l'allarme e Mario, che non sentiva le sirene ma seguiva attento i movimenti degli altri, iniziava a correre come un fulmine sorpassandole per poi ritrovarsi solo, mentre mezza Scorgiano rideva e Beppina scuoteva la testa "ma son scherzi da fare?! Porcoddissi!".

Il Giovannoni era stato uno dei fondatori del fascio massetano, finanziatore, organizzatore, generoso dispensatore di manganellate e olio di ricino ai contadini socialisti, capo spedizione alla marcia del 28 ottobre. Era un tipaccio come quelli che, dopo aver assassinato un capo lega socialista nelle campagne di Scarlino, legarono il cadavere ad un olivo e gli misero un sigaro in bocca per dire poi alla moglie disperata che lo cercava di non preoccuparsi, che era andato senz'altro a fare una passeggiata e una fumatina. Figlio di un contadino che aveva fatto soldi col taglio del bosco e affari poco chiari, aveva rapidamente acquisito con mezzi non sempre leciti migliaia di ettari di bosco e pascoli nell'alta Maremma e aveva messo su una tenuta agricola con diversi poderi e contadini sottoposti. Era diventato presto Podestà del paese metallifero, famoso per il carattere violento che dimostrava ad ogni occasione tanto che i suoi salariati li pagava gettando le buste dal balcone dopo averli chiamati come fossero ossi per un branco di cani. Quella mattina poi era di pessimo umore. "Mi scusi Podestà, posso una parola?" Mirto, diciotto anni, figlio di Memmo il boscaiolo lo aveva aspettato all'uscita dal palazzo comunale "sa, vorrei ricordarle a nome di mio padre, sì, se fosse possibile riscuotere quei carri di legna che..." non fece in tempo a finire che Giovannoni gli rifilò uno schiaffo a mano aperta. "Vuoi riscuotere? Ecco cosa riscuoti da me! L'hai presa la tessera del fascio Memmo? Ci vieni alle adunate il sabato? No, eh, allora prima abbassate la cresta poi se mi farà voglia vi ascolterò". Mirto aveva vacillato, e si era morso le labbra per stare zitto e non saltargli alla gola. I tre o quattro tirapiedi in camicia nera non aspettavano altro, per cui si era allontanato silenzioso giurando vendetta.

Non ci aveva pensato su due volte com'era suo stile, sarebbe partito volontario con la divisione delle camice nere nell'ARMIR in Russia. Alla nobildonna di sua moglie ed alle sue rimostranze aveva risposto bruscamente: "ci mancherebbe anche che qualcuno pensasse che faccio l'imboscato dopo aver partecipato a tutta la rivoluzione fascista, fatto il Podestà e non essermi mai tirato indietro! La lotta contro i bolscevichi è una lotta finale, e io ci voglio partecipare, non son potuto andare in Etiopia e Spagna ma quest'altra vittoria mi vedrà partecipe, te bada ai figli e non ti preoccupare, tornerò, non è ancora nata la pallottola che mi possa abbattere".

I primi mesi erano stati una rincorsa per stare dietro al grande alleato germanico. L'operazione Barbarossa non incontrava grandi ostacoli, occupata l'Ucraina, sotto assedio Leningrado, milioni di russi sbaragliati, uccisi, presi prigionieri, sbandati. Si era imbattuto anche in una scena poco edificante a Kiev. "Capitano Giovannoni, i camerati germanici ci chiedono di non passare da questa strada, hanno un'operazione in corso". Gini suo assistente, giovane braccio destro e astro nascente nel fascio massetano, era tornato dopo un breve confabulare con un ufficiale tedesco della Wehrmacht. "Pare che abbiano rastrellato un gruppo di ebrei e lo stiano trasferendo, dobbiamo cambiare strada o fermarci un po'". "Va bene, fermiamoci, non è una cattiva idea è tutto il giorno che traballiamo con questi camion del menga". Si erano dispersi e rifocillati, la sosta del reparto naturalmente era andata per le lunghe, ai soldati non pareva il vero rilassarsi un po' dopo tutte quelle ora a cassetta sui pianali, non era stato facile ripartire. Avevano da poco imboccato il viale esterno ai limiti della città costeggiando un boschetto di betulle. "Capitano, guardi, è il reparto che era in città". In effetti a poca distanza dentro il boschetto si poteva osservare una scena dantesca. Due o trecento civili erano radunati di fronte ad una grande fossa, ad un ordine secco la prima fila avanzava, i soldati sparavano alla nuca da non più di due metri, i fucilati cadevano dentro la buca e se qualcuno rimaneva per caso a penzolare con un calcio veniva spinto giù. I soldati si alternavano al compito ogni quattro file, molti di loro avevano vestiti macchiati di sangue, e questo sicuramente li disturbava a giudicare delle espressioni che facevano rimirando le divise insozzate. "Un lavoraccio", commentò Giovannoni, "ma qualcuno deve pur farlo e loro lo fanno volentieri. Andiamo via Gini, acceleriamo prima che qualche femminuccia mi vomiti nel camion".

Quella mattina al risveglio nostra madre ci aveva detto che potevamo rimanere un poco al calduccio nei letti, durante la notte era ghiacciato tutto, non si poteva andare a scuola e neppure al lavoro, era impossibile. Naturalmente schizzammo fuori come gatti. Pareva il paese del ghiaccio, alto due dita nella strada, sul tetto, da cui scendevano lunghi ghiaccioli, sugli alberi a loro volta contornati e ricoperti di ghiaccio. Mio padre uscì col piccone per fare uno stradello sino al garage e alla pompa dell'acqua, ma a parte il suo picchiare non giungeva nessun rumore lontano di auto e camion. Dopo un poco con i vicini della casetta d'angolo i miei avevano provato a camminare verso l'osteria, ma anche se si tenevano sotto braccio erano più col culo in terra che in aria. Io e Patrizia ridemmo come guardando le comiche di Stanlio e Ollio, così tanto che poi ci scappò la pipì. Dopo una mezzora tornarono indietro, ridevano tanto anche loro.

Venne ad avvisarci Tina dall'osteria. "Bovisio ha avuto un incidente con la moto mentre tornava a casa, gli ha attraversato un cinghiale, è in ospedale ma non vi preoccupate eh, niente di grave..." mia madre preparò come un razzo una borsa e partì sgommando e facendo volare il breccino davanti casa, io e mia sorella rimanemmo soli ci guardammo e facemmo una smorfia a metà tra la sorpresa ed il riso. Il giorno dopo usciti da scuola arrivammo all'ospedale, mio babbo si era rotta una clavicola ma pareva in forma, ansioso di uscire e vedere i danni del Guzzi galletto. I cameroni del vecchio ospedale parevano un girone dantesco con decine di letti, urla, lamenti, rumore di stoviglie, cicaleccio di parenti. Mia madre immediatamente localizzò l'infermiere giusto, vidi passare una banconota e la sera Bovisio era stato trasferito in una cameretta da quattro posti. Uno dei tipi ricoverati mi fece comprare un boccione di vino rosso e lo imboscò sotto il letto, raccontandomi che era alla fame, che oltre al vino gli avevano tolto dal suo personale menù le tre uova che beveva fresche ogni mattina, indispensabili per caricare un camion di legna. Mentre facevo compagnia a mio padre raccontava ininterrottamente del bosco, dei muli per smacchiare la legna, era un vetturino, della volta che aveva ucciso senza volere un ciuco recalcitrante con un cazzotto. Pensavo fosse un po' tocco, o che mi volesse prendere in giro. Anni più tardi scoprii che lo chiamavano "il grinta" e che durante una rissa in un locale di Chiusdino aveva regolato a cazzotti sei ragazzotti che lo avevano preso per il culo e fatto volare i loro motorini giù da un muretto.

La notizia l'aveva sussurrata la sorella di Marisa alle amiche la domenica mattina prima di entrare in chiesa. "Lo sapete dicono che alla fattoria c'è una famiglia di ebrei rifugiati?!" Il suo parlottio non era sfuggito a Ermes, il capofamiglia, che con moglie e due figli era appunto sfollato a Scorgiano da Firenze il mese prima. Sarto di buona levatura era riuscito in qualche modo a vivere dopo l'entrata in vigore delle leggi razziali del '38, ma i bombardamenti e la ricerca di ebrei da parte di fascisti, nazisti e spie varie, lo avevano indotto a cambiare aria. La vecchia contessa lo aveva ospitato e il prete consigliato di farsi vedere a messa tutte le domeniche che presto a Dio piacendo la guerra sarebbe finita, gli alleati erano vicini a Roma. Il parlottio non era sfuggito neppure a Beppina che era scivolata accanto alla figlia l'aveva presa per un braccio fino quasi a stritolarlo, e le aveva detto a denti stretti "se non ti tappi quella bocca ti strappo la lingua, o vuoi che si finisca tutti fucilati, porcoddissi!?" Marisa aveva visto sbiancare Ermes e anche Don Tancredi aveva detto messa con un tono più cupo del solito.

Si erano ritrovati il tardo pomeriggio alla villa nella saletta del tè, la contessa, Michele, Don Tancredi ed Ermes. "Forse nessuno parlerà, ma ormai la notizia gira, se qualcuno fa la spia o arriva a Colle al Meloni e ai repubblichini qui finisce male" esordì senza giri di parole la padrona di casa. "Contessa, posso ospitare io la famiglia di Ermes in canonica, ne ho altre due, ci faranno poco caso e magari, a Dio piacendo". Don Tancredi fu interrotto da Michele bruscamente "padre è bello da parte sua, ma se passa una retata dove volete che guardino se non alla villa e alla canonica? No, bisogna proprio farli sparire, un mese, due al massimo gli alleati saranno qui". "Dove pensate?" chiese Ermes apparentemente sereno, ma tradito dal tono titubante. "Una discreta idea ce l'ho" rispose Michele sorridendo sotto i baffi.

Lentamente il gigante sovietico che pareva distrutto, atterrato, aveva cominciato a rialzarsi, a reagire. Gli appelli disperati a combattere per la madrepatria russa e per Baffone avevano galvanizzato truppe disperate o disperse. Leningrado era ridotta alla fame, ma non cadeva, Stalingrado era stata data per presa, ma il suo ultimo lembo di terra prima del fiume tra le macerie delle fabbriche non aveva ceduto. Mosca era ad un tiro di cannone, i dignitari del Cremlino pronti a fuggire, ma resisteva. Giovannoni aveva sentito crescere il tarlo del dubbio, quello che aveva soffocato per un anno almeno dopo la partenza, e che adesso certe volte gli agitava le nottate. L'incubo della disfatta di Napoleone che pure Mosca l'aveva presa e incendiata. Già il primo inverno aveva potuto vedere le conseguenze sulle sue truppe: arti congelati, malati, umore e morale sotto le scarpe cartonate e i pacchi delle giovani italiane che giungevano da casa con guanti e sciarpe, foto e lettere patriottiche, poco potevano. Terminata l'ultima estate di vittorie le cose si mettevano male, malissimo. Era arrivata anche nelle steppe la notizia della sconfitta di Rommel a El Alamein e dello sbarco degli americani in Marocco. I russi erano passati al contrattacco su tutto il fronte. La terra pareva vomitare milioni di bolscevichi, mongoli, asiatici, più ne ammazzavi e più aumentavano. Era iniziata la ritirata, dapprima ordinata, poi confusa e adesso, col gelo la bufera di quell'inferno bianco, una rotta senza salvezza. Con Gini dopo un improvviso raid della cavalleria cosacca si era ritrovato tagliato fuori dai resti del reparto. Erano arrivati in un piccolo villaggio, nelle isbe non c'era più nessuno, solo decine di feriti che gemevano in tutte le lingue, sempre più flebilmente, prima che il gelo ponesse fine nel sonno alle loro sofferenze. Un tenente italiano senza più un braccio, appoggiato in un angolo come un fagotto di stracci gli aveva chiesto qualcosa da bere, "per favore, per favore, voi capitano non siete ferito voi ce la potete fare, prendete per favore la mia piastrina, fatela avere alla mia famiglia, dite loro che sono stati il mio ultimo pensiero, per favore, per favore..." ormai quasi si trasformava in rantolo la cantilena del poveretto. Giovannoni aveva preso la piastrina, gli aveva fatto un cenno per rassicurarlo, aveva visto che il tenente era di Castagneto Carducci e aveva distolto lo sguardo. È finita anche per noi aveva pensato senza osare dirlo. Un rumore meccanico in avvicinamento li aveva destati. Si erano buttati a terra temendo i tank sovietici. Era un furgone ambulanza italiano. Giovannoni era balzato in piedi "seguimi" aveva intimato a Gini. Nel furgone rantolavano quattro feriti, alla guida un artiere scioccato, accanto un bidone di carburante. "Buttali giù" aveva ordinato tirando fuori la pistola.

Pochi minuti dopo avanzavano nella notte. Gini pensò che lui e il suo capo avevano sette vite come i gatti.

Quando gli avevano spiegato bene la faccenda, Meco, tutt'altro che stupido, era diventato più rosso della terra di Siena. "Co-

come sarebbe a di' o Michele, se io lo faccio risape' a qualcuno i fascisti mi fucilano?! Guarda che l'ho capito che sono ebrei, ma io li nascondo lo stesso, va bene, ma non ho capito perché proprio qui da me". "O Meco, se proprio te lo voi senti' di', te lo dirò: sei un brav'uomo, lo sappiamo tutti, ma hai il vizio di chiacchera' con tutti e in questo caso basta una parola di troppo e si fa tutti una finaccia. Ecco, se li tieni te vedrai ti cheti, e poi hai posto nel soppalco e chi vuoi che li cerchi da te in questo poderaccio, basta che non li fai scendere dal poggetto giù verso Scorgiano". L'idea era stata sua, nessuno avrebbe parlato, simpatizzanti fascisti del resto a parte forse il fattore, che obbediva alla contessa e teneva al posto, non c'erano più da tempo per cui l'unico problema era Meco che aveva il vizio di parlare troppo con tutti, tanto che un paio di volte in passato era stato ammonito che se avesse continuato con certe uscite avrebbe potuto fare i conti col Meloni e il suo olio di ricino. Bastava che la voce arrivasse anche a qualcuno di passaggio, non si poteva mai dire, 5000 lire per ogni ebreo catturato erano una bella somma a quei chiari di luna, uno spione poteva sempre esserci, meglio farli sparire dalla fattoria tanto era veramente questione di poco, i partigiani erano sempre di più nonostante la strage di Montemaggio che avevano patito, gli alleati sempre più vicini, aveva calcolato Michele.

Don Tancredi all'inizio pensava volesse scherzare "perché da Meco, mettiamoli allora dal Negus, no?" E Michele facendo finta di non cogliere l'ironia aveva risposto di no, perché se è vero che dal Negus non ci si arrischiava nessuno, era anche vero che la famiglia di Ermes sarebbe scappata da quel porcile dopo mezza giornata. Aveva sorriso nel dirlo, ricordava le storie che aveva raccontato alla sua nipote Marisa di quella famiglia. "Cara Titti lo vuoi sapere perché lo chiamano il Negus il contadinaccio di San Chimento? L'imperatore abissino c'entra poco. Perché è talmente sudicio, non si lava mai, dice che si spreca l'acqua, che sembra un carbonaio. L'altr'anno gli doleva un piede e insomma, porco di qui madonna di là incontra il Vagaggini di San Marziale, "o che avete negusse da smadonnà?" "Che ho? È che mi fa male sto piede ecco che ho!" Il Vagaggini lo aveva guardato storto e poi mentre se ne andava per canzonarlo un po' gli aveva detto, "provate a lavallo, magari dopo vi passa". Oh, lui lo aveva detto per fargli capire quanto era sudicio, ma il Negus lo prese sul serio, quella sera si fece scaldare un catino d'acqua da quella sudicia della su' moglie, che pensò gli avesse dato balta il cervello, e insomma si lavò il piede. Appena finito si sentì meglio e principiò a dire "che bellezza che bellezza un mi dole più!" Ma quando incontrò di nuovo il Vagaggini e lo ringraziò, questi gli chiese "e l'altro? L'altro che? L'altro piede no, quell'altro l'avete lavato? E perché, un mi faceva mica male!" Marisa si piegava dalle risate, pensava anche che questa storiella fosse un po' esagerata da suo nonno. Si sbagliava. Quando Beppina la mandò al podere del Negus a riscuotere un lavoretto di sartoria si raccomandò bene "Marisa, accetta o soldi, ma non credo, o uova, non prendere altro in cambio di questi vestiti aggiustati, non me ne giovo di loro!". "Vieni Marisina vieni" gli urlò quella megera scarmigliata e sdentata appena arrivò vicino il podere di San Chimento, con una pedata richiamò un cane piccoletto e isterico e la fece entrare in casa. Marisa rabbrividì, era abituata alla pulizia della sua, della villa, delle case dei suoi amici, e sapeva che nei poderi isolati i contadini si lavavano poco, ma quello era un altro paio di maniche, sembrava un castro di maiali. Ragnatele, sudicio, bucce per terra, puzza di marcio e stantio, galline che razzolavano per la cucina, e persino un galletto sul tavolo. "Marisina grazie, grazie, Beppina ha le mani d'oro, guarda ti ho preparato sei coppie d'ova". In effetti le uova erano posate sulla madia, sudice anche loro, ma comunque sorrise per ringraziare e le sistemò nel cestino. Stava per andarsene quando il Negus che era stato zitto fino a quel momento la bloccò "o citta, voi rimanè a desinà con noi? Un fa' complimenti, siamo soli noi vecchiarelli e oggi c'è un bel conigliolo!" Mia madre girò lo sguardo verso il camino, sulla brace arrostiva qualcosa sì. Poi mise a fuoco con gli occhi la testa di quella cosa. Era un gatto. "No grazie, Beppina mi aspetta la devo aiutare è tardi, grazie comunque, grazie!" Corse via che aveva paura di vomitare.

Il colonnello li convocò con aria grave. "Ragazzi, ve lo dico il più informalmente possibile, i comandi non rispondono, non esistono più, sono 24 ore che cerchiamo di stabilire un qualsiasi contatto, niente. Rompete le righe, andatevene, non restate qui che i tedeschi stanno arrivando". Bovisio non se lo fece ripetere aveva già preparato lo zaino, sapeva perfettamente di cosa parlava il colonnello, aveva passato anche lui ore ed ore dopo l'annuncio l'8 settembre dell'armistizio con gli anglo americani a cercare di stabilire contatti per avere istruzioni dai comandi in Francia ed in Italia. Passata la brevissima euforia per la possibile fine della guerra era subito montata l'angoscia di quello che sarebbe accaduto, i nazisti si sarebbero incattiviti ulteriormente, la vedeva fosca la faccenda. Ci aveva messo sette giorni a tornare a Gracciano, era stato fortunato, ovunque una fila di uomini che gettavano divise e chiedevano cibo e vestiti civili nei paesi e nelle campagne, cercando passaggi da treni, camion, corriere, muli o più semplicemente camminando in tutte le direzioni ma con in mente una cosa sola: tornare a casa.

No, la guerra non era finita, anzi. Mussolini era stato liberato dai nazisti dal suo carcere dorato del Gran Sasso, portato in Germania aveva proclamato la repubblica sociale, invitato a rimanere uniti accanto al grande alleato nazista e a continuare la guerra. Poteva provare in questo macabro tentativo di resuscitare un regime ormai defunto solamente per la rapida invasione dell'Italia da parte della Wehrmacht. Molti dei militari sbandati si erano dati alla macchia insieme ai giovani che avevano rifiutato la leva fascista e ai primi nuclei di militanti antifascisti. Anche sulla Montagnola Senese si erano formate bande partigiane, così come sulle Montagne Metallifere a mezza strada tra Siena e Massa Marittima.

Ce l'avevano fatta, grazie all'ambulanza erano riusciti a raggiungere le linee tedesche e poi quelle italiane continuando rapidi la ritirata. Giovannoni era poi stato congedato con la menzione d'onore per le ferite riportate in combattimento e il suo prodigarsi per i feriti al limite del sacrificio. Da qualche parte aveva messo la piastrina del tenente di Castagneto, aveva ben altro da fare, capiva che la guerra era perduta era solo questione di mesi, bisognava cambiare aria, arrivare dai cugini a Roma ed aspettare che le acque si calmassero come aveva già fatto il farmacista del paese, fascista della prima ora, bastonatore di sovversivi fino al giorno prima, che con i soldi era riuscito a comperarsi un salvacondotto come patriota per raggiungere al sicuro la sorella nella Città Eterna.

Lo avevano convinto Beppe e Livio. "Te ci servi per fare il palo non devi fare altro, il ponte di Santa Giulia si fa saltare noi, l'esplosivo ce l'hanno dato quelli di Montemaggio, uno di noi ha fatto la guerra nel genio e sa come si fa". Bovisio era andato, non se la sentiva di esporre i suoi dubbi sull'utilità dell'impresa che secondo lui far incazzare ancor di più fascisti e nazisti proprio non serviva, ma non aveva voglia di sentirsi dare dello scettico dai cugini che avevano parlato a lungo della necessità di fare ognuno la sua parte per far finire la guerra e cacciare i tedeschi. Non era stato così facile né tutto era filato liscio. Avevano minato il ponte tranquillamente, poi però era arrivata una camionetta con due fascisti e Bovisio e gli altri erano scappati in direzioni diverse. Ma Beppe era tornato indietro. Dopo poco un boato aveva fatto rimbombare tutta la campagna e abbaiare decine di cani, erano seguiti spari e urla. Per fortuna tutti, Beppe compreso, erano tornati a casa ma era andata bene. Sotto la grande quercia di Casagrande si era detto: mai più, voglio rimaner vivo, voglio Marisa.

A giugno la situazione era precipitata, cominciavano a passare convogli tedeschi in ritirata il regime repubblichino non esisteva praticamente più, anche il Meloni aveva tagliato la corda da Colle. Si aggiravano bande di tagliagole, ladri, che irrompevano nelle case isolate spacciandosi per partigiani o per repubblichini, anche a Scorgiano non si scherzava più con Mario il sordo i bombardamenti di Poggibonsi erano quotidiani e spesso veniva mitragliato dagli aerei alleati tutto quello che si muoveva sulle strade. Non si trovava quasi più niente da mangiare i bambini di Ermes piagnucolavano anche se Meco ce la metteva tutta per rimediare pranzo e cena. Saltando di bocca in bocca era arrivata improvvisa una voce. In un podere della Montagnola pareva stessero facendo a pezzi un bove morto per un mitragliamento, c'era la possibilità di rimediare un po' di carne. Beppina aveva tagliato corto con le discussioni "vado io, conosco la zona le persone e la scorciatoia nel bosco e poi sono una donna se trovo i militi mi faranno passare". Era riuscita ad ottenere un pezzetto di lombo, pensava durante la via del ritorno a quanto farlo durare e a come l'avrebbe cucinato. Era a metà del bosco prima di sbucare a Santa Colomba quando sentì alle spalle come una fucilata: "alt!" Si fermò e iniziò a girarsi lentamente, due tedeschi col mitra spianato. Tremavano, erano due ragazzini forse quindicenni. "Mamma, capite ja? Sono mamma, carne per i figli, fame! Mamma, a casa, figli, fame". La guardavano senza rispondere. "Ma-mma" ripetè toccandosi il petto, "figli, fame". Avevano abbassato i mitra. "Ja, mutter, mama, mama tu niente paura". Avevano smesso di tremare, il più piccolo rossiccio di pelo aveva accennato anche un sorriso, l'altro aveva sospirato alla parola mutter, forse pensava alla sua lontana. Beppina aveva mostrato la carne. "Volere un poca? Carne, per figli, fame" "No mutter, vai vai, figli ja", il più grande, il moro dal collo taurino aveva deciso e le fece un ampio gesto. Beppina lentamente si voltò e prese a camminare come sopra le uova lungo lo stradello, sentiva ancora su di sé lo sguardo dei due ragazzini. Arrivata alla curva del fosso grande lentamente si voltò. Erano spariti. Accelerò il passo verso casa, tremava tutta ma non lo voleva dare a vedere. Si ricompose in fretta.

Bovisio era arrivato a Scorgiano per vedere Marisa proprio nel giorno sbagliato. Pia lo aveva ammonito, "attento che ormai fuori ci sono i lupi non gli uomini!" Doveva stare più che attento per sfuggire ai controlli e posti di blocco, l'avrebbero arruolato a forza e deportato o forse peggio; il bando repubblichino a firma del sottosegretario Almirante affisso sui muri minacciava la fucilazione alla schiena per i disertori. Era arrivato tagliando dal parco della villa ma la quiete degli abbracci e dei baci era finita presto. Una camionetta con quattro militari suonando a distesa era arrivata alla villa e poi nella piazzetta davanti alla chiesa. Un graduato tedesco urlava ordini che un soldato traduceva, "ordine del comando Wehrmacht! Requisizione capi bestiame per motivi bellici! Entro due ore convogliare in fattoria bestiame! Trasgressori fucilati! Ordine comando!" La sventagliata sorprese tutti quelli che si erano affacciati dalle finestre. Da dietro la chiesa e dal tetto dell'osteria si erano abbattute sulla camionetta una scarica di fucilate e colpi di pistola, in pochi secondi era tutto finito. Una decina di partigiani era piombati sulla camionetta, avevano tirato fuori i corpi e prese le armi. La piazza all'improvviso si era riempita di uomini. Chi commentava a bassa voce, chi sputava per terra, chi diceva a voce alta "o vai! Vedrai un requisite più nulla maledetti!" Bovisio aveva raggiunto il gruppo, tra i partigiani c'era Beppe. "Cugino capiti a fagiolo, noi ora si prende la macchina e si vola verso San Chimento dai nostri che pare i crucchi vogliano passare di là, voi questi fateli sparire per bene, che se li vengono a cercare e li trovano qui non rimane viva manco una gallina!" Così, mentre Beppe con il suo gruppo stipato sulla camionetta prendevano giù per la discesa, Bovisio si guardò intorno e si rivolse perentorio a tutti "forza muoviamoci! Abbiamo poco tempo, vanno nascosti nel bosco e per bene. Arduino, Nello, Primetto, andate a scavare una fossa fonda alla proda dei quercioni, Aldo prendi il carretto del letame per carica questi disgraziati, Gigi, prendi delle frasche, bisogna mimetizzare la buca, chiamate Ida, Cleofe e Maria, qui bisogna cancellare le tracce, non deve rimanere una goccia di sangue". I suoi ordini secchi ebbero l'effetto di mettere tutti in moto come le palle di un biliardo dopo il primo tiro. Solo il Dani andò sbuffando a prendere una vanga dicendo tra sé "io li avrei dati ai maiali, si faceva prima".

La mattina presto si erano svegliati con un rumore cupo come se Scorgiano fosse stata invasa da uno sciame gigante di calabroni. Diversi sidecar giravano in tondo per il paesino, ogni tanto si fermavano, ripartivano e rallentavano di nuovo. Sembravano per le divise una muta di cagnacci neri che fiutano una preda. Erano SS. Il fattore era andato loro incontro nel cortile interno della fattoria, lo avevano strattonato nonostante avesse fatto il saluto romano. Le sue urla erano risuonate sempre più alte e angosciate "camerati ve l'ho detto, ieri è passata camionetta vostro esercito, dato avviso requisizione preso poi verso Colle Val D'Elsa, discesa, discesa! No! Che fate camerati!? È la verità!" Lo avevano messo al muro, il tenente pareva valutare con aria schifata se fucilare quello scarafaggio o no. Intanto un sidecar si era fermato presso l'osteria aveva osservato il terreno, la strada che scendeva verso Colle, era ripartito verso la fattoria, e qui un un sergente aveva riferito qualcosa al tenente dopo di che tutti erano partiti di volata per la discesa che portava verso Gracciano e Colle, il rombo pian piano era svanito. Beppina da dietro le persiane aveva tirato un sospiro di sollievo. Il fattore era rientrato dentro la villa bianco come un cencio, la contessa gli aveva dato da bere un cognacchino.

Mirto e il suo gruppo avevano deciso di scendere su Niccioleta all'alba del 9 giugno. I compagni dalla miniera gli avevano comunicato che il momento era propizio. Erano stati bene accolti, il villaggio aveva fatto festa issando una bandiera rossa sul pennone del dopolavoro. Avevano perquisito le case dei pochi fascisti rimasti e con i gagliardetti le camicie nere e manganelli del Nucciotti e Calabrò avevano acceso un fuoco, poi li avevano consegnati in casa. La moglie del Calabrò aveva ringhiato alle altre donne accorse, "ridete, ridete adesso che presto qualcuna di voi piangerà".

Tirava una brutta aria al villaggio ben prima dello scoppio della guerra. La nuova miniera modello creata nel '32 dal regime doveva essere un fiore all'occhiello del fascismo e nulla era stato lasciato al caso. L'architettura razionalista aveva dislocato il palazzo del fascio e il Dopolavoro che dividevano in due il villaggio minerario: da una parte i palazzi moderni con i ballatoi per gli operai, la chiesa, la piazza, dall'altra le casette degli impiegati e la villa del direttore. In fondo al paese i camerotti, gli alloggiamenti per i minatori scapoli. Le rifiniture dei palazzi erano moderne e accurate, molti dalle campagne avrebbero invidiato i minatori ben pagati e alloggiati. Ma qualcosa aveva minato i piani fascisti. La miniera si era rapidamente sviluppata e aveva avuto bisogno di manodopera qualificata, per cui erano arrivati molti operai dai paesi del Monte Amiata che avevano al contrario le miniere in crisi. Minatori forti, in gamba, ma "sovversivi" da sempre. La coabitazione con i più giovani "locali" non era stata facile visto che diversi di loro erano convintamente fascisti. C'erano stati canti e riunioni segrete per il 1 maggio, una rissa a carnevale per un mascherone di cartapesta che prendeva in giro un gerarca, un palco segato nottetempo e crollato durante un comizio del regime. E soprattutto con lo scoppio della guerra i minatori erano stati militarizzati, esentati dal partire per il fronte ma sottoposti a controlli e lavori sempre più asfissianti, mentre venivano drasticamente razionati gli alimenti di prima necessità. Dopo il 25 luglio i fascisti nel villaggio erano ridotti ad una sparuta minoranza sempre più incattivita ed isolata.

Il direttore della miniera aveva accolto Mirto e i suoi compagni col miglior sorriso che gli riuscisse. "Ragazzi accomodatevi, lo sapete che questa è ancora casa vostra, vi ho preparato scarponi, vestiario, e se volete..." non finì la frase Mirto gli aveva tolto bruscamente di testa il cappellone stile Far West. "Vediamo un po' come mi sta, sì mi sta proprio bene, vero direttore? Allora visto che mista bene ora lo porto un po' io, non le dispiace mica vero? Come, visto che adesso lei è diventato un gran patriota e forse non se la intende più con i tedeschi, non le dispiace se adesso si comanda un po' noi vero? Adesso ingegnere ci passa anche le chiavi del deposito dell'esplosivo, poi faccia saltare fuori le provviste che ha imboscato, tanto ci rivedremo presto ingegnere, non dubiti, che i suoi vecchi amici ne hanno ancora per poco. Mi dicono che i capoccioni come il podestà e il farmacista hanno tagliato la corda, eh ingegnere, ingegnere, che brutti amici che la lasciano solo nel momento del bisogno... ma, vede, noi operai non ci siamo dimenticati di lei, no, delle sue belle prediche qui non si fa politica ma si produce per la patria fascista e la vittoria finale, qui si lavora in silenzio e magari si crepa anche in silenzio, vero ingegnere? Ma adesso stia tranquillo in silenzio non ci stiamo più e si comanda un po' noi! Andiamo ragazzi".

Erano scappati o si erano chiusi in casa. Non si trovava più un fascista fascista manco a cercarlo. Beppina ne era quasi più schifata di quando erano in circolazione. "Ora non la cantano più faccetta nera eh? Eh, o Menelikke le palle son di piombo e non pasticche? Vincere vincere vincerem e vinceremo in cielo terra e mar... sì, parecchio s'è vinto, beccamorti e vigliacchi che fine di merda ci fanno fare! O la tua maestra Titti non le pianta più le bandierine delle nostre avanzate su tutti i fronti sopra le cartine geografiche?" Si rivolgeva a Marisa con un sorriso amaro. "Hai visto come possono cambiare alla svelta le cose? Altro che impero qui diventerà un gran cimitero Titti".

Erano arrivati da sud, gli ultimi giorni un rimbombo cupo da temporale che si sta avvicinando segnalava l'avvicinarsi del fronte. Santi e Giusto erano usciti per andare nella stalla a governare i vitelloni e lì lì avevano trovato i tedeschi quando avevano fatto irruzione. Pochi ordini secchi che non avevano capito, si erano limitati a mettersi spalle al muro e non avevano fatto un fiato. I tedeschi avevano spalancato la porta messo delle cavezze alle bestie e le avevano strattonate fuori, poi avevano preso anche Santi e Giusto e li avevano trascinati via con loro.

A Scorgiano gli ultimi a passare erano stati paracadutisti tedeschi reduci da Cassino con le facce annerite e le frasche su elmi e automezzi per mimetizzarsi, e un reparto di giovani SS con le divise nere quasi nuove in un contrasto che balzava all'occhio. Un tenente dei primi si era fermato alcuni minuti in villa, lo avevano dissetato, lui aveva ringraziato e si era fermato assorto a guardare il giardino potato a labirinto, le statue dei putti, la fontana all'inizio del parco. Nel muoversi aveva ancora indugiato un attimo, guardato in faccia il fattore e gli aveva detto in un buon italiano "presto arrivano alleati, state molto attenti dopo americani arrivano truppe marocchine dei francesi, fate nascondere tutte le signorine, tutte le donne. Tutte".

La novità la portò di corsa mia sorella irrompendo in cucina nel tardo pomeriggio. "C'è il cinema! Girano un film qui al muraglione della villa!" "Come sarebbe a dire?" Chiese mio babbo già nervoso per non essere ancora riuscito a riparare un guasto nel trattore che aveva parcheggiato davanti casa. "Sì, girano un film di quelli famosi che poi tutti vanno a vedere al cine, si chiama 'e le stelle stanno a guardare' c'è Giancarlo Giannini e Loretta Goggi anche! E un sacco di comparse massetane che fanno i minatori in una scena che devono girare al buio!" "Ah, replicò mio padre, fanno quello che fanno sempre gli riesce bene vedrai". Il set era affascinante, luci, riflettori, cavi elettrici, un sacco di gente, e poi il tipo che urlava "silenzio, motore, azione!" Ed era proprio lì, a 100 metri da casa nostra lungo i muri della villa dove si andava a raccogliere i capperi e fare le passeggiate. Mia madre mi istruì subito che tenessi d'occhio mia sorella e probabilmente mia sorella che tenesse d'occhio me. Per Marisa il cinema era un po' come i teatranti, il circo e gli zingari: prendevano, senza portarti niente. Già c'era maretta per la fissa presa a mia sorella, quella di fare la hostess per girare il mondo. Mia madre scuoteva la testa "sotto il metro e sessantacinque di altezza non le prendono, è inutile che corri a misurarti, se vuoi girare il mondo continua a fare collezione di cartoline". Il cinema comunque ci appassionava. Il film del lunedì sera che trasmetteva la TV ci vedeva schierati intorno al tavolo appena sparecchiato, in un buio rischiarato dai bagliori dello schermo. Non ne volevo sentire di andare a letto perché piccolo o impressionabile. Sdraiato sul tavolo in pigiama dopo aver bevuto due bicchieri di latte caldo zuccherato cercavo qualcuno che mi grattasse la schiena mentre guardavo i film. "Ombre rosse" mi aveva esaltato per un bel po', mancandomi gli indiani mi ero limitato a prendere d'assalto il carro con i buoi di Primo e Nello. Invece il "Dottor Jekyll e mr. Hyde" era terminato con mia sorella avvinghiata a me per la paura.

D'estate i preti facevano delle proiezioni all'aperto. Andavo a vederle ma nel buio rimanevo al di qua del telo, mi piaceva guardare il film al contrario.

Mia madre ci provò. Non molto convinta e come avrebbe potuto esserla? In famiglia non aveva avuto persone molto pie e la sua era una fede tutt'altro che granitica. Qualche anno prima con la gita insieme alla signorina Devoto all'Isola D'Elba aveva ricevuto una botta decisiva. Già accaldata a rincorrermi per tutta Portoferraio invocando persino l'aiuto di un vigile, controvoglia seguì in duomo la pia possidente che la convinse a confessarsi vista l'occasione. Male fece, che il vecchio confessore ebbe una crisi isterica appena realizzò che Marisa non si confessava da diversi anni cioè dal giorno del suo matrimonio. Le prospettò l'inferno e le comminò settecento avemmarie da recitare lì, sul momento in ginocchio. Marisa invece si alzò e gli sibilò "ma vai all'inferno te vecchio barbogio!" Se ne andò incurante degli sguardi della signorina Devoto. Fu la sua ultima confessione. Ciò non le impedì di chiamarmi da una parte e dirmi: "domani pomeriggio alle quattro vai alla villa che ti aspetta una ragazza che fa catechismo, che se fai il bravo tra un po' passi a cresima e comunione e poi si fa una festa e ti si fa dei regali! Non vorrai mica rimanere così, una mezza bestiolina eh?!" Sapevo di cosa si trattava, una cosa che mi lasciava piuttosto scettico ma non volli litigare subito con mia madre, e poi una festa, dei regali, insomma pensai che avrebbe potuto esser anche conveniente. Mia sorella era nel suo periodo d'impegno cattolico nel senso che con le amiche di Mucini annoiandosi terribilmente andavano il pomeriggio in chiesa a messa, e appena il prete faceva un cenno partivano a cantare a squarciagola "ti adoriam ostia divinaaaaa", con occhiatacce e faide interne per chi dovesse guidare il coro e fare l'assolo. La grande novità dei tempi era la messa finalmente in italiano e non più in latino, una tortura unica. Patrizia non mi aveva più voluto con sé nella chiesetta da quando una domenica avevo detto all'ennesimo "mater et magistra ora pro nobis… ma basta che noia!". Ma quel giorno andai sia pure malmostoso alla villa per vedere cos'era questo catechismo. La ragazzotta aveva pochi anni più di me ma si dava delle arie da gran dama di carità, con in mano il libro di religione illustrato per bimbi piccoli. "Chi è l'essere perfettissimo che ha creato il cielo e la terra?" Esordì guardandomi con cipiglio. "È Dio!" Tuonò dopo pochi secondi. "E quali sono i dieci comandamenti? Guarda che se non li sai non puoi fare la comunione e finisci all'inferno!" Minacciò ancora più incupita visto che tacevo. Mi alzai di scatto presi un bastone e con un colpo le feci volare il sussidiario dalle mani, corsi via e da lontano gli tirai una sassata che le fischiò vicina. Mentre lei scappava in lacrime verso casa mia per fare la spia a mia madre presi la rincorsa e montai in cima al grande nespolo per nascondermi. Dopo due ore di trattative scesi solo quando mia madre giurò di non darmele col mestolino, infatti mi accompagnò a casa solo con qualche calcio in culo. Non andai più a catechismo. Neppure a me piacevano preti e suore, buon sangue non mente. Avevo iniziato presto a contrastarci, non avevo ancora quattro anni. All'asilo gestito dalle monache mi avevano imbavagliato con il nastro adesivo perché giocavo invece di dire le preghiere. E altri venivano trascinati per un orecchio e chiusi nello sgabuzzino delle scope se facevano troppo chiasso. Come non bastasse certe volte che ci portavano fuori nel giardino a giocare ci toccava anche essere presi a sassate da ragazzetti più grandi della vicina scuola elementare al grido di: "leccaculo dei preti!"

All'alba del 13 giugno Niccioleta era stata circondata da trecento nazifascisti, tra loro il Nucciotti e il Calabrò che avevano bussato giorni prima al comando tedesco di Mucini. Tutti i minatori erano stati presi senza che opponessero resistenza e portati nel salone del dopolavoro. Erano turbati, ma non disperati, in fin dei conti cosa avevano fatto? Accolto i partigiani che erano ripartiti presto, dei turni di guardia alla miniera per impedire che gli impianti il loro lavoro, fosse distrutto dai nazisti in fuga, e poi sì, festeggiato la cacciata dei fascisti, tutto qui ma non era stato torto un capello a nessuno. Ben presto capirono di sbagliarsi. Il

Sargentoni e i suoi due figli insieme ad altri tre minatori furono immediatamente messi al muro lì vicino e fucilati. La loro colpa avere dei fazzoletti rossi oltre a un fucile da caccia. Agli altri fu raccontato che sarebbero stati deportati a lavorare alle fortificazioni della linea gotica, i familiari dovevano preparare la tessera annonaria e alcuni indumenti. Il capitano tedesco che comandava le operazioni fece sfilare il Calabrò davanti ai prigionieri, se avesse voluto ne avrebbe potuti salvare tre. Il vecchio fascista esaminò alcuni, poi ne fece uscire uno, e gli sputò in faccia ributtandolo nella fila. Il giorno dopo buona parte dei minatori deportati, 77, trasportati a Castel Nuovo Val di Cecina furono fucilati in un vallone. Un milite fascista fece vedere ad un minatore il suo nome inciso sul calcio del fucile, Picchianti di Orbetello. "Tanto tra poco sarai morto" gli disse. Quel minatore riuscì a fuggire. Nel dopo guerra il Picchianti fu processato e condannato a 16 anni ma graziato dall'amnistia Togliatti tornò presto libero.

Arrivarono improvvisamente mentre poco lontano si sentiva distintamente ancora mitragliare. Alcune jeep con la stella bianca sul cofano entrarono in una nuvola di polvere nel cortile della villa. Il fattore uscì loro incontro agitando le braccia e gridando "benvenuti! Benvenuti! Viva la pace!" Presto si radunò una piccola folla, tutti guardavano con curiosità l'unico negro tra i soldati non avendo mai visto un uomo di colore. Un sergente distribuì sigarette e cioccolate a stupefatti contadini, intanto il tenente aveva preso da parte il fattore "dopo noi arrivare truppe Africa, Maroco, capire? Maroco volere signorina, nascondere, capire ok?"

Santi e Giusto se l'erano vista brutta nel condividere l'odissea del bestiame. Dopo alcune ore pensarono di essere arrivati al capolinea lungo la strada che da Colle porta a Poggibonsi per un furibondo bombardamento e mitragliamento aereo contro le truppe tedesche in ritirata. Diradato il fumo delle esplosioni si erano allontanati velocemente dopo aver constatato di essere ancora interi a differenza dei loro carcerieri. Giusto avrebbe voluto ritornare subito a Casagrande ma Santi lo aveva convinto ad aspettare un po' per vedere se qualche capo di bestiame si fosse salvato da tanto macello. Quale non fu la loro sorpresa quando da dietro una siepe videro spuntare Tenebrosa seguita da Alba. Erano fuggite e avevano ripreso la strada per Casagrande che roba che mangia torna a casa pensò soddisfatto mio nonno. In poche ore avevano rintracciato anche Uva, Tinca e Stellina.

Rientrando verso casa si sentivano felici come mai nella vita.

La voce si sparse alla velocità del fulmine. Le truppe arabe erano arrivate e dove passavano razziavano e violentavano le donne che trovavano, gli ufficiali francesi li lasciavano spesso fare quel che volevano. Anche alla villa avevano sventrato con le baionette una botte di vino e si erano ubriacati, e mentre stavano per violentare la moglie del fattore all'ultimo momento era intervenuto sparando in aria un ufficiale. "Eccoli, porcoddissi! Tutti ai vostri posti!" Beppina aveva organizzato tutto per bene. Marisa e Marina in soffitta con viveri e canteri, una grata per prendere aria e pazienza se era caldo. I tre pioli che portavano alla soffitta mascherati con lenzuoli e panni stesi ad asciugare. Il fratello di Marisa aveva fatto sparire i fucili da caccia e le poche cose preziose, insieme allo zio era pronto comunque a battersi se del caso. Beppina si era conciata come una vecchia di 80 anni, la faccia sporca di terra e carbone, il fazzoletto in capo l'aria malandata e una finta gobba tra le scapole. I Marocchini avevano bussato a sera con i calci dei fucili, erano entrati ridendo chiedendo vino, vino, signorine, signorine, avevano guardato male tutti, razziato l'unico fiasco di vino che Beppina non aveva sepolto tra la legna, avevano girato a lungo nella casa poco convinti non ci fossero donne, Beppina aveva detto lamentosa, "morte, mie figlie morte, guerra, maledetta guerra". Alla fine erano usciti ma quando il pericolo sembrava passato uno di loro aveva notato dall'esterno la grata della soffitta e aveva incominciato ad arrampicarsi lungo la pergola per vedere cosa ci fosse oltre. A Marisa di vedetta la manovra non era sfuggita e mentre Marina già iniziava a tremare aveva afferrato un sacco di carbone pesantissimo e con la forza della disperazione lo aveva spostato davanti alla finestrella. Il soldato arrivato in cima alla pergola si era sporto, aveva biascicato deluso qualcosa ed era saltato giù. Marisa aveva iniziato a ridere soffocando con le sue stesse mani i singulti e le lacrime.

Era andata bene. Meco non era stato interessato da furti o razzie né da rastrellamenti tedeschi. Con i primi americani arrivati Ermes e la sua famiglia si erano aggregati per rientrare a Firenze. Erano passati dei mesi, poi un bel giorno Meco se lo era visto arrivare nell'orto. Aveva tra le mani una bellissima bandiera rossa con ricamata in oro una falce e martello e la scritta Partito Comunista Italiano sezione di Strove. Meco era rimasto a bocca aperta, "ma, ma…", non riusciva a andare avanti col discorso, pareva balbuziente. "Mi sembra il minimo caro Meco, ogni promessa è debito. Ti ricordi quella notte che si cominciò a sentire le cannonate? Mi raccontasti del tuo povero padre socialista, della speranza che per te rappresentava l'Unione Sovietica, del fatto che appena liberi avreste aperto la sezione del Partito anche a Strove. Ed io che ti dissi? Ti giuro che se la scampiamo te la cucio personalmente io quella bandiera. Ecco, grazie a Dio ho potuto mantenere la promessa".

La signorina Devoto aveva lasciato tutta la tenuta di Mucini ai preti liguri del Villaggio dell'infanzia. I nipoti erano rimasti a bocca asciutta, vezzeggiare e corteggiare l'austera zitella non gli era servito a nulla. Forse pentita dalla debolezza che aveva provato per il capitano che aveva reso l'anima a Dio anni prima, distruggendo il bolide avuto in dono dalla signorina contro un albero vicino a Massa Marittima, la Devoto si era ancor più chiusa nella preghiera e nella beneficenza. Non era stato difficile per il carismatico Don Giuseppe farsi firmare un testamento a favore del centro che dirigeva. Mio padre era rimasto al suo posto di fattore giusto nei primi mesi, poi Pino come dichiarava a tutti di voler essere chiamato, gli aveva comunicato con un bel sorriso che avrebbero fatto da sé. Per ora potevamo rimanere nella casetta azzurrina, per carità, aggiunse benevolo, non era certo un problema con le tante case vuote abbandonate negli ultimi anni dai contadini. In effetti le famiglie se ne erano andate una dopo l'altra. Erano troppo forti le sirene del lavoro sicuro e ben pagato solo 8 ore nelle fabbriche che assumevano e cercavano operai. Tra Follonica e Scarlino era stato inaugurato con fanfare e autorità il Casone, uno stabilimento che produceva acido solforico con la pirite estratta nelle miniere di Niccioleta, Boccheggiano e Gavorrano. Le acciaierie di Piombino raddoppiavano la produzione, milioni di contadini poveri emigravano dal Sud verso le fabbriche di Torino e Milano. I vecchi no, loro si erano opposti, non riuscivano a concepire una vita diversa ma la campagna di una volta non aveva futuro. La grande gelata del '56 aveva dato la spallata decisiva. Il 2 febbraio dopo un inverno insolitamente mite una bufera di neve e ghiaccio con temperature artiche aveva investito tutta l'Italia per molti giorni. Gli ulivi in Toscana erano stati tutti uccisi dal gelo, molti animali erano morti per il freddo o la mancanza di foraggi. La scuola rurale appena aperta a Mucini era stata abbandonata, i rovi e i topi ne avevano preso possesso.

Il camion era arrivato di pomeriggio con due forestieri vestiti con una certa cura. "Venite, venite a vedere, regaliamo mobili moderni in cambio dei vostri vecchi! Compriamo ferrivecchi e soprammobili e paghiamo in contanti!" Si erano fermati nello slargo davanti casa. Gina, camminando lentamente, come una tartaruga che mette la testa fuori dal guscio, si era pulita gli occhiali e avvicinata. Anche Alfano il carbonaio pistoiese che da un po' aveva preso casa poco lontano, si era sporto dalla finestra insieme alla moglie. In poco tempo si era radunata una piccola folla. Angiolina, Lino, Primo, Teresa, Nello, Franco, Gina erano combattute tra la curiosità e la diffidenza. "Ma come? Vogliono darci quei bei mobili per le nostre vecchie madie? Ma son matti questi!" Scuoteva la testa Nello, ma Franco lo rimbeccava "oh, si vede poi l'aggiustano e le vendono in città, vai a sapè, nessuno fa niente per niente!" Alla fine il camion si era svuotato di tre vetrine gialle, bianche e azzurre, e riempito di quattro madie, due comodini, un armadietto, lampade a petrolio, una toeletta in ferro con specchio, alcuni ferri da stiro e vecchi attostini. Noi non si era preso niente la nostra casa era già un miscuglio di antico e moderno, la vetrina moderna avorio con specchio e soprammobile gondola veneziana faceva già bella mostra di sé in cucina, e poi diffidavamo da veri contadini che mio babbo ce lo diceva in continuazione: "non firmate mai niente a meno che non sia il postino, non accettate mai regali dagli sconosciuti, mai!".

Se chiedevo a mia madre cosa ricordasse dell'immediato dopo guerra, rispondeva i balli e il palio dei preservativi. "Avevamo neppure vent'anni, la guerra era durata cinque, fai un po' i conti, in pratica tutta la gioventù senza poterci divertire, svagare, ballare, fare festa insomma. Appena passato il fronte era arrivato questo ballo nuovo portato dagli americani il buki buki, che risate! Con mia sorella si prendeva a piedi e si andava da Scorgiano fino a Strove per ballare, e per la strada a piedi o in bicicletta sai quanto giovani s'incontrava? Ovunque ci fosse una festa da ballo si prendeva e si partiva. I nostri vecchi scuotevano la testa, eh, c'è un monte di gente appena seppellita o dispersa e questi fanno festa, poerini. Ma come fai a fermare la giovinezza? Eravamo stati troppo fermi, zitti, nascosti e chiusi in casa, le luci oscurate radio Londra e la musica americana vietata, non se ne poteva più. È vero, c'erano stati tanti morti, distruzioni, ma noi si voleva guardare avanti, costruirci un futuro e anche divertire, non è che avessimo tutto il tempo del mondo come voi oggi eh! E poi anche gli americani ci mettevano del suo, che te non lo sai, ma non è che regalassero solo sigarette cioccolate o caramelle. Ricordo andai con mia sorella e le mie amiche a vedere il palio a Siena che ricominciava dopo la guerra, lo avevano indetto straordinario nell'agosto del '45 appena dichiarata finita la guerra mondiale. Lo avevano chiamato in pompa magna 'Palio della Pace', ma in realtà finì in una grande scazzottata tra Bruco e Drago che il cencio lo fecero a pezzettini, figurati. Nella tribuna c'erano i comandanti alleati, tra la folla anche tanti soldati. Uno, un negro ubriaco, si era arrampicato in cima a un pennone che non si capiva come facesse a non cascare giù, e da lì faceva il buffone per farci ridere, faceva le smorfie, si levava il cappello, col braccio salutava fascista o a pugno chiuso. Intanto i comandanti lo avevano osservato col binocolo e dopo qualche minuto arrivarono due giganti della MP che scrollarono il pennone, lo fecero scendere gli dettero due manganellate e lo portarono via, che scherzavano poco quelli della militar police! A un certo punto passa sopra la piazza Pippo, sì, Pippo è il nome con cui noi chiamavamo le cicogne, gli aerei piccoli che durante la guerra ci sorvolavano per ricognizione e poi dopo magari arrivavano i bombardieri o i caccia. Insomma questo Pippo fa un giro in tondo e poi lancia manifestini in italiano e inglese, e piovono anche delle cose strane piccole, noi non abbiamo capito subito cosa fossero e chi le aveva mai viste? Poi un brusio, la voce si è sparsa alla svelta, i maschi avevano iniziato a ridere e a farci l'occhiolino. Erano preservativi! Penso li lanciassero perché tanti soldati cercavano le signorine, sai com'è... no, noi no, e chi li conosceva? Si sapeva esistessero questi cosi, ma il fascio li aveva proibiti, guai! Figurati il popolo italico doveva essere fecondo fare figli per la patria, ogni figlio in più ti premiavano agli scapoli invece avevano messo una tassa! Così caro andavano le cose al tempo. Però lo chiamarono il Palio della Pace ma io lo ricordo come il palio dei preservativi".

Dopoguerra in Maremma a guadagnare il pane dalle sette croste

"La Toscana è per i bimbi, la Maremma è per gli uomini"
(Santi Pacini)

Non si sposarono subito, passarono quattro anni dalla fine della guerra. Mio padre lasciò definitivamente Casagrande, e di lì a pochi anni fu seguito anche da altri cugini finché nel '56 la proprietà fu venduta e alla fine dell'anno tutti dovettero lasciarla. Prima però andò in scena l'ultima grande mobilitazione per il rinnovo dei contratti di mezzadria. Dopo due mesi di sciopero e di rinvio della trebbiatura sull'aia di Casagrande confluirono i contadini di tutta la zona. Livio tenne il discorso sotto la bandiera della pace che era stata issata sui covoni. "Compagni braccianti e contadini, oggi al termine di una lotta immane che farà storia festeggiamo il raggiungimento di un obbiettivo che fino a pochi mesi fa ci sarebbe sembrato un miraggio: il rinnovo del contratto di mezzadria che riconosce il prevalere del lavoro sulla mera proprietà, del mezzadro sul padrone, dell'uomo sullo sfruttatore, di una comunità intera coesa e solidale contro i vecchi parassiti agrari, ieri finanziatori delle squadre fasciste e del regime infame che dopo un ventennio ha trascinato l'Italia nella guerra, nella rovina e nella fame e oggi con la nuova camicia scudocrociata pronti a rivendersi come paladini democratici di De Gasperi e dei guerrafondai americani. No, non abbiamo avuto paura di loro e dei loro cani da guardia. Fieri dell'abbraccio del proletariato tutto ci siamo ancora una volta battuti per il pane, il lavoro e la pace. Sono cento anni che ci battiamo e se necessario ci batteremo per altri cento! Non un passo indietro! Siamo riusciti nella nostra lotta grazie all'unità degli sfruttati, alla camera del lavoro e al grande Partito Comunista! La terra a chi la lavora! Viva la lotta contadina e proletaria, viva i lavoratori, viva la pace tra i popoli!" Livio dette il via alla battitura in un uragano di applausi e di "Hurra!" mentre armati di tutto punto su delle camionette all'ombra della grande quercia decine di carabinieri sorvegliavano cupi. Fu il canto del cigno della grande famiglia che si divise in mille rivoli: chi operaio, chi fornaio, sindacalista, ferroviere, infermiere, alla fine solo mio padre rimase a lavorare la terra.

Bovisio andò in Maremma, nel Far West toscano cercavano aiuto fattori, Marisa continuò a lavorare alla Bertolli per mettere da parte qualcosa per le nozze. Erano anni molto agitati e poco pacifici nonostante tutti parlassero di pace. Dopo la disfatta delle sinistre alle elezioni del 18 aprile 1948, disfatta che mio nonno Santi mi raccontava come una "Waterloo", l'aria si era fatta cupa. La celere di Scelba sparava e ammazzava braccianti e operai, la guerra fredda era una realtà tangibile. Anche nei piccoli paesi si scherzava poco. Marisa ricordava con rabbia una sfilata comunista a Scorgiano in cui delle donne le avevano urlato, a lei e a tutta la fattoria "Servi dei servi! Leccaculi!" Portavano un cartello con la falce e martello con scritto W gli scomunicati visto che il Papa scomunicava gli appartenenti ai partiti marxisti. Sì, ma lei che c'entrava col Papa? Serva? Lei era una operaia! "I Servi" era quel collegio maledetto di Siena. Anni più tardi sarebbe venuta quasi alle mani con una sua vecchia collega della Bertolli. L'aveva incontrata per caso davanti alle Poste di Siena, dopo il primo abbraccio Katiuscia le aveva detto quanto fosse triste, era come se avesse perso il padre. Marisa non aveva notato quel "come se". L'aveva abbracciata forte "Ti capisco purtroppo so quanto sia brutto rimanere senza il padre". Katiuscia aveva alzato il sopracciglio "o da quando in qua Marisa sei dei nostri?" "Come dei vostri ma..." "o Marisa te hai capito vero? Parlo del piccolo padre di tutti noi, del condottiero del proletariato mondiale, ieri è venuto a mancare e le nostre bandiere sono a lutto per Lui, Stalin! Lui era come un..." Marisa non la lasciò terminare "maremma cane, ma quale padre! Pensavo fosse morto il tu' babbo, ma vai all'inferno mi hai fatto prendere un colpo!"

Bovisio se la vide più brutta. Era vice fattore alla tenuta di Monte Lattaia nelle piane tra Ribolla e Grosseto quando avvenne l'attentato a Togliatti nel luglio del '48. Mentre il Monte Amiata insorgeva in armi, tutta la Toscana prese fuoco e venne bloccata dallo sciopero generale. A Livorno gli operai uscirono in strada con una specie di carro armato auto prodotto, a Siena ci furono pestaggi di vecchi fascisti e assedio della camera di commercio. Alla fattoria maremmana per prima cosa tolse rapidamente le tende il proprietario, un vecchio e poco amato latifondista in odore di ventennio con quel doppio cognome che portava. Poi fu la volta del fattore che convocò Bovisio e lo nominò responsabile sul campo durante la sua assenza. In breve mio padre si ritrovò solo dentro la fattoria con tre carabinieri sul tetto dove avevano montato una mitragliatrice. Fuori erano circondati da duecento braccianti e minatori di Ribolla armati di roncole, fucili da caccia e qualche candelotto di dinamite. Bovisio per quanto avesse iniziato a lavorare da pochi mesi era benvoluto, per cui uscì fiducioso e andò a parlamentare con alcuni contadini che conosceva: "calma ragazzi, Togliatti è vivo e ha detto di non fare malestri e...". Non lo fecero finire. "Senti Bovisio, noi non si prende ordini da te ma dal Partito per cui torna dentro con i carabinieri e chetati! Se ci danno il via vi si fa saltare tutti in aria!" Fortunatamente Togliatti si riprese e raccomandò di mantenere la calma, lo sciopero generale terminò dopo tre giorni e ci si mise pure Bartali che vinse il Tour de France. "Come battesimo maremmano fu discreto" ricordava sorridendo mio padre.

Marisa fu portata all'altare da suo nonno Michele nel settembre del 1949. Michele classe 1870 fece ancora in tempo a veder nascere mia sorella nel febbraio del '51 e a diventar bisnonno.

Fu un matrimonio semplice, specchio dell'epoca e del dopo guerra, solo parenti stretti comunque una cinquantina di persone, e tre auto messe a disposizione dalla villa di Scorgiano per accompagnare sposi e genitori dalla chiesa alla piazzetta, "giusto per il gusto di farci mangiare la polvere", si lamentò lo zio di Marisa "o un era meglio andà tutti a piedi come s'è sempre fatto? E anche le fotografie, ne bastava una, o che c'è i soldi da buttà via?!" Marisa con l'abito nuziale ha una veletta ad aureola ricamata a trina sopra la testa, Bovisio indossa l'unico vestito scuro buono con la cravatta, si vedono già le stempiature che lo porteranno alla calvizie. Fecero persino il viaggio di nozze in treno, al nord dalla cugina di lui emigrata e sposata a Brescia e da qui sul Lago di Garda con gita in battello con orchestrina. Marisa avvampò come una scolaretta quando il cantante annunciò: "questa la dedica con tutto il suo amore Bovisio alla sua Marisa, freschi sposi, evviva!" Infine un giorno a Venezia la foto in Piazza San Marco con i piccioni, la gondola in gesso soprammobile per casa e le cartoline da spedire agli amici e parenti. Al ritorno li attendeva la nuova vita in Maremma.

Era indubbiamente un altro mondo, almeno per Marisa abituata alle campagne pettinate del Chianti, alle fattorie e casali storici e Siena medioevale e ricca. Strade in gran parte sterrate, muli e ciuchi nei paesi fitti come le mosche, campagne selvagge, persone franche fino all'eccesso. A Sticciano avevano preso due stanze nel paese alto, Marisa aveva cercato di capire la parlata del posto che spesso le rimaneva misteriosa. Bezzuga per tartaruga, cudera per formica, ma come parlavano questi villan fottuti? E poi giù bestemmie ogni due parole come fossero amen.

Bovisio la portò a fare un giro col sidecar della tenuta e a conoscere le famiglie contadine della zona. "Sono un po' brutali" l'aveva avvertita, "ma hanno un cuore grande, ti mettono la casa in capo se li conosci, non ti preoccupare". "Fattoressina, venga venga, entri è casa sua eh,oh com'è bella fattoressina, venga, si metta a cecce in quella sieda che un si dovrebbe rompe madonnacivile! Eh, lo prende un caffeino? Sì, vero, lo degna un chicco? È bono sa, l'ho fatto che sarà una settimana. Oh, ma qui c'è la moda parigina, che bel vestitino che ha fattoressina, attenta a un sporcasselo eh, che qui tra bestie e omini maremmaserpente c'è una bella zozzeria, mi sa che se viene da Siena un è avvezza alle nostre parti, vero?" Marisa sorrideva ma si aggrappava con lo sguardo a Bovisio che però era stato risucchiato dal capoccia nella stalla lì vicina da dove arrivavano zanfate di concio e bestemmie a raffica sulle bestie vaccine malate, maremma impestata maiala cane. Il problema si creò quando chiese di un bagno. Nella stanza per un secondo calò il silenzio, anche un bimbetto che pareva un pellerossa intento a tirare la coda a un gatto un po' rognoso alzò la testa fermandosi. "Ah, un bagno, fattoressina, no, intende un liscite? Deve piscià, vero?" Aggiunse la massaia al vedere mia madre attonita. "Per di qua, venga, ecco il liscite è lì fori, dove c'è quella buca e la tettoia di legno". Quando ripresero la strada di casa Bovisio per tirar su il morale di Marisa si fermò nel Pian del Bichi e decise di insegnarle a guidare il sidecar. "Vedi? È come andare in bicicletta, con la differenza che il carrozzino tira a destra e allora lo sterzo un pochino lo devi tenere a sinistra e forte, mi raccomando, dai prova, dai". Marisa dopo venti metri entrò nella fossetta con tutto il sidecar tra le risate di mio padre. Lei si rialzò furiosa "basta, me ne vado a casa, torno a Scorgiano, restaci te da questi lisciti!" La sera si riappacificarono facendo l'amore. Nove mesi più tardi nacque mia sorella Patrizia.

Massa è un paese medioevale abbarbicato su un poggio dove

notoriamente era più facile difendersi e l'aria più sana in tempi in cui l'aspettativa di vita in Maremma superava di poco i vent'anni per via della malaria. La vista spazia sul golfo di Follonica, l'isola d'Elba, Montecristo e la Corsica. A nord il paese è circondato da splendidi boschi e colline ma nonostante ciò è tagliato fuori dai gran tour che sbarcano migliaia di turisti giornalieri in Toscana. E specialmente negli anni di queste storie Massa si curava poco dei rari visitatori che piovevano fin lassù per vedere la piazza, il duomo, il comune, la fortezza senese di quella che fu una piccola ma battagliera repubblica mineraria. Prima di essere conquistata da Siena dopo lotte fratricide e aver scommesso disgraziatamente sull'alleanza con Pisa in funzione antisenese e, per un non infrequente caso di osmosi con i conquistatori, diventarne succube soprattutto a livello culturale. Ancora oggi Massa guarda a Siena e non al capoluogo di provincia maremmano Grosseto. I giochi di bandiere, le sfilate, i canti e i riti del balestro del girifalco sono la copia di quelli senesi per il Palio. Certo, una pallida copia, l'originale è della città del Mangia benché molti massetani se ne preoccupino il giusto, orgogliosi di sfilare nel corteo storico del Palio di Siena.

Una delle principali fonti di lavoro sin dai tempi degli Etruschi furono le miniere, con i minatori protagonisti di lotte epiche e tragiche. Tra queste la principale fu quella di Niccioleta diventata nota per la strage dei suoi lavoratori nel 1944 ad opera dei nazifascisti. Le conseguenze del lavoro minerario, già di suo pericoloso se non letale senza neppure poter vedere la luce del sole in inverno, erano il venir minati da malattie professionali come la silicosi, polveri microscopiche che lentamente otturavano i polmoni e accorciavano le aspettative di vita. La silicosi però diventava in un baratto immorale fonte di sussidi, soldi contro salute. La Montecatini infatti riconosceva dopo minuziose visite mediche che spesso suscitavano malumori per pretese disparità di trattamento, una piccola pensione di malattia e i nonni erano comunque contenti di poter mantenere agli studi i nipoti. E come non bastasse non mancavano l'alcolismo, le violenze in famiglia, i suicidi, che la Maremma era pur sempre maledetta anche con la malaria debellata una volta per tutte.

Ma nei primi anni 60 il paese era in auge per tutt'altra cosa ovvero essere sede di un dancing diventato leggendario: la Lucciola. Era venuta su un pezzo per volta, dapprima bar latteria, poi una tettoia e una piccola pista all'aperto per ballare d'estate, poi le tettoie erano state coperte e si erano aggiunti altri pezzi in una maniera assolutamente caotica e rapida come tutto del resto a quei tempi di ricostruzione e boom economico e demografico. In un baleno la famiglia di Pilade che veniva dall'Emilia aveva tirato su un dancing che non aveva uguali in mezza provincia. I veglioni studenteschi, le serate da ballo del fine settimana richiamavano giovani dai paesi della costa e della montagna, e il palco sarebbe stato calcato anche da gruppi di prim'ordine, tipo Equipe 84, Camaleonti, Giganti, Nomadi, Dik Dik, Gino Paoli, con file lunghissime per entrare e accalcarsi ovunque. Centinaia di coppie si erano conosciute e innamorate in quelle serate. Decine di volte come galli in un pollaio dei maschi si erano azzuffati, più a berci che cazzotti per la verità, per farsi belli agli occhi delle femmine, ma Pilade che a dispetto del fisico aveva una forza smisurata, buttava fuori i contendenti prendendoli per la collottola come fossero dei gatti, quando non direttamente a calci in culo che musica e serata dovevano comunque andare avanti. La Lucciola oltre che un locale rinomato era diventata la seconda casa e base di ritrovo per molti ragazzi e adulti, un segno tangibile che il paese durante il boom economico cresceva, cambiava, cercava di gettarsi alle spalle i lutti della guerra e del fascismo e si metteva al passo con i tempi moderni sperando in un futuro di progresso e di benessere per tutti.

Nacqui in quegli anni duri ma formidabili e intrisi di ottimismo in un paese che mutava composizione anche nei suoi abitanti. Tanti erano arrivati attratti dal lavoro nelle miniere o nell'indotto da mezza Italia, dal Veneto alle Marche, dalla Sardegna alla Calabria. Fruttaroli e verdurai venivano dalla Sicilia, i pasticcieri dall'Appennino emiliano, i tagliatori del bosco e carbonai dal pistoiese e i pastori dall'Abruzzo e dalla Sardegna. L'ostetrica che operava in campagna e in paese era originaria dell'Alsazia Lorena come alcune famiglie discendenti dei vecchi coloni portati a bonificare e rimpolpare la Maremma desertificata dalla malaria dal granduca Leopoldo.

A un certo punto però qualcosa andò storto e la brezza marina che gonfiava le vele del progresso volse in tempesta.

Il primo giorno di scuola riuscii a non piangere anche se capii subito che la mia libertà perdeva pezzi più grandi che non frequentare a fasi alterne l'asilo delle monache. Non ci voleva molto a distinguere quelli di campagna come me dai cittadini. Maggiore timidezza, fiocchi e grembiuli usati dai fratelli maggiori, cartelle sgangherate. Eventi gioiosi per gli altri che mi lasciavano attonito.

Una mattina si misero tutti a urlare "le carrozzine, le carrozzine!" Saltando in piedi accanto alle finestre per vedere passare dei grossi camion. Non osavo chiedere cosa fossero le carrozzine, intuivo che sarei stato preso pesantemente in giro, rimasi per diversi giorni in sospeso, finché il mio compagno di banco Marcello mi fece vedere un gettone di plastica con il quale avrebbe potuto fare un giro, e si mise a raccontarmi quanto gli piacessero queste carrozzine, girare sulla pista e scontrarsi con gli altri, e anche gli altri divertimenti del luna park, comunque ganzi ganzi. Non avevo mai visto un luna park, neppure un circo. Anni più tardi mio babbo mi portò a vedere il circo Togni, quello vero con leoni, tigri, elefanti. Ricordo due ore di gioia ma, soprattutto, un numero di magia che mi lasciò veramente a bocca aperta, neppure mio babbo, che pensavo sapesse e spiegasse tutto riuscì a venirne a capo. Sulla pista era arrivato il mago, aveva messo un tavolo al centro con sopra una grande radio, l'aveva accesa, prendeva varie stazioni si sentiva bene. Poi l'aveva coperta con un telo, la radio continuava a funzionare egualmente. Si era spostato di un metro, aveva detto la formula misteriosa e all'improvviso aveva afferrato il telo e lo aveva scagliato in aria e ripreso. Sul tavolo la grande radio non c'era più, la musica nemmeno. Il mago aveva fatto un gran sorriso e mentre scrosciavano gli applausi si era inchinato aveva ringraziato ed era sparito.

Avevo conosciuto Marcello in una calca poco piacevole di decine di bambini nell'ambulatorio comunale ammassati per essere vaccinati, anzi marchiati visto il segno che rimaneva, contro il vaiolo. Inutilmente le mamme presenti in numero spropositato rispetto ai bambini che forse erano accorse anche le nonne le bisnonne e le vicine di casa, avevano cercato per giorni di tranquillizzarci con racconti edificanti di graffietti, morsetti, segnetti che non avrebbero provocato alcun dolore e immunizzato invece da una terribile malattia che avrebbe potuto deturparci per sempre, ucciderci persino. Un misterioso tam tam continuava a circolare e sussurrava malefico di marchiature a fuoco, tagli sulla carne, orribili cicatrici che non sarebbero più sparite, oltre naturalmente a un dolore indicibile e interminabile. I più solerti nel diffonderlo erano naturalmente i bimbetti che ci erano già passati e adesso si vendicavano sadicamente delle loro paure instillando il terrore nei malcapitati vaccinandi manco fossero gatti a cui dar fuoco alla coda. A un certo punto ero talmente impallidito all'ennesimo racconto rimbalzato nella fila che Marcello notandomi e sbagliando il termine mi aveva detto: "come sei opaco!" La battuta era piaciuta e subito anche Fausto, Cesare e Robertino avevano ripetuto "opaco! Opaco!" da lì a diventare Paco il passo era stato breve e questo soprannnome sì che mi avrebbe marchiato a fuoco tanto da trasmetterlo di padre in figlio.

Ma quella mattina nella tonnara ero riuscito anche a fare di peggio svenendo per il caldo e la mancanza d'aria. Due schiaffetti tirati da mia madre e un bicchier d'acqua portato da altre donne che avevano anche iniziato a fare vento usando le loro gonne come ventagli mi avevano rianimato e rimesso in piedi, il dottore aveva commentato prima di procedere "su, su, sei omo, ora vedrai ti sveglio io!" e mi aveva subito marchiato sul braccio sinistro. Mi ero vergognato a lungo del mio svenimento ma i miei compagni non me lo avevano mai fatto pesare e questo aveva subito rinsaldato la nostra amicizia. E l'anno successivo ci eravamo sentiti grandi e ci era parso un gioco vaccinarsi contro la poliomielite facendo la fila a scuola per mangiare uno zuccherino su cui erano state versate alcune gocce di un liquido scuro. "Su, su! Svelti!" incitavano le maestre per smaltire la fila "averlo avuto noi in tempo di guerra questo zucchero!". Il cucchiaio da cui succhiavamo la zolletta di zucchero era lo stesso per tutti i bambini ma nessuno ci aveva fatto minimamente caso.

Marcello si rivelò un compagno di banco speciale. La maestra me lo aveva messo accanto per vedere se io diventavo un po' più spigliato e lui un po' più calmo. Era l'unico ripetente della classe, l'anno prima era scappato dalla finestra più di una volta per tornare a casa e malgrado sua madre lo riportasse tirandolo per un orecchio alla fine lo aveva ritirato con la scusa del morbillo. Era stato a casa un mese come me, con tutti i bollicini rossi e una terribile voglia di grattarsi.

Marcello in effetti aveva perso la voglia di scappare ma non quella di portare in classe rospi, lucertole, nidi con uccellini e persino topi morti da lanciare contro le femmine. Ma non era affatto un violento come tanti con gli animali. In classe quasi tutti mi raccontavano che appiccavano il fuoco alla coda dei gatti,di uccellini abbattuti a fiondate, di cuccioli affogati in una tinozza d'acqua, rospi fatti saltare con i petardi. Quelli un po' più grandi d'inverno tendevano le tagliole per prender gli uccellini e farci l'arrosto o la polenta. Io ricordavo con orrore quando avevo ucciso per sbaglio una paperetta tirando un sasso, e in ogni caso gli uccellini non li mangiavo.

Marcello riusciva a dissacrare qualsiasi cosa, dalla recita di Natale al problema di matematica, si inventava modi di dire, era un attore e improvvisatore nato. La sua compagnia contribuì sicuramente a svegliarmi.

Bovisio diventò fattore lasciando la tenuta di Monte Lattaia, un emissario della signorina Devoto che cercava un fattore giovane e in gamba lo contattò e lo convinse a trasferirsi vicino a Massa, nella tenuta di Pian dei Mucini. Era un discreto cambiamento, Massa un centro medioevale importante, che si dava arie di città, circondata di miniere, artigiani, una buona agricoltura e anche il mare vicino con il Golfo di Follonica. Oltre tutto la casa era compresa nell'ingaggio e le scuole a cinque minuti di pullman. Ma il massimo fu che a un km da Mucini un podere dell'Ente Maremma, quelli bianchi quadrati con la scala esterna, sbucati nelle campagna come margherite nei prati creati in quegli anni dalla riforma agraria, era vuoto e non si trovava nessuno a cui affidarlo. Circondato da tre parti dal bosco, rovi e sassi fin sotto le finestre, niente corrente elettrica e telefono, acqua di pozzo ad un km e pochi ettari di terra di seconda scelta. Bovisio non ci pensò due volte, ne diventò assegnatario e ci portò Santi e Pia ad abitarlo, visto che dovevano venir via da Casagrande. Mio nonno ne fu felice mise su subito un po' di maiali, conigli, galline, faraone, poi fece un recinto nel bosco e una capanna dove ricoverare alcuni vitelli. Lampade a petrolio in casa, un cane a fare la guardia e alcuni gatti per mangiare i topi. Mio padre alcune ore al giorno arrivava a dare una mano annunciato da una nuvola di polvere da cui spuntava in sella ad un Guzzi Galletto tre marce, con mia madre di nuovo incinta seduta dietro di traverso e mia sorella in braccio.

Pian piano, dopo l'amnistia Togliatti erano tornati tutti in circolazione o quasi. L'unico che l'aveva pagata cara a Massa era stato Tillone, camicia nera fanatica, spia e somministratore di manganellate a chi cercava di disertare le adunate del sabato fascista. "Volano sempre gli stracci", Mirto, il padre di Fausto aveva scosso il capo "e quelli più accaniti su di lui erano quelli che all'epoca gli tenevano il sacco". Raccontava con tanta amarezza, non tanto per la morte ma per come era stato ucciso. "Questo idiota se ne poteva stare nascosto come i suoi capoccia, tanto uno più uno meno a questo punto… macché, era passato il fronte da sei mesi appena e se ne viene a passeggiare in Piazza Garibaldi, gli mancava la camicia nera e il manganello, giusto quelli. Che vuoi, dopo cinque minuti aveva dietro una folla che gli urlava di tutto e lo prendeva a pedate, è scappato nel palazzo del Podestà ma lo hanno tirato fuori riportato in piazza e ucciso a pugni e calci. Se non ci avessero fatto consegnare le armi agli americani forse lo avremmo salvato, chissà. I carabinieri si son fatti vivi solo a cose fatte, con calma. Invece i capi, le carogne vere, hanno riaperto la farmacia e la fattoria alla zitta ma come niente fosse, due piccole condanne amnistiate neanche un giorno di galera, o vai, tanto chi poteva davvero sputargli in faccia, il Cerboni, Norma Parenti, hanno visto bene di ammazzarli gli ultimi giorni per regolare i conti. Hanno mandato avanti il conte Nardulli, il capo dei repubblichini veniva da Orbetello, mentre loro se la svignavano. Il Nardulli era quello che quando un ragazzetto figlio di una fanatica fascista sparò alle spalle del Filippi disarmato, lo premiò. Poi andò all'ospedale e chiese ai dottori come stava il partigiano ferito e appena gli dissero che non avrebbe passato la notte esclamò 'meno male, almeno risparmio una pallottola!'. Questo boia prima di scappare al nord mise una buona parola per far fucilare il Cerboni a Pisa, e vedrai anche per mandare fascisti e tedeschi a trascinare fuori Norma dalla sua trattoria, assalita a colpi di bombe a mano… la uccisero a colpi di baionetta e pistola dopo ore di torture. Norma era una bestia nera per loro. La sua osteria era da sempre un ritrovo di antifascisti, e lei non aveva paura delle camicie nere, li insultava, ridicolizzava, distribuiva la stampa clandestina, collegava sbandati e prigionieri con i partigiani. Era una ragazza bellissima, più che emancipata per l'epoca, pensa, portava i pantaloni, fumava, andava in bici e fotografava pure, la guardavano male e criticavano in tanti. Ma soprattutto non gli perdonarono il fatto che avesse seppellito il Boscaglia. Questo ragazzo era morto in combattimento a neanche vent'anni, e i fascisti avevano trascinato il cadavere in piazza e avevano messo un cartello che doveva rimanere lì tre giorni come monito per tutti. Norma fu la sola che uscì e cominciò a bussare alle case delle sue amiche, avevano paura, non volevano, ma tanto fece che alla fine diverse donne uscirono e l'aiutarono a prenderlo, portarlo in una casa, ricomporlo, fotografarlo e poi avvisare i suoi genitori. Il giorno dei funerali al ritorno delle donne dal cimitero i fascisti dalla Torre del Candeliere spararono vicino, per terra, come avvertimento e minaccia. Sì, la volevano morta, che lei era dell'Azione Cattolica ma più comunista di tanti che dopo si dicevano tali, cosa credi. Era troppo coraggiosa, gli ultimi giorni le si disse di nascondersi, ma non volle saperne, ho un figlio al petto rispondeva, aveva un bimbo di sei mesi, rimase in casa, sopra la trattoria. Il Nardulli abbandonò Massa con un camion di fascisti e lì per lì la fece franca, un nostro gruppo sparò sul convoglio ma la mitragliatrice, maledetto il cielo, si inceppò, se ne seccarono solo due e gli altri scapparono. Ma alla fine è l'unico che l'ha scontata la sua pena. Che al Nord partecipò a diversi rastrellamenti nella zona tra Piemonte e Liguria, pensa te, si è saputo che durante un rastrellamento terrorizzò anche la famiglia di De Andrè sfollata da Genova! Ma il 25 aprile lo catturarono e dopo un mese fu processato a Alessandria e fucilato, meno male, se no è capace rientrava anche lui nell'amnistia. Ma qui a Massa tanti son rimasti convinti che si fosse salvato, la voce è continuata a girare fino ai giorni nostri, non riuscivano a crederci che fosse finalmente crepato".

La famiglia era cresciuta non si poteva più andare in quattro sulla Guzzi, allora mio babbo fece il grande passo e firmato un pacchetto di cambiali acquistò una Fiat Topolino. Presto con altre cambiali agevolate del credito agrario sarebbe arrivato anche un piccolo trattore della Same. Mio nonno rifiutò sempre di guidarlo, anche a Mucini per un po' continuò col suo vecchio carro di legno trainato da una coppia di buoi, faceva le cose con estrema calma, alzandosi mediamente alle 4 e mezza di mattina e andando a dormire alle 8 e mezza di sera.

Erano quasi autosufficienti i miei nonni, solo ogni tanto prendevano il pullman per andare al mercato a Massa e una volta alla settimana arrivava il furgone di Buzzino detto il truccone, che acquistava da loro polli, conigli, uova e vendeva birra, detersivi, scope, pentole. Avevo capito il giorno che passava così impietosivo Pia che mi comprava dei succhi di frutta e degli yogurt all'ovomaltina. Sia nonna Pia che la nonna Beppina quando veniva a trovarci, avevano il culto delle uova alla coque allungate con un goccio di Marsala "mangia! Fa crescere l'omini!" Beppina ogni tanto durante il pranzo di soppiatto mi metteva nel bicchiere un goccio di vino "pretto", cioè puro, e poi mi strizzava l'occhio. La sua tesi era che a piccole dosi mi sarei abituato e non mi avrebbe fatto male come agli astemi. Non so se dipende dalla sua educazione precoce, ma ho bevuto sempre botti di vino senza riportare sbornie o danni seri. Ma il cambiamento maggiore furono le ferie e l'arrivo della televisione. Mio babbo decise che bisognava essere al passo con i tempi e ai soldi dargli il giro. Mia madre era perplessa, "legge troppi libri e riviste americane" ci ripeteva, "e poi fotografa tutto con quella Ferrania a cui tiene come le cose sante", ma alla fine era entusiasta come me e mia sorella.

Come primo tentativo di vacanze prendemmo in affitto una baracca sulla spiaggia di Follonica insieme agli zii con rispettive mogli e figli. Ricordo un allegro caos, dodici persone stipate in due Topolino con remi, paperelle e cestini con dei viveri, noi piccoli nascosti sotto gli asciugamani al bivio Rondelli per evitare le multe della Polizia Stradale e un accampamento che dalla casetta arrivava alla spiaggia senza soluzione di continuità. Ma sia Bovisio che Marisa scoprirono di detestare il caldo, il vociare continuo e i nostri litigi, la sabbia, i bomboloni caldi che poi non si mangiava più nulla, e il fatto che si rischiava di affogare ogni momento visto che eravamo bimbi di terra e nessuno sapeva nuotare. Quindi nell'agosto del '60 la destinazione fu la montagna e andammo sulle Alpi. Credo fossimo gli unici maremmani che partivano per la montagna invece di starsene a casa o arrivare sulla costa tra il Golfo di Baratti e l'Argentario. Mi accorsi ben presto che uscire dal coro era visto con sospetto e non solo a Massa. Nessuno sulle Alpi aveva la minima idea di dove fosse la Maremma o anche Grosseto capoluogo di provincia. I turisti lassù erano per lo più milanesi o tedeschi. Comunque sia nordici. Mia madre allora tirava fuori l'asso nella manica: "Siena, il palio!" Ma quasi nessuno ne aveva sentito parlare, molti invece dicevano di conoscere la Toscana, cioè Firenze e la torre di Pisa. I miei genitori avevano in ogni contesto una vera fissazione: parlare italiano il più possibile senza parole tronche, aspirate o dialettali. Erano gli unici toscani che abbia mai conosciuto che in quei giorni scandivano: "il bambino e non il bimbo, il citto, il cittino". Vedevano anche in questo il loro riscatto e progresso sociale. Bellissimo insegnamento ma con effetti che rischiarono di essermi fatali. Ero riuscito a tornare in paese un pomeriggio e avevo raggiunto i miei amici delle scuole nel Parco di Poggio per giocare a pallone. Ero felice, finalmente insieme ai miei simili e non a vagare per boschi fossi e pietraie intorno casa a cercare di ammazzare il tempo giocando e saltellando da solo immaginandomi avventure e guerre. Del resto avevo anche un discreto tocco di palla, l'allenamento sia pure contro il muro di casa non era mancato con qualche vetro rotto in cucina o ai vicini, e i miei compagni di scuola me lo fecero notare stupiti. Tutto sembrava filare liscio, o quasi. "Paco adesso vai in porta te" un mio compagno abbandonò la porta segnata da due alberi. "No, mi oppongo, voglio rimanere attaccante!" Si fermarono tutti. "Cosa hai detto?! Ma come parli? Ma chi ti credi di essere?! Mi oppongo?!! Non sei mica un avvocato o un signore eh, mi oppongo una bella sega!" Al che iniziarono una sassaiola, rischiai la fine di Santo Stefano protomartire e tornai a casa pesto rischiando di buscare la giunta da mia madre per averle prese. Per un bel po' non mi feci rivedere in Poggio e la mia carriera di calciatore finì prima ancora di cominciare.

La montagna era ai miei occhi un'avventura continua. Un giorno di viaggio per arrivarci. Radiatore che bolliva e emetteva vapore come un geyser, auto puntellata con i sassi che il freno a mano lasciava a desiderare, valigie legate sul portapacchi, un plaid di lana per buttarci su un prato a mangiare pane e salame, salite tra mucche con i campani che Bovisio accarezzava come fossero cagnolini e l'immancabile foto in cima al passo, sul lago, alle mucche, alle malghe, e la scelta meticolosa delle cartoline da spedire ai parenti. La consultazione delle carte geografiche per la disperazione di mia madre che prevedeva a ragion veduta che ci saremmo persi tra nebbie e grandinate, e Bovisio che con calma riusciva sempre a ricondurci al punto di partenza, mezza giornata più o meno. In fin dei conti che fretta c'era? Ecco, ci infondeva calma, curiosità per tutto quello che vedeva e fotografava. Mi sarebbe piaciuto raccontare tutto questo ai miei compagni di scuola, ma non era consigliabile mi avrebbero preso per scemo se ci provavo. "Che ci fai in montagna?" Marcello era il meno ostile sulla questione. "Ma che ci fai, sai che paio di coglioni tra le merde di mucche e i montanari zolli e duri come le pigne verdi che sbraitano in tedesco? Noi invece al mare belli caldi, a mollo, a fare i castelli di sabbia, i tuffi, a cogliere le arselle, mangiare i bomboloni caldi, giocare a pallone tutto il giorno e lì te magari sotto una sgrandinata nel groppone, ma cacala la montagna, vuoi mettere Prato Ranieri con le Dolomiti?!"

La televisione fece il suo ingresso a Mucini negli stessi anni. Grande, bombata, con un carrello con le ruote che la reggeva e un lenzuolino colorato riadattato con la macchina da cucire che faceva da sipario e custodia. L'accensione stessa era un rito: prima andava collegata la spina elettrica, poi acceso il pulsante. Iniziavano a scaldarsi le valvole, dopo un minuto buono si sentiva qualcosa e gradualmente arrivava l'audio e il video. A quel punto con le manopole ai lati mio babbo iniziava a regolare il volume e sistemare meglio la sintonia, che non ci fossero troppe strisce, fischi, fruscii, ma questo dipendeva anche dalla stagione che imperversava, che vento e temporali disturbavano molto. C'era un solo canale in bianco e nero e le trasmissioni duravano poche ore. Se appariva l'annunciatrice e dava la buonasera mia nonna rispondeva "buonasera!" e se mia sorella le diceva che non la sentivano ci guardava perplessa e poi borbottava "si risaluta sempre, io sono educata!" Mi piaceva moltissimo la sigla di chiusura con la musica classica serissima e marziale o l'intervallo con la musica dell'arpa con quadri bucolici, pecore, putti e pastorelli. E naturalmente quando arrivarono la tv dei ragazzi, i cartoni animati di Disney, lo Zecchino d'oro. Il mio babbo voleva sentire il "comunicato" cioè il telegiornale alle otto di sera poi tutti si veniva rapiti da Carosello, con personaggi improbabili, siparietti, fumetti "stelle di Negroni, Carmencita abita qui, prodotto Bialetti" e tante altre storie bellissime. A quel punto noi piccoletti si sarebbe dovuti andare a letto con un bel bicchiere di latte caldo ma spesso imploravamo di rimanere un altro po'. L'avvenimento clamoroso era stato "Lascia o raddoppia", il quiz di Mike Bongiorno attirava anche i vicini di casa che bussavano e venivano a vedere portandosi una sedia da casa. Ci si trovava tutti lì nel buio con i miei vicini a bocca aperta, ipnotizzati. Nello non mancava mai di scuotere il capo e dire "mi pare impossibile o come faranno a farsi sentire e vedere così lontani?" Mentre Gina dopo un po' bicciava e russava nonostante le gomitate che gli tirava Gigi. Angiolina faceva uno dei suoi perenni maglioni con i ferri, Lino ridacchiava guardando le nostre reazioni, Chiara confabulava con mia sorella. Mia madre stirava dando un'occhiata, mio babbo certe volte anticipava le risposte e allora tutti lo guardavano stupiti e gli facevano un sacco di complimenti. Pian piano cominciavamo a stare meno intorno al fuoco e a raccontare le novelle nelle lunghe serate invernali. La TV annunciava i grandi avvenimenti del mondo: Yuri Gagarin il primo uomo nello spazio, la morte del "Papa buono" dopo il Concilio Vaticano II, l'assassinio del Presidente USA JF Kennedy a Dallas, il disastro del Vajont, l'eclisse totale di sole con le galline che anche a Mucini disorientate tornavano nel pollaio mentre sul bosco scendeva un silenzio gelido. Quello che dovevi immaginare con la radio in TV certe volte si materializzava sotto forma di immagini tremolanti in bianco e nero, ma pareva comunque una magia. Con lo scorrere delle stagioni le persone avrebbero smesso di guardare e parlarsi dalle finestre verso la strada e si sarebbero chiuse in casa a vedere e ascoltare solo la scatola magica.

La maggior parte del tempo libero lo passavo correndo tra campi, fossi e boschi, esplorando e giocando allo stesso tempo.

Quasi sempre da solo non per caso la signorina Devoto aveva fatto suonare le campane quando nacqui, ero il primo dopo tanti anni, Mucini era una fattoria piccola e tutti erano più grandi di me di almeno sette-otto anni. La Devoto mi impose come secondo nome Erasmo, mia madre aveva scelto il primo: Stefano, essendosi innamorata di una ballata che raccontava di Stefano Pelloni un bandito romagnolo detto il passator cortese. Mia sorella se mi avvicinavo per giocare con lei e le sue amiche mi scacciava sbuffando, allora inforcavo la bicicletta e mi spingevo sino al podere dai miei nonni a inseguire le galline, portare fuori i maiali, osservare incantato la sveltezza e abilità con cui Pia prendeva un coniglio per le orecchie, lo sollevava, lo ammazzava con un colpo alla collottola, lo attaccava a un chiodo e gli levava la pelle come fosse una buccia di banana. Se mi sbucciavo un ginocchio o graffiavo una mano ci pisciavo sopra come mi aveva insegnato mia nonna per non stare a tornare in casa e cercare alcool e cotone. Se invece mi entrava qualche moscerino nell'occhio dovevo sputare, se ero pinzato da una vespa acqua fredda e una fetta di patata sopra. Mia nonna Beppina invece toglieva la febbre alta mettendo una fetta di pane tostato dentro un bicchier d'acqua sul comodino durante la notte, e toglieva i porri facendo nodi ad una cordicella, cuciva gli orzaioli, segnava il fuoco di Sant'Antonio col sangue di maiale. I miei irridevano questi antichi rimedi, credevano nella scienza e nel progresso. Io ne ero affascinato anche se poi concordavo con i miei genitori. Non dubitavo minimamente di loro.

Quando ero stanco di correre giocare e fantasticare mi fermavo da qualche parte ad osservare i cambiamenti di luce del cielo, la corsa delle nuvole, il giro lento dei falchi sopra il bosco in cerca di serpi o ricci. Sognavo, sognavo ad occhi aperti senza tregua, inquieto di una malinconia che non mi sapevo spiegare.

La notte tra il 30 aprile e il 1 maggio nelle campagne era aspettata un po' come il Natale. Squadre di maggerini, con un poeta col garofano rosso all'occhiello incaricato di poetare in ottave a braccio, il corbellaio, col corbello per raccogliere le offerte, un suonatore, in genere con una fisarmonica, l'alberaio, un ragazzo con un alberello fatto di rose e nastri colorati a rappresentare il risveglio della natura, ed altri tutti agghindati con i cappelli colorati di rose di carta, andavano tutta la notte di podere in podere a cantare il maggio ritornato ed augurare felicità e buoni raccolti. Era considerata una fortuna l'esser visitati dalla squadra, un segno di rispetto, un augurio buono per la stagione a venire e non si sapeva quasi mai in anticipo se sarebbero passati.

Erano quasi le 5 di mattina quando ci svegliò un coro e una fisarmonica. Corremmo tutti giù dal letto e fummo pacificamente invasi. *"A tutti voi io chiedo il permesso/per me e per i miei compagni tutti quanti /e nel vostro cuore io ci vedo/che di sentir cantar sarete amanti;/se ci date il permesso come credo/ noi vi farem sentire i nostri canti /vi canteremo il maggio e si va via / lasciandovi nel cuore l'allegria".* Facemmo le 7 di mattina e colazione tutti insieme, poi ripartirono ammucchiandosi ridendo su una Fiat 600 scassata.

Nell'estate infinita i miei amici si riprendevano la libertà dimezzata dalla scuola e raggiungevano col pullman le spiagge di Follonica per passare la giornata a sguazzare nel mare. Marcello, Fausto, Cesare, Alessio, Anna, Stella avevano formato una comitiva che scendeva al capolinea di Prato Ranieri e si posizionava tra le dune sabbiose e i tre grandi pini che facevano ombra nelle ore più calde. A un certo punto dopo i primi bagni divoravano la schiaccia con la mortadella preparata a casa e se avanzava qualche soldo un gelato o un bombolone dal carrettino che percorreva instancabile la spiaggia su e giù fino alle colonie marine passando davanti al Piccolo Mondo, il ristorante di lusso su palafitte di cemento circondato dal mare di fronte al grattacielo della Torre

Azzurra. Questa svettava per ventidue piani e si poteva vedere persino da Massa. Alessio quando la guardava dal Poggio massetano affermava che prima o poi il mare sarebbe avanzato sino a Valpiana e allora sarebbe rimasta come boa per segnalare dov'era la capitale dei "buzzi verdi" malarici. Fausto raccontava invece la genesi della costruzione con i comunisti che avevano pensato in piena "Era Sputnik" di farla di trenta piani e cento metri di altezza, i democristiani inorriditi avevano espresso tutto il loro sdegno per una novella Torre di Babele proponendo dieci piani, mentre i socialisti avevano mediato e dopo un lungo tira e molla ci si era accordati per ventidue piani e 73 metri.

Il mio mare invece erano i campi di grano che ondeggiavano col vento, la luce accecante del sole che non tramontava mai. Pensavo che la mia vita futura sarebbe stata così: una estate lunghissima, bella, libera e dei mari da attraversare.

Mia madre mi spediva quindici giorni a Scorgiano a giocare con i miei cugini. Da qui facevo anche delle girate a Colle per gli altri cugini, alcune volte si partiva tutti insieme la domenica per andare alla "pozza" di Follonica. In ogni caso si giocava liberi interrotti solo per la merenda a pane strofinato col pomodoro olio e sale e un ghiacciolo al limone se ce lo offriva qualche cugino più grande. Caccia alle rane, alle lumache, tirare il collo alle galline, tutte le occasioni erano buone per finire poi a mangiare.

Iniziava in quegli anni la migrazione dei turisti della domenica al mare, certe volte con mia sorella ci mettevamo a contare le auto che passavano la domenica mattina all'incrocio per Mucini davanti alla vecchia osteria e ci sembravano tante, tantissime, anche ottanta in due ore. Invece mio babbo ci raccontava delle scazzottate alla stazione di Follonica quando il venerdì sera arrivava il treno da Siena che i maremmani avevano soprannominato "treno dei becchi" perché colmo dei mariti che raggiungevano le mogli con prole che stavano nelle casette (le famose "baracche" tirate su alla meglio) sulla spiaggia a respirare l'aria buona. "Ecco i becchi!" urlavano dei ragazzotti alla vista degli impiegatini di banca scesi accaldati dal treno, e la rissa partiva allegramente.

I tre giorni più belli erano quelli della trebbiatura nel podere dei nonni Santi e Pia. Decine di uomini e ragazzi come tutti i miei cugini che in un caldo rovente e in una nuvola di polvere partecipavano alla trebbiatura. Tre grandi barche di grano formate dai balzi di frumento segato e legato venivano a forza di braccia e forconi gettate nella bocca della macchina trebbiatrice collegata con grosse cinghie ad un trattore. Dalla macchina usciva il grano che veniva insaccato e trasportato nel magazzino dove veniva ammucchiato vuotando i sacchi. Noi bimbi ci si tuffava nel grano incuranti della polvere e delle gatte pelose che tanto schifavano mia madre. Le donne intanto preparavano in continuazione acqua e tè per gli uomini, apparecchiavano due grandi tavoloni all'aperto e cuocevano pentoloni di pasta, panzanella e zuppe. La sera nonostante la stanchezza c'era ancora la forza di ascoltare racconti fino a notte, novelle di campagna, storie di bimbi piccoli abbandonati all'ombra nei campi dalle madri al lavoro e mangiati da maiali famelici, oppure trovati con bisce in gola per succhiargli il latte, ad altre più personali di personaggi confusi tra i contadini della zona. Avevo scovato tra quelli che ci venivano a dare una mano una vecchia gloria locale ciclistica. Anteo ci raccontava come avesse vinto una tappa al giro d'Italia del '28 e un giro di Toscana più tardi, la tanta polvere mangiata, la fatica ma anche le soddisfazioni. Era comunque rimasto un contadino, non si era mai montata la testa. A un mio cugino che gli chiese come o con cosa diventare un bravo ciclista rispose con una sola parola: "sacrificio". La bicicletta ce l'aveva anche Tevere, anche se vecchia e pesante con le ruote piene, veniva da Niccioleta era un minatore in pensione. Aveva una forza smisurata. La sera sfidava tutti a braccio di ferro e dopo aver vinto anche con i più giovani inforcava la bici e tornava a dormire a casa veloce e leggero come avesse vent'anni. Quando rideva dopo le sfide vinte gli si manifestavano in faccia migliaia di rughe grosse come solchi d'aratro, avrebbe potuto avere cent'anni. Poi c'era Arsete con i pochi denti in bocca rimasti si nutriva di panzanella, ci guardava canzonandoci: "beati voi che siete giovini e non capite nulla!" Ma quando calava la notte iniziava a raccontarci del "tempo di guerra" che aveva praticamente coinciso con tutta la sua vita. Veniva dall'Amiata, raccontava di essere scampato "alla grande mietitrice" almeno tre volte. La prima ad Abbadia San Salvatore nel ferragosto del '20 quando ragazzo aveva partecipato ad un comizio per la vittoria elettorale dei socialisti. Una processione partita da una vicina chiesa aveva disturbato il comizio ed era finita in scontri, sassate, coltellate e pistolettate. Sul terreno erano rimasti sette morti tra cui un carabiniere ed un prete. Un suo amico che gli era accanto nella mischia aveva avuto una palla in fronte "e non l'aveva potuta raccontare". La seconda durante la guerra, quando minatore a Niccioleta come tanti altri della montagna era scampato alla strage solamente perché il giorno del rastrellamento si trovava in un paese vicino. La terza nel luglio del '48 quando l'Amiata era insorta dopo l'attentato a Togliatti, due carabinieri erano morti e poi c'erano stati centinaia di arresti e anni di galera. Qui non specificava cosa gli era accaduto, ma dalla faccia si intuiva poco di buono.

La mattina dopo si ricominciava, tuffandoci dai pagliai in costruzione, riempendo i mastelli d'acqua dove si sarebbero lavati gli uomini, andando a vedere Francona la donna più forte del mondo che lavorava più di tanti contadini, una tipa di un metro e ottanta, faccia lunga capelli corti con due spalle da gladiatore e pantaloni sotto la gonna, una voce tonante che sovrastava il frastuono della trebbiatrice. Nota protagonista dei tornei di briscola con bestemmie del circolo anarchico massetano si accompagnava a Pio, uno scricciolo magro magro e silenzioso che a malapena ce la faceva a guidare l'Ape Piaggio con cui si spostavano per commerciare uova polli e conigli. Le giornate e le emozioni parevano non finire mai in campagna, finché un giorno la luce diventava più fredda dopo i primi temporali, la stagione "prendeva il settembrino" e le giornate iniziavano ad accorciarsi sempre più. Il 1 ottobre faceva da spartiacque, riaprivano tutte le scuole ma questo non fermava la nostra partecipazione ai riti e lavori di campagna: la vendemmia, la raccolta delle castagne e della legna, la raccolta delle olive e l'uccisione del maiale. "Si è sempre seguito le stagioni e fatto così, e sempre si farà così" sentenziava Santi, "a meno che col progresso non si lavori più e le querce facciano i limoni" aggiungeva ridendo.

Da giugno arrivavano alla fattoria bimbi e ragazzini del centro dell'infanzia di Chiavari per fare quindici giorni di colonia estiva. Infatti morta la signorina Devoto la tenuta di Mucini era stata donata interamente a questo centro benefico guidato da un prete energico, don Pino. Per me significava avere qualcuno, sia pure più grande con cui giocare a pallone, era un linguaggio universale e un modo di conoscerci diretto, che altrimenti tra le rispettive diffidenze e la loro parlata dialettale ci saremmo capiti poco, che diversi erano sardi e gli altri liguri. Alcuni erano aggressivi e decisamente selvatici, imparai ben presto tutta una gamma di cazzotti, calci, sputi e insulti mai immaginati nonché allusioni sessuali che mi rimanevano oscure. Sentivo raccontare dagli istruttori e signorine a mia sorella storie brutte: padri alcolizzati, in galera o spariti, madri rimaste sole, oppure anche orfani del tutto, abbandonati alla nascita. Alcuni erano fanatici del calcio e anni più tardi un paio di loro diventarono titolari nel Genoa e nella Sampdoria. I loro istruttori erano ragazzi rimasti a lavorare in comunità, li assistevano durante la colonia estiva e gli insegnavano mestieri professionali per cercare lavoro. Due di loro erano gemelli, i fratelli Serri erano più gemelli delle gemelle Kessler, quelle che tanto piacevano a mio babbo che pretendeva un silenzio religioso quando ballavano il "dadaumpa" alla tv. Oltretutto i Serri vestivano anche nello stesso modo, distinguerli pare fosse un problema anche per la madre. Mia sorella mi raccontava che quando presero la patente uno lo fece due mesi prima dell'altro, ma intanto con una patente ci giravano entrambi e dicevano si comportassero così anche con le fidanzate.

Mariangelo invece era figlio unico, un istruttore gentile, di poche parole ma dai bei sorrisi aperti. Tornò a vivere nel ponente ligure e seppi che aveva avuto una vita come tanti, moglie, figli, volontario nella Croce Rossa. Quarant'anni dopo inforcò una piccola moto tornando a Mucini per salutare qualche suo vecchio abitante rimasto in zona. Chissà che avrà pensato nel vedere tutte le nuove costruzioni in cemento del villaggio vacanze, la villa intonacata come un palazzo di città. In seguito lo hanno cercato per tanti giorni, i familiari ne avevano denunciato la scomparsa. Sei mesi più tardi un cacciatore trovò resti umani sotto un albero nel bosco. Mariangelo era salito su una grande quercia si era seduto su un grosso ramo e si era legato stretto al tronco. Da lì aveva goduto di una bella vista su tutta la zona di Mucini, Niccioleta, Massa, ricordando forse le vecchie estati sorridenti.

A Ribolla la miniera era definitivamente chiusa. Il 4 maggio del 1954 le gallerie del Pozzo Camorra erano state invase dal grisou, l'esplosione, le fiamme, in 43 erano rimasti uccisi. Anche per questa strage di minatori nessuno avrebbe pagato. A molti come a Luciano Bianciardi, qualcosa si spezzò dentro. A cosa era servita la guerra, la Resistenza, il cineforum, il bibliobus che aveva inventato per portare i libri ai minatori? La madre di Bianciardi era originaria di Prata, Luciano conosceva bene la zona mineraria, aveva scritto "i minatori della Maremma" insieme ad un altro scrittore toscano: Carlo Cassola. Mirto lo ricordava una volta in Piazza Garibaldi a Massa ad aspettare il pullman operaio che veniva da Niccioleta. Ci aveva scambiato due parole, gli aveva detto che aveva letto e discusso con i compagni il suo libro. Di continuare a raccontare le loro storie. Bianciardi aveva annuito con un sorriso triste ma presto sarebbe emigrato a Milano. Senza mai finire di rimpiangere e maledire la Maremma amara, Grosseto-Kansas city città aperta al vento e ai forestieri, il finto progresso, il boom economico, con i milanesi che correvano e tafanavano senza posa, le segretariette secche, il cappotto di cammello che aveva preso a Feltrinelli prima di licenziarsi visto che si era tutti compagni, no? Nella lettera ad un amico di Grosseto scriveva: "qui comprano, comprano tutto, persino libri… e il peggio è che se continua così, tra vent'anni tutta l'Italia somiglierà a Milano". Luciano la vita agra di un anarchico finita con troppe bottiglie vuote e tre persone al suo funerale lassù al Nord, e la sua gente invece in Maremma dove ritornò solo da morto.

Era l'inizio della fine delle miniere. In quegli stessi anni Mirto lavorava a Niccioleta.

"Non si comandò noi bimbo, no, dopo poco tornò anche l'ingegnere famoso, quello del cappello. Giusto quello ci era rimasto. Erano anni duri, la Montecatini aveva fatto un patto con i sindacati gialli, cioè la cisl e la uil, avevano anche assunto qualche fascista della cisnal. Ma le elezioni sindacali e quelle comunali in Alta Maremma continuavano a perderle, e perderle male. E allora giù regali, gratifiche, promozioni ai loro, e giù ammonimenti e ritenute forti per ogni sciopero a noi. E licenziamenti al minimo pretesto. Lo sai che alla miniera di Gavorrano c'era una linea di pullman che erano anche loro della Montecatini, i pullman portavano a scuola anche gli studenti di Ravi e Caldana. Quando ci fu il grande sciopero del '56 un giorno fecero sciopero di solidarietà con i loro padri anche gli studenti. La direzione dette ordine allora agli autisti dei pullman di lasciare a piedi gli studenti, di non riportarli a casa. Un autista di nascosto disobbedì, fu mosso a compassione da questi ragazzi che si dovevano fare km a piedi sotto la pioggia. Ma, naturalmente, qualcuno fece la spia. L'autista fu licenziato su due piedi, gli dettero le otto giornate, gli fregava assai che avesse famiglia. E lo sciopero del '56 contro il cottimo e lo sfruttamento fu epico, durò sei mesi, le miniere non producevano quasi più niente, avevano un bell'affannarsi i capi, i sorveglianti, i pochi crumiri. I carrelli di pirite non riuscivano a riempirli, che a discorsi non si sposta la pirite, e pesa parecchio bimbo, più del ferro. Ma la Montecatini all'epoca era forte come la Fiat, come si poteva fa' a vince' in poche migliaia di minatori, da soli? Alla fine s'era alla fame, nonostante le collette di solidarietà, i figlioli mandati dalle famiglie dei compagni in Emilia. E allora la CGIL trovò una specie di compromesso per rientrare al lavoro, un compromesso misero, che voleva salvare la faccia, ma non ci riusciva mica, sai? E dopo un mese i russi invadono l'Ungheria, o vai, ti puoi immaginare come ci zupparono il pane i filoamericani, la direzione, i sindacati gialli. Sicché, dopo poco alle elezioni sindacali per rinnovare la commissione interna, 'sti boccaloni erano tutti sicuri e tronfi come tribuni budelli romani, avevano fatto una propaganda a tappeto, minatore per minatore, promesso gratifiche, promozioni, facilitazioni, persino la befana ai bimbi come ai tempi del fascio. Si aspettavano di arrivare al settanta per cento dei voti. 'Siete cotti' ormai ci dicevano, ridacchiavano, ci pigliavano pel culo in faccia, 'avete visto che anche gli intellettuali hanno lasciato il PCI e si sono iscritti al PSI, fatela finita, Stalin è morto e anche voi avete una brutta cera'. Beh, bimbo, dovevi vede' la loro di cera il giorno dopo le votazioni! Erano gialli come avessero l'itterizia o bianchi come lenzuoli. Il settanta per cento dei voti si era preso noi, i comunisti moribondi. Perché vedi, non avevano capito una cosa: non ci sono soldi che ti comprino se hai una coscienza vera, se sei solidale col tuo compagno all'avanzamento in galleria, che se non ti fidi di lui ci puoi morire in miniera. Non avevano capito che i tempi erano duri, sì, la loro politica contro di noi per piegarci era dura, sì, ma noi, maremma impestata cane, si era più duri, duri come lecci già di natura, duri ancora di più dopo la guerra, la fame, la Resistenza, dopo anni a spicconare la pirite, duri, ma duri madonnavvelenata più del ferro! E ci importava assai se qualche intellettuale aveva lasciato il Partito! Te li hai mai visti gli intellettuali, i professoroni scendere giù con noi all'avanzamento a pintare i carrelli? Noi no, noi si poteva contare solo su noi stessi e sull'essere uniti e forti come un pugno chiuso di una mano, o prova te a aprirlo un pugno chiuso stretto, stretto!" E a quel punto Mirto per spiegarsi meglio mi tirava un cazzotto sulla spalla che mi faceva vedere tutte le stelle del firmamento.

La vecchia maestra pareva proprio una chioccia, con quella sua forma a uovo, i capelli a bargiglio e il suo incedere a papera. Per l'età più che una mamma oramai era una nonna, e come tutte le nonne stravedeva per i nipotini, non avendo figli, non senza una certa severità di fondo pronta a manifestarsi all'occorrenza. Ci faceva tenere un quaderno per le nostre gite in paese. Uscivamo tutti in fila per due tenendoci per mano appiccicati alle sue gonnelle come tanti pulcini. La maestra ci portava a vedere la piazza, le mura,le porte medioevali, ci spiegava orgogliosa la storia del nostro paese, Repubblica dal 1225, il primo codice minerario conosciuto gemma del Medioevo e "Brescia maremmana" per il suo eroismo e ardore garibaldino durante il Risorgimento. Sulla Resistenza glissava, ma la guerra era finita l'altro ieri le passioni e i rancori tutt'altro che sopiti.

Ci faceva comprare le cartoline in bianco e nero che poi avremmo incollato sul quaderno scrivendoci accanto le sue descrizioni e spiegazioni e, alla fine, ci portava o dal lattaio o dal gelataio. Gelati e panne rigorosamente da 20 lire, ci sembravano grandi e squisiti, e ce li offriva lei. L'unico che gli dava un po' di pensiero in queste uscite era il mio compagno di banco Marcello, che in genere si piantava come un mulo davanti alla vetrina della drogheria dello svizzero Pourger, che in stile emporio del Far West vendeva di tutto, dal kerosene al lievito madre, dai quaderni neri ai liquori rari, persino la Tequila messicana. Il droghiere era figlio del commerciante fuggito da Piombino dopo vari scontri con gli operai anarchici dell'acciaieria, il suo emporio era stato dato alle fiamme dopo che il vecchio aveva preso a fucilate un gruppo entrato per requisire generi alimentari a prezzo calmierato dagli scioperanti. In classe la maestra ci faceva studiare la carta d'Italia, disegnare gli stemmi delle regioni, imparare la storia di Firenze e Roma, le poesie del Pascoli e le tabelline a memoria. E l'ora di ginnastica si svolgeva in aula, in piedi accanto al nostro banco insegnandoci a stare sull'attenti, a riposo, a marciare, segnare il passo, in un crescendo che divertiva tutti, specie le femmine, che una volta tanto non erano escluse in quanto tali. E infine si cantava tutti insieme a voce spiegata: "il Piave calmo e placido al passaggio dei fanti il 24 maggio… il Piave mormorò, non passa lo straniero! Abbasso il lupo nero!" Questa fine poco ortodossa era stata inserita per scherzo da Marcello ed era talmente piaciuta a tutti che la maestra aveva dovuto chiudere un occhio.

Quasi nessuna delle adolescenti di Mucini aveva continuato le scuole dopo la licenza elementare. Veniva vista come una perdita di tempo, in casa c'era tanto da fare, in campagna pure, e tanto entro i diciotto o vent'anni si sarebbero fidanzate e maritate. "Un bischero che le mantiene prima o poi lo trovano" sentenziava Nello. Invece i maschi avevano frequentato dopo la licenza elementare l'avviamento professionale, tre anni di corsi pratici per diventare manodopera a buon mercato nei cantieri, nelle fabbrichette, imparare un mestiere prima di fare per quindici mesi il servizio militare che li avrebbe trasformati in uomini, fatto conoscere altre città e levato i grilli dal capo. Pronti a formarsi una famiglia, ad essere assunti al Casone di Scarlino o alle acciaierie di Piombino, un destino già tracciato, un bel progresso comunque rispetto alla vita a mezzadria a sputare sangue sulla terra.

Uno dei nostri vicini di casa si era sposato subito dopo il servizio militare, Lidia si era già promessa prima che partisse, avevano amoreggiato ben poco sotto gli ulivi di Mucini, Franco si era regolarmente presentato una domenica mattina per parlare con il padre di lei, per fare "la parte in casa" e dichiarare le sue intenzioni. Il fidanzamento era stato approvato, dava garanzie di serietà la sua famiglia nonché quei dieci ettari di terra che aveva a disposizione. Quando tornava in licenza dal Friuli si aggirava in tutta la fattoria sempre in divisa, che a lei piaceva tanto di più. Aveva portato anche un disco che lo commuoveva, "il silenzio" di Nini Rosso, e un po' i suoi lo prendevano in giro per un mezzo accento forestiero che spuntava tra il toscano atavico. Il giorno delle nozze sul letto della loro camera li divideva una grande bambola di pezza, e le foto, giusto un rullino, le fece mio babbo. Con mia sorella e altri ci divertimmo a legare alla cinquecento che li avrebbe portati a Follonica in viaggio di nozze per due giorni tutta una serie di barattoli e scatole metalliche vuote. La macchina partì in un frastuono e un polverone tremendo rincorsa dai cani e dagli urli di tutti noi, mentre i vecchi finivano i fiaschi del vino e le donne iniziavano a sparecchiare e rigovernare i piatti della tavolata all'aperto.

La Topolino era stata venduta e al suo posto era arrivata una Fiat 1100 col muso a squalo, la riga grigia lungo le fiancate che faceva un pochino il verso ai macchinoni americani dei film, il cambio a leva accanto al volante, il bagagliaio grande "che ci sarebbe entrato anche un maiale intero", come diceva Santi. Mia madre, la seconda in paese dopo la moglie del farmacista, aveva preso la patente dopo un severo esame a Grosseto. L'ingegnere esaminatore quando l'aveva vista aveva scosso il capo, sorriso all'istruttore e detto ad alta voce: "eh caro mio, ora anche le donne al volante, c'è da stare molto attenti d'ora in avanti, ma non bastava dargli il diritto di voto?"

La novità più grande in famiglia era l'acquisto di una vecchissima ferramenta nella via principale del paese e, soprattutto, il fatto che l'avrebbe gestita mia madre. Immediatamente era stata definita "la fattora" vista la professione di mio padre, e la cosa aveva suscitato scalpore: quando mai si era vista una donna gestire un negozio da uomini in Maremma? Marisa non era però persona che si potesse smontare, aveva tirato dritto guadagnandosi ben presto il rispetto di tutti e del resto dei bigotti se ne faceva un baffo. Certo, i primi giorni erano stati duri, la sentivo raccontare a mio padre un sacco di aneddoti. "Insomma è arrivato quell'ometto con i baffi sottili e la brillantina, deve essere del tacco, e mi ha chiesto se avevo la rete per i conigli. Gli ho risposto, gli ho detto il prezzo, lui mi ha detto quanti metri ne voleva, ma quando gli ho detto di venire in magazzino con me a tagliarla è sbiancato, gli si sono rizzati anche i capelli in capo" "io e lei, in magazzino, soli?! Maiii!" È scappato via come andasse all'inferno! Si vede la rete non la voleva! E quell'altro? Che arriva davanti alla vetrina e mi dice: "signora un si preoccupi, fo' una segonata!" Lì per lì ho pensato fosse un maniaco, son diventata tutta rossa poi mi hanno spiegato che vuol dire curiosare, ma come parlano questi grezzi? Oh il fascistone, l'agrario, sì il Giovannoni, ho messo a posto anche lui, senza volere, che la mattina arriva un suo operaio e chiede una misura inesistente di bulloni, e io gli spiego che non la fanno, poi quando quello insiste e mi dice che sono io a non capirci niente perché il Giovannoni non si poteva sbagliare, allora gli ho detto che si sbagliava anche Cristo, se il suo capo pensava di essere perfetto era un gran bischero. Oh, se ne è andato tutto impuzzolito. Il pomeriggio mi vedo entrare un tipo col cappellone e gli stivali come una furia, va in su poi in giù, alla fine mi si ferma davanti, 'ah è lei che ha detto che sono un gran bischero?! Brava! Lei ha del fegato! Ha ragione quella misura non esiste, ha fatto bene a rispondere così!' e se ne è andato, capito? Ah poi non sai cosa mi è capitato mentre aspettavo tu passassi a prendermi! Era mezzogiorno e mezzo, avevo appena chiuso e visto che tirava vento sono entrata al bar delle logge. Vedo uno che mi fissa, un altro ha smesso di parlare, altri bisbigliano alle mie spalle. Ho pensato di avere una calza smagliata, o forse la gonna impolverata. Poi vedo in piazza fuori dal bar una delle sorelle Prate che hanno il negozio di pasta e alimentari, che si sbraccia e mi fa segno di raggiungerla. Sono uscita e questa qui mi prende per la mano e mi fa, 'signora, anche se è sposata, qui a Massa non sta bene per una donna sola entrare in un bar!'. Mi sono messa a ridere, ma ci sarebbe da piangere con questi zulù".

La ferramenta aveva un piccolo magazzino nel vicolo sottostante, uno di quei fondi che puzzano sempre di stallatico e muffa dalla notte dei tempi. Mi ci avventuravo quando di ritorno a piedi dalle scuole elementari aspettavo che mia madre chiudesse il negozio. Insieme alle merci nuove sugli scaffali di legno negli angoli meno accessibili c'erano fondi di magazzino della gestione precedente, del vecchio Meini, una delle istituzioni massetane sin dall'800 insieme al Lumachi il fotografo. Avevo scovato vecchi canteri smaltati, tabacchiere ottonate, fioretti di ferro da moschettieri in erba con la punta mozzata ma ugualmente pericolosi. Tito, un vecchio senza età che spesso veniva a perdere un po' di tempo in negozio, mi spiegava che durante l'epoca del fascio erano incoraggiati tutti i giochi virili, maschi, violenti. "Altro che spade bimbo! Quelle se le potevano comprare i figlioli delle famiglie ricche, noi ci si aveva fionde, bastoni, sassi, e con questi si faceva le guerre a bande, Cittanova contro Cittavecchia, Borgo contro tutti, e sai quante teste rotte, bernoccoli, graffi? Quando arrivavi a casa prendevi la giunta, ne ribuscavi magari a cinghiate perché ne avevi buscate, perché avevi qualche strappo nei vestiti, perché avevi fatto tardi, oppure perché semplicemente il babbo aveva già tonfato mamma, aveva bevuto, gli era venuto il sangue cattivo per la miseria, la fatica, la vita senza sbocchi. Che anche se eri minatore, cosa credi? Sai che vita facevi? Alle 4 la mattina sveglia, colazione e poi via a piedi con l'acetilene a carburo per fare luce, sì, quella che oggi ci cercano di notte le lumache, per andare a Capanne o Niccioleta, un'ora a piedi se andava bene, con l'acqua, la neve, il vento, e poi dieci ore di miniera. Uscivi, ti caricavi oltre il caldaino e la bisaccia qualche ceppo di legna delle armature vecchie da portare a casa per la stufa e arrivavi che era buio, una minestra e un po' di pane e a letto. Il sabato sera tanti si sfasciavano dal bere, poi tornavano a casa ed erano bestemmie e botte per tutti. Che vita! Quando negli anni trenta misero dei camion scoperti per portarci in miniera sai che ci dicevano? Eh, siete diventati signori, anche la carrozza a disposizione! Figurati, se provavi anche a fare un discorso contro il fascio erano manganellate, ammonimenti, licenziamenti, sai quanti hanno dovuto cambiare aria? Anche il Quintavalle dovette emigrare in Belgio nelle miniere di là, poi tornò dopo dieci anni perché sua madre era malata, ma lo tenevano sotto sorveglianza, e se arrivava in zona qualche gerarca importante lo andavano a prendere a casa i carabinieri, lo tenevano in caserma e poi gli davano la via al termine della giornata. L'unica cosa bona per noi ragazzi era che si era tanti nelle stesse condizioni, c'erano poche invidie si faceva gruppo, gli adulti ci chiamavano ''mazzacani', si era sempre per le strade o su nei boschi a cercare nidi, a fumare i vizzatini, a architettare burle, come quella di prendere un portone levarlo dai cardini caricarlo su un carretto e poi nasconderlo in Poggio, sai che divertimento, ma questo si faceva". Tito raccontava senza posa gli occhi vispi nel ricordo, era un po' un romanzo a puntate che si doveva interrompere per la chiusura del negozio o per le sue girate con gli amici di bastone sulle lastre di piazza.

Mi perdevo spesso nei meandri della mia mente e ogni occasione era buona per zigzagare tra riflessioni e immaginazioni, ricordi e idee stravaganti. Rimuginavo anche sui fermi propositi, le dichiarazioni stentoree che magari a quindici anni le scolpisci nella pietra di cui è lastricata la strada per l'inferno. "Mai! Sempre! Guerra! Pace! Amore! Anarchia! Mao Tse Tung! Ma m'importa una sega!" A metà tra il serio e il faceto. Che chissà come chissà perché un giorno ti accorgi che qualcuna l'hai presa maledettamente sul serio. Magari a furia di ripeterla per fare il ganzo hai finito per crederci davvero, addirittura da farne una questione di vita o di morte, certe volte per sfida, altre per ripicca, in specie se sei un bastian contrario. Storie che iniziavano false per diventare vere.

Ricordavo bene e sapevo che non solo il buon o cattivo sangue non mentono, ma che certe ubbìe vengono da lontano. Come quando diventai pseudobombarolo con Fausto e Cesare in quinta elementare capitanati dall'incredibile Robertino, che si chiamava proprio così, come il Robertino che in quegli stessi anni vinceva sempre il girone B del Cantagiro. Bellissimo il Cantagiro, i cantanti più famosi del momento facevano il giro d'Italia sopra delle spider e si concedevano ai bagni di folla firmando centinaia di autografi e regalando cappellini pubblicitari, poi la sera cantavano divisi in girone A e girone B. Forse quell'anno vinse Gianni Morandi il girone A invece per il B non c'era gara, lo vinceva da mo' Robertino che non si è mai capito perché poi non lo promovessero in serie A come nel campionato di calcio.

Robertino, il cantante, era napoletano giovane carino e imbrillantinato, gnaulava canzoni strappalacrime e la cosa non guastava a quanto pare per muovere a commozione giurie e pubblico, appariva in scena con un bastone perché zoppetto, poverello. Eh sì, prima che Mancini, il vituperato socialista calabrese e ministro della sanità, rendesse obbligatoria la vaccinazione antipolio quanti adulti e ragazzi si trascinavano stroncichi o zoppicanti? Una marea, ma pareva normale perché erano quasi tutti poveri e i poveri hanno e avranno sempre torto ammoniva mio nonno Santi. E proprio quando il Cantagiro fece tappa a Follonica due miei compagni di quinta elementare decisero di scappare di casa, un po' per vedere le spider e rimediare qualche cappellino, un po' perché scommisero con tutta la classe 50 lire e calcolarono quanti giornaletti zozzi avrebbero potuto comprarci col ricavato, il che tutto sommato depone a favore della maestra per quanto riguarda la matematica. E la fuga riuscì perché prendere il pullman per il mare fu semplice, vedere le spider e rimediare due cappellini e qualche autografo anche, poi però si arenarono dentro la stazione aspettando il treno per Roma, volevano raggiungerla per vedere il Colosseo, e anche qui è evidente come la maestra avesse lavorato bene vista la passione lacrimevole con la quale raccontava il martirio dei primi cristiani sbranati dai leoni, anche se, è bene precisarlo a scanso equivoci, eravamo tutti assolutamente dalla parte dei leoni, e chi è nato a Massa può capire perché, che un paese di mangiapreti come questo non si trova proprio, hai voglia a girare, che dire sarà il microclima, il microcosmo, le logge massoniche e l'antico anticlericalismo, la storia delle partecipazioni entusiaste alle imprese di Garibaldi, le bestemmie e gli accidenti fitti come le rondini a primavera, sia come sia un inviato papale ancora nel 1911 metteva nero su bianco in una relazione sulle sue visite apostoliche che qui non solo i preti erano odiati ma rischiavano la vita, e sicuramente più di una volta erano stati presi a bersaglio di sassate e accarezzati nella schiena da scariche di legnate tirate da mazziniani, massoni, anarchici, socialisti e individui di tutte le classi sociali, tanto che la processione del venerdì santo pur protetta dai regi carabinieri si riduceva a un giro largo del sagrato per poi rientrare frettolosamente in duomo tra lazzi e improperi del popolo bruto radunato nella piazza. Comunque i due fuggitivi li beccarono in stazione, non i carabinieri purtroppo, figuriamoci all'epoca gli facevano ancora il test del mattone ai carabinieri raccontava sicuro nonno Santi, li facevano mettere sull'attenti e gli spaccavano un mattone (pieno eh non forato) in testa, chi rimaneva in piedi era abile arruolato. Eh, se li avessero arrestati i carabinieri sarebbe stato un bel finale alla Pinocchio, portati a casa per un orecchio e a capo chino. Macché, li trovarono i padri infuriati e coalizzati, che spesero poche parole "delinquenti! Farabutti! Mascalzoni! Ora ti domo io! Io t'ho fatto io ti risfò!" e parecchi calci in culo e labbrate, tanto che quando tornarono a scuola i tapini erano ancora lividi e gonfi come otri.

Ma il Robertino massetano non era il cantante strappalacrime, no, era un 'mazzacane di prima categoria uno dei capibanda delle scuole elementari, un tipo che a 10 anni ne dimostrava 15 e già aiutava il padre muratore nei ritagli di tempo a portare la paiolina, spostare i tavoloni, impastare il cemento, tanto che salutava allegramente in classe la mattina con espressioni tipo "come va maremma impestatacane?! Se oggi qualcuno mi rompe i coglioni prima gli vergo uno stiaffo con un tavolone del 5 poi lo butto nella betoniera". La sua famiglia originaria dell'Alsazia Lorena era tra le pochissime sopravvissute alle 200 e passa importate a fine '700 per bonificare la zona dalle paludi malariche. E magari qualche ragione c'era se neppure la malaria li aveva impensieriti in un periodo poi in cui l'aspettativa di vita in zona era vent'anni. E oltretutto avevano anche una forza erculea, Robertino per dire prendeva per le trombe del culo un suo compagno di classe lo rizzava in piedi sopra la sua testa e poi lo depositava senza sforzo sopra un armadio altissimo. Meglio averlo come amico chiaramente. E insomma ci fece diventare bombaroli perché aveva una strana passione per i petardi. Petardi seri non miccette o stelline, no, i raudi e i fischioni che partivano come i missili di Von Braun verso la luna. I raudi bastava legarli due o tre insieme e la botta poi era almeno pari a quella delle vecchie srcm, le bombe a mano italiane dell'ultima guerra. Così una volta armata la banda denominata non a caso "strozzapreti", visto che non disdegnavamo di prendere a sassate e fiondate i bimbetti che andavano a fare catechismo dalle suore, ci dedicammo a attacchi indiscriminati e rumorosi contro chiese, sacrestie, sedi di partito, negozi, bar. Una sera lanciammo anche una scarica di fischioni contro la nuova caserma dei carabinieri in costruzione dall'alto delle grotte sopra il poggetto e poi svanimmo nel buio. E non furono neanche questa volta volta i militi con la fiamma sul berretto a stroncare la breve ma intensa attività bombardiera, no, furono i nostri padri nella veste di militanti comunisti. Infatti avevamo con un gran botto incrinato una vetrata della sede del partito durante una riunione e pur scappando come lepri qualcuno ci vide e avvisò il segretario che non era il caso di mettere su una manifestazione antifascista per quattro bimbetti, bastava dirlo a casa. La promettente carriera di bombaroli terminò in un grandinar di berci bestemmie e manate, un vero massacro il giorno di San Valentino che all'epoca peraltro non se lo filava nessuno.

A pochi metri dalla ferramenta c'era il Bar dello Sport che aveva fuori una insegna di quelle moderne di plastica che potevi accendere la sera con un calciatore in maglia rossoblù come quella della Massetana. Ci andavo a comprare un gelato da trenta lire o a bere una spuma bionda da venti. Era sempre pieno di omaccioni vocianti, volavano moccoli, insulti, prese per il culo, berci, tutto a sfondo sportivo o politico. Nella seconda stanza, quella del biliardo, una nuvola di fumo perenne avvolgeva i giocatori e i pensionati che giocavano a carte seduti ad alcuni tavolini di formica. Una mattina trovai uno strano terzetto al bancone, uno era senz'altro un reduce della prima guerra mondiale senza un braccio e con un fiocco nero al collo. Stavano bevendo un fatto in casa o forse un garibaldino, e intanto cantavano insieme al barista un tipo che sapevo chiamarsi Annibale, una canzone sull'aria della Marsigliese "con le budella dell'ultimo Papa, impiccheremo l'ultimo Re!" Quando rimasi solo col barista provai a chiedergli che canto fosse, lui si girò a guardarmi storto: "cosa voi sape' te bimbo, sai una sega te cosa si cantava" poi vedendo che ci rimanevo male aggiunse più conciliante: "senti, era un canto anarchico, ancora è presto per te per capire che vuol dire, ma sappi che è vissuto in queste zone un poeta, un avvocato difensore dei poveri, Pietro Gori, e ha scritto: anarchico è il pensiero e la Storia va verso l'anarchia!"

Lo scherzo da prete don Pino ce lo fece un paio di stagioni post avvento della nuova gestione ligure. Accadde anche perché mio babbo nella sostanza non le mandava certo a dire né sparlava dietro le spalle. E come avrebbe potuto stare zitto davanti ai disastri della nuova gestione? Per risparmiare il suo stipendio ne buttavano via venti per incapacità o menefreghismo. Campi seminati a granturco senza alcun criterio e senza impianti d'irrigazione, salvo poi alla fine farci pascolare le bestie vaccine. Una stalla ultramoderna con mungitrici elettriche mai usate destinate a arrugginirsi, nuovi palazzi tirati su demolendo capanni e annessi fatti a regola d'arte, campi da gioco con riflettori accesi notte e giorno, tanto che non dormivano più manco le faraone. Il fatto era che un fiume di soldi e finanziamenti a fondo perduto si abbattevano su Mucini con la scusa della colonia per i bambini abbandonati in cambio di locazione per convegni e seminari di boss democristiani, capi corrente e persino la visita di Fanfani.

Bovisio non era riuscito a dire di sì e sorridere come avrebbe dovuto quando don Pino si era scomodato per invitarlo ad essere in prima fila accanto al palco per il grande comizio in piazza a Massa. "Ho da potare gli ulivi, grazie davvero, tanto domani leggerò il discorso sul giornale". Il prete aveva abbozzato un sorriso gelido dietro gli occhialini tondi, ma se l'era segnata nel libro nero. Oltre tutto il giorno dopo si parlava, più che della folla al comizio, della fuga e del casino combinato dai felicini di Ribolla. Don Nicola che gestiva la casa accoglienza Don Bosco per i picchiatelli aveva esagerato nell'adesione entusiasta all'evento epocale, aveva caricato sul pullman tutti, ma proprio tutti, anche quelli più balzani e li aveva portati dopo una lunga serie di raccomandazioni in piazza ad assistere al discorso di Fanfani. Le cose si erano messe subito male. La calca aveva spezzettato e diviso i ragazzi, gli assistenti, don Nicola. Alcuni si erano messi a matteggiare in vari modi, ululando che parevano scannati, uno si era calato i pantaloni ed aveva cacato in mezzo alla piazza tra sbandamento della folla e l'accorrere di preti e carabinieri. Un altro si era arrampicato sulle scalinata del duomo e aveva cominciato a prendere a testate il portone. Altri ancora annoiati avevano preso giù per vie e sentieri fuori paese perdendosi rapidamente, il tutto condito da lazzi e risate dei comunisti arroccati nella loro sede a venti metri da piazza. E fino a notte fonda le campagne intorno al paese avevano visto la ricerca dei poveri ragazzi dispersi ai quattro venti, insomma, un disastro. Inferiore solo a quello che a guerra appena passata vide la festa del nuovo vescovo insediato a capo della diocesi Massa-Populonia-Elba. Tito me l'aveva raccontato con soddisfazione, mazziniano com'era fiero mangiapreti.

"Eh, c'era la piazza piena di fedeli, diolifulmini, venuti dall'Elba con i cartelli con su scritto W il Vescovo, W il Papa. Bimbo, ti poi immaginà, noi s'era tutti in cima piazza pari alle logge a scatarrare, sputar per terra e tirà madonne che era da vent'anni che un si vedeva tanto pretame in paese. Eh sì, che te un lo sai, ma in piazza che si chiama Garibaldi si era eretto il monumento che lo ricordava e che dava volutamente le spalle alla chiesa. Era trent'anni che era lì, e questi corvacci non la mandavano giù la questione, ma dovevano stare zitti e zitti bene che a Massa rischiavano la pelle e le palle. Sai quante volte la processione usciva di chiesa dal portone, faceva cento metri sul sagrato e rientrava dall'altro portone in duomo che noi s'era sotto le scaline a aspettalli?! Hai voglia a carabinieri, un c'era forza che ci potesse fermare, s'era troppi e incazzati come bisce contro questi mangiapane a ufo. Nel censimento dell'11 a Massa più del 50% si proclamava ufficialmente ateo, capisci? Solo dopo, col fascismo, con quei beccamorti con la camicia nera, sono riusciti nel '32 a spostare il monumento a Garibaldi su nel Parco della Rimembranza. Insomma ti dicevo, piazza con preti e monache, pellegrini e la Banda musicale di Larderello, che quella di Massa si era rifiutata di suonare per i preti. Dopo la messa solenne, che chi l'ha messa la messa la rileva, grande banchetto nel palazzo vescovile con ogni ben di dio ma anche il vino di volto Siena e, che voi, un po' era caldo, un po' si mandava giù bene e a quanto pare al novo vescovo gli piaceva il bombo, comunque sia aveva preso una bella scimmia. Il fatto è che dopo pranzo si doveva affacciare al balcone e benedire la folla prima di sciogliere l'adunanza. Allora, te un ci crederai, si affaccia al balcone col crocione e dietro tre preti a reggerlo, e allora guarda giù, vede tutti i pellegrini, scende il silenzio e lui grida W la Madonna! Viva! Risponde la piazza, gli deve esse' piaciuto perché allora ripete ancora W la Madonna! Viva! Rispondono ancora, ma già qualcuno è perplesso capisce che qualcosa non va, i pretini dietro si agitano, gli parlano, sembrano averlo convinto a rientrare, uno lo sorpassa, fa a grandi gesti una benedizione alla folla e cercano di riportare il vescovo nel palazzo. Ma all'improvviso lui si volta, scappa, ritorna al balcone, si sporge, la gente ormai è ammutolita, bisbiglia preoccupata, sembra che non sappia che dire, poi, un lampo, vede al centro della piazza la Banda musicale, e allora grida: viva e riviva la Banda di Larderello! ! Al che lo presero di forza e lo tirarono dentro, te la immagini la scena?! Noi si cominciò a ridere come matti e a urlare viva la Banda di Larderello! Sono passati tanti anni ma quando senti dire a Massa Marittima viva e riviva la Banda di Larderello!, ecco,ora sai il perché! Che questa bimbo è storia vera, ma sui libri di scuola non la trovi di certo che la figura di merda che ci fecero fu epica".

Don Pino si presentò una sera prima di cena, confabulando col suo sorrisino in ufficio con mio babbo, aveva salutato benedicendo la nostra tavola ed era uscito di fretta come di fretta era arrivato. Ce lo aveva annunciato prima che potessimo portare il cucchiaio alla bocca, "ci vuole fuori di qui entro una settimana, dice che gli serve la casa con urgenza". Mamma era sbiancata e non riuscì a tenersi: "ma come? Ma non lo sa che ancora non ci hanno dato il permesso di allargare il podere, e dove si va a dormire? Lo sa lo sa, lo sa che si è fatto la stalla e il castro dei maiali, si vede pensa si vada a dormire lì, porcoddissi!" "Eh, è inutile stare a questionare, si fa il trasloco col trattore e il rimorchio, poi in qualche modo ci si aggiusterà". Finì che mangiammo tranquilli solo noi bimbi quella sera, i nostri genitori si cibarono di pane e rabbia.

L'alluvione del 4 novembre '66 non spazzò via solamente Firenze. Ma chi volete che parlasse anche di noi? La Maremma ebbe articoli sulla cronaca locale, c'era stato per fortuna solo un morto un buttero che cercava di salvare le vacche maremmane dalla piena. Ricordo Lino che corre e salta eccitato ad annunciarci che un pullman di minatori è rimasto bloccato alla curva dell'osteria dall'acqua e gli autisti sono rimasti in mutande per asciugarsi i panni bagnati. I danni furono tanti, e i pochi che avevano resistito alla grande gelata del '56 ebbero l'ultima spinta per abbandonare le campagne. Molti lasciarono Mucini, andando a stare in paese, alcuni a lavorare a Piombino in acciaieria, un'amica di mia sorella si sposò un carabiniere napoletano di passaggio. I vecchi non ci si raccapezzavano più, i ragazzi compravano le Lambrette a rate, portavano in casa i giradischi e televisori. Finite anche le veglie che facevamo tutti insieme per poi ballare al suono di una fisarmonica o di un mandolino. Anche il gioco del panforte a squadre fatto per passare le sere d'inverno non invogliava più nessuno. Franco a pochi giorni dal Natale portò in casa la novità di un alberino con le luci a intermittenza, ma per un contatto elettrico prese fuoco e tra bestemmie e imprecazioni varie suo padre lo prese e scaraventò dalla finestra. Mia sorella invece inaugurò con la sua amica Chiara il viaggio della domenica pomeriggio in paese per andare al cinema. Io dovevo rimanere a casa, ma al ritorno mia sorella e Chiara mi raccontavano tutto il film per filo e per segno, era bello ascoltarle stavi lì a immaginarti tutto. L'altra grande novità era la musica beat, motivo di rottura insanabile all'interno della nostra e di tante altre famiglie. Beatles e Rolling Stones iniziarono a circolare in forma di 45 giri persino nelle nostre campagne profonde. La prima volta che mi emozionai però fu ascoltando "ma che colpa abbiamo noi" dei Rokes. Fino ad allora il massimo era stato Adriano Celentano, ma il misterioso tam tam partito da Liverpool era stato udito anche a Mucini portato da nuovi settimanali giovanili. Il vecchio mondo iniziava a sbiadire, non senza contrasti feroci. Il figlio del Roncola, autista dei pullman scolastici, cominciò a farsi crescere i capelli, e il padre al rifiuto di tagliarseli gli ruppe una sedia in testa urlando: "io t'ho fatto io ti risfò! Meglio un figliolo morto che capellone!" Per fortuna il ragazzo se la cavò, ma il Roncola ebbe più elogi che critiche per il suo gesto, persino il maresciallo dei carabinieri si limitò a fargli una blanda ramanzina dicendogli che comunque non aveva torto, se il figlio era una "leggera" andava corretto. Bovisio scosse il capo, mia madre rincarò la dose, "chi alza le mani ha sempre torto, sui figli poi è da bestie". Per il resto affermavano sicuri la supremazia di Claudio Villa.

Chiara era magrissima, probabilmente una forma di rachitismo lascito di generazioni che avevano patito la fame. Ma l'intelligenza non le faceva difetto che aveva anche la parte di suo fratello Lino. Era molto amica di mia sorella e insieme decisero, le prime da sempre delle rispettive famiglie, di iscriversi all'Università a Firenze. Primo scuoteva la testa "ma quando mai s'è visto le donne di campagna andare all'Università? A che gli serve, a trovà meglio marito?" Nello la buttava sul pratico "costa dei bei soldini, mica tutti ci s'ha i soldi come lei fattore!" Bovisio ribatteva, argomentava, ma vedevo dalle facce degli altri che non erano affatto convinti e se tacevano era per rispetto, non si capacitavano dell'orgoglio di mio babbo felice di questo progresso, neppure sfiorato dall'argomento che una femmina avesse meno diritti di un maschio. Mia madre si limitò a prendere da parte mia sorella, "Patrizina cara, mi raccomando, fai per benino eh, che è una città grande, devi stare attenta sai quanti male intenzionati girano? Guarda di studiare che noi ci si sacrifica per quello, deve essere un lavoro per te, no una vacanza. E poi, vero, ci siamo capite eh, alla larga, stai bene attentina, sei giovane non fare bischerate". E qui le ricordava quando erano andate insieme a vedere il film Helga che spiegava come nascevano i bimbi, il ritorno in casa e la sua battuta allo sguardo interrogativo di mio babbo "sì, andava visto,ma una volta nella vita!" Mia sorella sbuffava, sbuffava, ma Marisa incalzava "non pensare di essere troppo furba, bastano cinque minuti per pentirsi tutta la vita! E in ogni caso, ricordatelo bene, fidanzata con uno del tacco mai!" Infatti due anni più tardi mia sorella si fidanzò con un meridionale che poi sarebbe diventato suo marito.

Chiara per mantenersi a Firenze faceva le pulizie nei palazzi, ma il fisico non supportava la sua grande volontà e cadeva spesso malata, spossata. Era comunque felice di essersi affacciata in un mondo fino allora precluso a quelle come lei, povere e di campagna, considerate poco o niente dalle famiglie bene del paese. Felice di aver letto manifesti e volantini che parlavano di uguaglianza, di diritto allo studio per tutti, di rivolta, rivoluzione, con ragazzi con cui fare tardi alla sera che la invitavano alle loro serate animate di sorrisi, chitarre e discussioni senza fine e la trattavano da pari a pari senza commiserazioni. A Firenze incontrò un pittore bohémien in arrivo da Parigi e fu amore a prima vista. Si sposò e andò a vivere con lui ma la vita non le concesse altro, morì di parto poco tempo dopo.

In tre giorni riuscimmo a traslocare nel podere usando il rimorchio lasciato dagli americani nel '44 con la jeep che mio padre trovò abbandonata in villa e che in realtà aveva solo il carburatore intasato. Del resto nel bosco accanto alla casa Santi aveva trovato bossoli di antiaerea e un carro armato tedesco a pezzi un po' arrugginito che era andato a rinforzare le fondamenta della stalla e del fienile appena costruiti. Erano due anni che mio padre faceva esplodere con la dinamite dimenticata in una stalla dagli americani dei grossi massi che incombevano dal bosco. Si era presentato il maresciallo dei carabinieri di Niccioleta ma la questione era stata risolta con un buristo e un metro di salsicce. Comunque il nostro podere vibrava spesso per le volate di mine della vicina miniera: "un dei nostri e un dei loro" diceva ridendo mio babbo quando accendeva in risposta le micce nei campi. Per sei mesi abitammo in un cantiere, con due stanze in costruzione, teli sul tetto e secchi nelle stanze. Ma questo era il meno: niente energia elettrica, acqua di pozzo, luce con le lampade a petrolio, nugoli di mosche che mia nonna sterminava una volta al giorno dando il flit con la pompetta e io con il giornale arrotolato, rattoni che uscendo dalla concimaia riuscivano a mettere in fuga anche i gatti. Il cane parava i maiali e abbaiava ai cinghiali che sortivano a branchi dal bosco respinti dalle fucilate di mio nonno, che gridava fortissimo "brrrrr iiiiuuuu bestiacce malidette" avanzando tra una fucilata e l'altra spalleggiato dal mio entusiasmo e dal mio pennato che agitavo pericolosamente. Alla fine si fermava vicino a un albero e si grattava la schiena contro il tronco mollando soddisfatto un paio di curreggioni. Non c'era tempo per annoiarsi. Appena tornato da scuola imparavo a guidare il trattore, a tagliare la legna, cercavo di dare una mano ai miei nonni, andavo a cercare le uova dalle galline, governavo i conigli, e spesso mangiavamo faraona perché volavano in mezzo alla strada e qualcuna riusciva sempre a farsi schiacciare nonostante il traffico inesistente. Strada polverosa o fangosa a seconda le stagioni, l'asfalto si fermava all'osteria di Mucini e d'inverno nevicava per cui c'era sempre qualcuno che veniva a chiedere un traino dal trattore per levarsi da una fossa. Pia per arrivare all'ora di cena quando tornavano i nostri genitori ci raccontava storie truci di lupi mannari, mogli sgozzate, bimbe che avevano cambiato sesso scavalcando l'arcobaleno. Le serate buie e fredde parevano non finire mai, l'audio della radio che ci collegava al mondo andava e veniva tra fischi e fruscii a seconda del vento e dei temporali. D'estate la notte era punteggiata di fucilate dei bracconieri, carabinieri e forestale non chiudevano solo gli occhi si tappavano anche le orecchie.

Intanto a Mucini la casa che serviva con urgenza a Don Pino rimaneva vuota, Mariangelo e i gemelli Serri ci aggiornavano scuotendo la testa.

Giovannoni iniziava ad essere vecchio, non ce la faceva più da solo a tenere tutta l'azienda. Appena seppe che mio babbo non lavorava più per i preti lo chiamò a lavorare per lui. Alcuni mesi prima i giornali locali avevano dato risalto a un commovente ritrovamento della piastrina di un soldato toscano disperso durante la ritirata di Russia, consegnato dall'agrario in persona alla vedova dello sfortunato tenente di Castagneto.

Molti dei contadini rimasti nelle nostre campagne erano rimasti scapoli. "Eh, siamo passati di moda" scherzava mio padre. Gli operai che venivano a ballare alla "Lucciola" di Massa ostentavano l'automobile, dei vestiti cittadini alla moda, ma soprattutto una paga sicura e una casa lontana dai miasmi campagnoli. Con un po' di pazienza, che tutto andava comprato a rate, avrebbero prospettato alle morose persino una moderna cucina a gas e una lavatrice. Per cui nessuno si era stupito quando un sensale che veniva dal viterbese aveva cominciato a battere anche i poderi delle nostre zone. Portava con sé un grosso libro, un catalogo, con le foto e gli indirizzi di donne del sud da maritare. Molte erano calabresi, lucane, alcune erano anche delle vedove neppure trentenni. Il catalogo veniva sfogliato con imbarazzo e in maniera maldestra, che tanti sapevano a malapena leggere, e il sensale esponeva, proponeva, decantava qualità e virtù. Quasi sempre riusciva a combinare. Lui avrebbe scritto a lei e lei avrebbe risposto, poi si sarebbero accordati. Lei avrebbe fatto le valigie, alcune con madre al seguito, e si sarebbero fatte delle nozze regolari, ma sobrie, senza tante musiche o svaghi, e poi via a testa bassa a lavorare a tirare su dei figli, la casa, tutto, che indietro non si poteva tornare fosse quello che fosse.

Mio babbo un po' per necessità un po' per carità, aveva insegnato a Lino a guidare il trattore per farsi dare una mano nei lavori del podere dei miei nonni. Lino si sentiva importante e utile, purtroppo senza mitigare i suoi improvvisi sbalzi d'umore e questo creava dei problemi non sempre facilmente risolvibili, come quando alla vista di due carabinieri in motocicletta invece di far finta di niente ingranò la quarta e si dette alla fuga col trattore su per i campi. Finì che cominciai spesso a sostituirlo i pomeriggi anche se giravo lo sterzo a fatica e dovevo montare in piedi sulla frizione per schiacciarla. Lino intanto era diventato il beniamino degli autisti della linea di pullman Massa- Follonica, gli avevano regalato una vecchia divisa da fattorino e lui passava tutta la giornata avanti e indietro sugli autobus, senza un ruolo preciso se non quello di riprendere gli studenti troppo turbolenti o aiutare a scendere le vecchiette e scaricare valigie e pacchi dal bagagliaio.

Anche quando tornava a casa la sera si presentava in divisa e raccontava a tutti noi che aveva lavorato tantissimo e guadagnato cento lire. Quando iniziai ad usare il pullman per andare a scuola lo ritrovavo spesso tutto impettito che mi salutava appena, preso a tirar su finestrini cadenti da cui entrava un freddo cane mentre la carcassa del vecchio bus, soprannominato "Tobruk" perché la leggenda voleva avesse trasportato truppe al fronte libico durante la guerra, vibrava tutto con un rumore infernale di ferraglia che non si riusciva mai a capire come facesse ad andare avanti.

Tito è andato in giro col suo bastone fino a 102 anni. Mezzo sigaro toscano al giorno, un grappino, una suonata di mandolino col suo amico Spartaco, e i racconti dei trofei vinti come motociclista più anziano presente nei motoraduni di mezza Toscana con la sua Guzzi a cardano. Gli era dispiaciuto smettere di fare le sue girate in moto, ma a 85 anni, quando aveva preso la decisione, era stato costretto ad ammettere che vista e riflessi non erano più quelli dei vent'anni. Solo più tardi ho realizzato che quando nacque era ancora vivo Garibaldi e che le sue storie fantastiche erano state vissute in prima persona. In quei giorni nessuno ci faceva caso che in paese il Medioevo e il Risorgimento non erano mai realmente terminati, la Resistenza poi era l'altro ieri. Tra sbandierate, pali, balestri, sfilate, monumenti a Garibaldi, Ettore Socci, targhe, associazioni mazziniane, circolo Endas, commemorazioni, orazioni e sfilate spesso non si capiva bene in che epoca ci trovassimo. "Bimbo, tu sapessi che clima si respirava qui negli anni trenta! Come diceva il maestro Figi? Bella la scuola del '32! Sì, ai bimbi righellate nelle mani e calci in culo, tranne a quelli figli di dottori o signori. Avevi a provà a non mandalli alle adunate del sabato fascista, ti venivano a cercare a casa che dovevano diventare figli della lupa o balilla! Inneggiare all'impero, alla guerra! Scherzavano poco quei tipi in camicia nera. Bastava non levassi il cappello quando passavano con i gagliardetti, che tutte le settimane andavano in su e in giù, marciavano, cantavano, inauguravano, ascoltavano con gli altoparlanti in piazza i discorsi del duce, insomma, se ti vedevano distratto erano schiaffi, ganascini e 'vai a casa leggera, vien via briaco', se non legnate proprio dopo averti portato nella casa del fascio. Sapevano che qui tanti non li potevano proprio vedere per cui erano anche più cattivi. Anche noi in famiglia la tessera del fascio non si era mai presa. 'Meglio morì di fame che esse' voltagabbana' diceva mio padre. E sì che Tillone rompeva parecchio le scatole, era stupido come Starace e infatti si è visto come è andato a finire anche lui. Ma non mi fa pena. Che si aspettava? Che dopo vent'anni di schiaffi e prepotenze gli dicessero un è niente, che voi che sia, amici come prima?! Ma lo sai che nel '38 quando venne Hitler a Firenze qui portarono la gente in piazza ad ascoltare il discorso di Mussolini e quello di Hitler sparato a tutto volume dagli altoparlanti? Sai quanti facevano il coro duce-duce-duce hitle-hitle-hitle?! Cinque anni dopo però non se lo ricordavano più! Quando lo dissi al Tosi mi guardò storto e mi disse di levarmi di torno, lui che era fanatico fascista e aveva un negozio di alimentari dove imboscava i generi razionati, pure ladro! Banda di farabutti e mascalzoni, prima durante e dopo, guarda Giovannoni, che ora il tu' babbo gli fa il fattore. Ha fatto i soldi truffando i contadini poveri per boschi e terreni, poi col fascismo ha fatto tombola, è diventato potente e rispettato che se tu gli avessi detto e dato il suo a quest'ora saresti sottoterra. Lo hanno fatto senatore, aveva aderenze persino nel gran consiglio, al duce gli dava del tu. Andò volontario in Russia e girano voci poco belle su come sia riuscito a tornare, nato d'un cane! E furbo però come un serpente a sonagli. Appena ha capito che la guerra era persa ha visto bene di mettersi al riparo a Roma, come ha fatto quell'altro serpe del farmacista. Che anche lui, eh poerini, fino al giorno prima mandava i fascisti a bastonare il Quintavalle, il Cerboni, il Filippi nell'osteria di Norma Parenti, poi il giorno dopo il 25 luglio tutto miele, lettere di scuse, offerte di soldi persino per rifarsi una verginità. Guarda caso quelli che ti ho detto, tranne fortunatamente Silvio Quintavalle, sono stati ammazzati tutti dai fascisti gli ultimi giorni prima che scappassero, poi hanno dato tutta la colpa al Nardulli, come non ce l'avessero messo loro a capo dei repubblichini, tanto è facile dare la colpa a chi è morto, come fa a smentirti? E appena promulgata l'amnistia di Togliatti, eccoli, alla zitta, riprendere i loro averi, tenute, votare Almirante, con certi contadini che li scusavano anche perché alla fin fine davano da lavorare eh! Capito?! Mi fanno schifo, loro e i loro leccaculo, loro e quelli che hanno il coraggio di dire che il fascismo ha fatto tante cose buone! Guarda questo paese bimbo, guarda quante cose buone hanno fatto oltre la bruttura del palazzo del fascio: i migliori li hanno ammazzati o fatti emigrare, a Niccioleta hanno sterminato una generazione intera, e chi ha pagato per vent'anni di dittatura, soprusi, ruberie, assassinii? Tillone e il Nardulli, che era di Orbetello! Ci sarebbe da ride' se un ci fosse da piange'". Tito riprendeva a fatica fiato, la voce gli tremava di rabbia, la sua faccia sempre sorridente si oscurava, e con le mani stringeva così forte il suo bastone che sembrava dovesse spezzarsi da un momento all'altro.

Al Bar dello Sport da Annibale iniziai a conoscere una fauna variegata oltre il terzetto che aveva cantato quella Marsigliese strana con il barista. Mi parevano tutti vecchi o vecchissimi, ma in realtà alcuni erano minatori da poco in pensione ma con i polmoni rovinati dalla silicosi e decenni di fatica in galleria dimostravano molte più primavere. Bulle, che non potevi fissare dallo strabismo acuto che aveva, mi aveva preso in simpatia e certe volte mi offriva una spuma bionda da venti lire. Lui declamava versi in ottava rima, e richiamava l'attenzione dei presenti con il braccio che pareva accarezzare l'aria. "Ascoltate! Popolo piccino, se poi vi garba, mi offrirete un gottino!" A questo punto catturata l'attenzione iniziava con le ottave. *"Uditori vo' un po' coglie un'occasione/e lessi il giornale un pochinino/ senza fa' nome era La Nazione/ e lei c'ha scritto ci garbava il vino/ ma è acqua minerale col limone/ uguale a improvvisare m'incammino/ se mi funziona l'estro con la mente/ il vino per cantar non conta niente"* Altre volte Bulle mi raccontava dei poeti a cui si ispirava. Il grande Antonio Gamberi di Roccastrada morto in esilio durante il fascismo per sfuggire alle botte e agli arresti, apostolo delle povere genti, ne sapeva a memoria molte poesie e certe volte me le recitava a bassa voce come se le dicesse per sé. *"Finch'esiste il padron, l'uomo è soggetto/ a schiavitù sfibrante materiale,/ e finch'esiste dio nell'intelletto,/ esisterà la schiavitù morale./Padrone e dio, vecchio binomio/ eretto a sistema di giogo universale;/ ecco della miseria il maledetto,/ il secolar principio irrazionale./ Per redimere l'uomo, dunque, occorre/ Il padrone rovesciar, bandire iddio e al posto loro il diritto uman riporre./ Quando non potrà più, sul tuo, sul mio,/ le sue pretese il Privilegio imporre,/ sorgerà il noi, sul tramontar dell'io".* E poi citava il massetano Chiaro Mori leggenda nella leggenda. Bulle si infervorava. "Chiaro era una persona tutta d'un pezzo bimbo, non li fanno più come lui. Te pensa, era anarchico e quando scoppiò la prima guerra mondiale si dette alla macchia che lui non voleva sparare sui suoi fratelli. Non era solo sai? Era pieno di gente come lui. Formarono una banda, la banda del prete, chiamata così perché uno di loro era stato in seminario prima di farsi conquistà dalle gonnelle! Grassavano i possidenti, sparavano ai carabinieri, venivano aiutati dai contadini, un po' per amore, un po' per forza. A un certo punto mandarono due battaglioni dell'esercito per stanarli dai boschi. Ma Chiarone un lo presero né ammazzarono come a quell'altri. Stette alla macchia 13 anni. Andava a ballà nei poderi quando facevano festa e se arrivavano i carabinieri gli sgusciava di sotto il naso. Una volta vicino a Monterotondo incontrò un maresciallo sulle scale che gli fece: 'o voi, avete mica visto se c'è alla festa il ricercato Mori?' E sai che gli rispose lui? 'Finché c'ero, c'ero, ora un ci so' più!' Qui a Bulle ridevano anche gli occhi storti dalla soddisfazione. Bimbo andò la cosa un po' come al Biancani nel '22 dopo i fatti di Tatti che era latitante nei boschi di Prata, oh te, incontra du' carabinieri che gli fanno: 'o dove andate voi? Si va pel mondo!' rispose lui con du' randellate nel capo e li lasciò nudi e disarmati! Lo arrestarono Chiarone dopo una caccia durata 13 anni, lo mandarono al confino, tornò, lavorò alla macchia e anche dopo l'ultima guerra cercava e dava contrasti di poesia a braccio da maestro, e insegnava ai bimbi delle scuole di campagna a cantare e poetare".

Bulle era originario di Roccastrada si era trasferito a Massa dopo la strage del 1921, dieci suoi paesani uccisi a casaccio dai fascisti e il paese devastato, dopo che una camicia nera era morta per un colpo di fucile partito accidentalmente sul camion che riportava gli squadristi a Grosseto al termine di un primo raid incendiario condito di bastonature nel paese maremmano. Lo studente fascista ucciso aveva avuto funerali solenni a Grosseto in cui aveva parlato commosso anche il deputato liberale Aldi Mai. "È intitolato ancora oggi a questo essere l'ospedale di Manciano, al grande onorevole Aldi Mai, che aderì al fascismo, fu senatore a vita e podestà di Manciano" mi diceva schifato Bulle e poi andava a sputare fuori.

Al bar era tutto un passar di personaggi. Ogni tanto si affacciava a raccontare le sue mirabolanti avventure anche il Cavalier

Mondiale. Si era guadagnato questo soprannome in quanto teneva brevi dichiarazioni a chiunque gli capitasse a tiro sulla situazione politica internazionale che prontamente avrebbe sistemato visto le lettere che aveva spedito e le risposte che aveva ricevuto. Così dicendo teatralmente agitava in aria una agenda nera che gli avevano regalato in banca per levarselo di torno quando era andato a chiedere lumi su fondi e onorificenze che gli aveva promesso il presidente della repubblica Giuseppe Saragat. Assicurava l'interessamento di Kennedy, Krusciov, Mao, De Gaulle, e della regina Elisabetta che oltretutto gli aveva annunciato la sua prossima nomina a baronetto dopo i Beatles, che onestamente non c'era gara tra i quattro capelloni scassatimpani e la sua preziosa opera di pacificazione mondiale. Tex volava più basso, lui si contentava di irrompere ogni tanto nel bar principale in piazza col suo cappellone a cowboy, estrarre dal lungo impermeabile bianco che portava in ogni stagione, tanto che alcuni gli avevano dato il sub soprannome tenente Sheridan, una pistola da bimbi a fulminanti, sparare due colpi in aria terrorizzando i pochi turisti e facendo imbufalire il barista Altero, detto Don Lurio per la stupefacente somiglianza col ballerino televisivo. Il vero Don Lurio era talmente piccolo da passare come un razzo nel tunnel formato dalle gambe infinite delle gemelle Kessler in tv mentre cantavano "Dadaumpa, Dadaumpa" che si fermava il paese intero per vedere il numero e nel bar applaudire a scena aperta e commentare immancabilmente: "se gliela mettono in capo lo fanno bersagliere!" Ma qui al bar Don Lurio massetano berciava contro Tex-tenente Sheridan perché a parer suo il puzzo dei fulminanti sparati era peggiore delle sigarette e della cenere che cascava sul bancone e dentro caffè e cappuccini, che il fumo passivo andava bene, si era sempre fumato al bar, era una tradizione anche questa, quello estemporaneo rompeva i coglioni. Tex però signorilmente lo ignorava e concludeva la sua scena cantando con voce tenorile:

“non c’è più niente da fare, è stato bello sognareeeee”.

Alvaro invece abitava a Castel del Piano e capitava in occasioni speciali tipo Balestro del Girifalco, 25 Aprile, inaugurazioni in pompa magna di scuole o attività. La sua specialità erano i costumi che nessuno ha mai capito dove trovasse. Era un personaggio austero, silenzioso, fiero nel ruolo in cui si era calato, con barba e capelli lunghi. Perfetto, di volta in volta, come Garibaldi, Lawrence d’Arabia, David Lazzaretti e tanti altri. Appariva e spariva in mezza Maremma avvolto dal mistero per quanto riguardava la sua vita passata, la famiglia, la residenza.

“Merenda” era il soprannome del macchinista del cinema, senza avere tutti i venerdì girava su una vespina vestito a mezze maniche estate e inverno, sempre accaldato. Seguiva una dieta a base di schiaccia con gli scriccioli e caffè. Da piccolo giocando aveva trovato una bomba a mano tedesca e l’aveva portata in caserma dai carabinieri brandendola come fosse un bastone, e ci era rimasto male a vedere scappare tutti come matti. Quando saltava la pellicola al cinema Mazzini era tutto un coro altissimo, “Merendaaaa! quadro!” Ma lui una sera di domenica quasi al termine dell’ultimo spettacolo ce la fece pagare. Dopo aver riparato la pellicola un paio di volte all’ennesima rottura accese le luci, scese in sala e disse: “ragazzi, non si aggiusta più, tanto mancavano cinque minuti e siamo rimasti pochi, però ve lo racconto io, lui ritrova lei e sono felici e contenti FINE, leviamoci di culo che è tardi e fa freddo”. E ci toccò davvero andare a casa.

Il più inquietante era Icaro, grandissimo consumatore di nazionali senza filtro e caffè. Molti anni prima si era arruolato nella Legione straniera. Finito a combattere a Dien Bien Fu in Vietnam si era salvato solo perché creduto morto sotto i cadaveri dei suoi compagni. Era sbiellato, vestiva con cappotti logori e lunghi, capelli bianchi alla Leonardo Da Vinci, tremava e scriveva senza sosta numeri, bozze di progetti borbottando tra sé. Da mia madre comprava viti a ferro, bulloni piccoli, squadrette e fogli di lamiera. Stava creando una macchina volante. Dopo anni di questo andazzo tutti pensavamo che l'unico effetto reale fosse il suo soprannome. Ma un pomeriggio entrò a lunghi passi nel bar affollato, stranamente calmo ci squadrò tutti e poi a voce insolitamente alta e nitida ci lasciò tutti a bocca aperta. "Signori, domani a mezzogiorno dal Parco di Poggio decollerò primo uomo al mondo, volerò senza motori, se vorrete potrete assistere al mio trionfo, vi aspetto!" Il giorno dopo c'era quasi tutto il paese, chi in Poggio a vederlo arrivare spingendo uno strano catafalco con le ruote, chi, specie i ragazzini, sotto allo sbalzo delle rocce alto 40 metri. I bimbetti erano i più scatenati. "Icaroo, Icaroo, buttati buttati buttati!" Ma Icaro sopravvisse, all'ultimo arrivarono anche i carabinieri gli sequestrarono il macchinario e lo accompagnarono a casa da un lontano parente. La folla se ne andò lentamente, delusa. Continuò a frequentare il bar, a bere sempre più caffè, a scrivere e borbottare senza sosta ma non ci rivolse mai più la parola.

Tra i giocatori di carte il più giovane e esuberante era il Simpa, un biondo mingherlino con la sigaretta sempre accesa. Aiuto fornaio di notte, manovale di giorno, bevitore sempre. Aveva la strana fissazione che a scala quaranta i due andassero scartati, si portava dietro un borsello pieno di contanti e pagava generosamente da bere sia che vincesse o perdesse le partite. Non si faceva scappare mai una festa nazionale o locale dell'Unità e discuteva spesso accanito contro chiunque non si schierasse ferocemente contro il fascismo. Raccontando dei suoi zii trucidati a Niccioleta si incupiva e da quanto si arrabbiava sembrava crescere di statura. Ma si trasformava in un poeta gentile quando gli chiedevamo un canto della Divina Commedia perché questo era il vanto del Simpa: saperla tutta a memoria e poter zittire le prese in giro, stroncare le battutacce, le occhiate ironiche quando iniziava a recitare. Uno dei suoi canti preferiti era il V del Purgatorio. "... *Deh, quando tu sarai tornato al mondo / e riposato de la lunga via / seguitò 'l terzo spirito al secondo, /ricorditi di me che son la Pia: / Siena mi fe', disfecemi Maremma / salsi colui che 'nanellata pria / disposando m'avea con la sua gemma".*

Al bar capitava qualche volta anche Spartaco che io chiamavo "il leone" per via dei capelli forti e foltissimi. Piccolino e sorridente non dimostrava gli anni che aveva, curava la bacheca del gruppo anarchico Pietro Gori, suonava il mandolino ed era un bravissimo creatore di mascheroni di carnevale con la carta pesta. Anni più tardi mi avrebbe raccontato di Malatesta, Durruri, Pietro Gori e Bakunin, delle sue peripezie per il mondo, di fatti meravigliosi e sconosciuti, come l'occupazione della chiesa a Scarlino per farne un teatro con la storia del Bartolomei che dopo questi eventi perseguitato dal fascismo era andato in esilio in Francia dove aveva ucciso in una sparatoria un prete italiano spia dell'ovra fascista, per fuggire poi in Belgio, emigrando definitivamente a Montevideo all'arrivo dei nazisti continuando anche dal Sud America a sostenere con collette e articoli la stampa libertaria. O della vita dissoluta di Quisnello Nozzoli, ciabattino massetano, rissaiolo, agitatore, finito a Barcellona durante la guerra civile a infilzare con una spada i franchisti dichiarandosi anarchico trionfante. Riparato poi in Messico dopo esser transitato per Cuba, e ritornato in Italia alla fine della guerra. Saremmo stati tutto il giorno ad ascoltarlo. Spartaco ci offrì di dividere la sua bacheca con i nostri sogni. La sua vita era stata tutta una avventura e noi ragazzi ribelli lo avremmo ascoltato sempre con stupore e rispetto.

SECONDA PARTE

Finiscono gli anni sessanta e il vento si alza persino nelle nostre campagne profonde

"L'utopia accende una stella nel cielo della dignità umana ma ci costringe a navigare in un mare senza porti"
(Camillo Berneri)

La mia colonna sonora quell'estate fu il 45 giri in italiano dei Rolling Stones. "Il sole sta per tramontare, i bimbi tornano da giocare, bimbi che sorridono, ed io son qui, con le mie lacrime così". O almeno, la cantavo nella mia testa così, il mangiadischi di mia sorella andava mattina e sera per fortuna mia madre in bottega vendeva anche le pile. Il mondo cambiava alla svelta, quello vecchio agonizzava, ma il nuovo non si decideva ancora a nascere e nel mezzo stavo lasciando l'infanzia per una adolescenza senza più molti punti di riferimento. Niente più festa della trebbiatura, una macchina divorava da sola i campi di grano, niente più veglie a trovare gli amici nei poderi, la televisione la faceva da padrone, i giovani lavoravano nelle fabbriche, facevano i turni di notte, contavano poco anche le feste comandate. Nel podere lentamente crescevano tettoie, terrazzi, stanze, bagni decenti. Avevamo adesso un frigorifero a gas, le lampadine a 12 volt ed una tv in bianco e nero con due canali che funzionava con batterie caricate da un motore a nafta. Certe volte scaricandosi gli accumulatori rimpiccioliva lo schermo e si faceva più flebile l'audio, e noi per non andare fuori a riaccendere il motore finivamo incollati al televisore per capire come andasse a finire. Santi dormiva continuamente anche mangiando, mentre masticava iniziava a pendere come la torre di Pisa, poi si risvegliava di colpo e ricominciava a ruminare. Pia camminava piegata a 90 gradi canticchiando canzoni che finivano regolarmente con: “accidenti a Pio nono! Al fiume il Papa porco!” Le discussioni tra loro vertevano sul fatto dove pascolassero le mucche del poro Antonio e dove passasse la cavalla del poro Beppe che “poro” stava per povero, cioè morto. Quando annunciai trionfalmente a Santi che l’uomo era sbarcato sulla luna lui si mise a ridere, tirò un curreggione e mi disse: “eh, poerini, so’ tutte novelle!” Mentre Pia commentò: “cambia sì il tempo se vanno a rompe’ i coglioni anche alla luna!”. Erano buffi ai miei occhi e per loro ero sicuramente già grande tanto che presto come “omo” avrei rovesciato qualche femmina in un fosso. Pia un giorno si spinse a dirmi: “te sei un mastio, vedrai a quante farai girà la testa! Ricorda che ogni lasciato è perso te daglielo tutto che tanto un si consuma e dietro un te lo porti!” I miei invece tacevano, giusto mia madre scuoteva la testa nel vedere le mie occhiaie inequivocabili da segaiolo.

Mio babbo dopo uno sforzo ciclopico per piantare una vigna di quattro ettari si era sfinito ed anche un po’ depresso. Mia madre girava come una trottola impazzita tra i tutti i problemi di casa e il lavoro in bottega, con mia sorella quasi sempre a Firenze per l’Università, i miei nonni sempre più vecchi e lenti e io sempre più chiuso nelle mie malinconie e insicurezze, prigioniero di sogni che non sapevo se essere miei o facenti parte di qualche altro sogno più grande dentro altri sogni più grandi ancora. Certe volte dubitavo persino di esistere; ero forse il sogno di qualcun altro? Ma quando espressi questa convinzione a mia sorella lei mi guardò strano e andò a parlarne con mamma. “Non è tanto normale tuo fratello ma crescendo speriamo cambi” sentii sussurrare.

Nella stessa maniera in cui ero diventato bombarolo per amicizia diventai capellone e anarchico, non vediate un collegamento tra le due cose per favore che qualche anno più tardi sarebbe bastato molto meno per mettermi in galera e buttare via la chiave. No, fu una semplice evoluzione, e non da solo ma con Marcello, Fausto, Alessio, Cesare e altri miei compagni di scuola di vita e di sogni. Era spiegabile: se gli adulti e i giornali che leggevano si scagliavano contro i giovani capelloni voleva dire che questi erano il nuovo e il bello, mentre gli adulti rappresentavano il vecchio, la reazione, la somministrazione di morali e legnate. Magari fossero stati solo chiacchiere e distintivo, picchiavano come fabbri, normalità era pestare i figli per raddrizzarli. Era diventato presto uno scontro generazionale senza quartiere. Oltretutto iniziando le scuole medie mi accorsi che l'aria era spesso irrespirabile, mi salvavo per il fisico imponente e per il fatto di fare gruppo con i miei amici d'infanzia. Questo spesso ci evitava burle violente, insulti e risse che erano pane quotidiano. Giravano ripetenti di sedici anni che arrivavano a scuola in Lambretta per caricare bimbe di tredici anni da portare nei boschi per fare franella. Altri andavano ad aspettare lungo la scalinata i ragazzi che uscivano dal vicino istituto privato del prete per inseguirli e tonfarli di brutto. Girava voce che i ripetenti se non trovavano qualche ragazzetta da portare nel bosco spesso chiedevano il culo ai ragazzini più piccoli, dicendo loro che era tradizione per poter crescere e diventare uomini. Non potevi dimostrare alcuna debolezza e stranezza, né rimanere neutrale, ne andava della tua pelle. Non conoscevamo la parola "bullismo" in compenso sapevamo bene che se ne avessimo buscate in classe non avremmo potuto lamentarci a casa, altrimenti ne avremmo buscate a casa per imparare a non buscarne a scuola. Nessuno si sognava di denunciare nessuno, anche in caso di un braccio rotto ai carabinieri che ti venivano a interrogare sull'accaduto raccontavi di essere caduto da un albero o andando in bici. Persino alcuni insegnanti non è che se la passassero molto bene. Ad un prete antipatico arrivato dall'Alto Adige per insegnarci religione in modo maldestro e con urli belluini furono segate le gambe della sedia, e dopo il ruzzolone Robertino nella confusione per rizzarlo in piedi gli rifilò anche un calcio nella schiena. "Don Hitler" come lo avevamo ribattezzato si dimostrò un osso duro, a Robertino arrivò una sospensione che gli costò la bocciatura per aver scritto sulla lavagna a caratteri cubitali "Don Hitler vai a Mauthausen, viva Mao!". Lo scontro si acuì: gli tagliarono le gomme della macchina una prima volta e una seconda gli fecero trovare un topo morto sul sedile. L'anno successivo Don Hitler era sparito e arrivò al suo posto un gesuita di chiaro stampo rivoluzionario.

Di contro il professor Govi col perenne sigaro toscano acceso tra le labbra aveva ben altra tattica: ci malmenava somministrandoci nocchini nel capo con un grosso anello, colpi con un righello e ombrellate ad ogni minimo pretesto urlandoci "ora vi domo io!" ricordandoci che dovevamo imparare il disegno tecnico per andare a lavorare e non quello artistico, che tanto eravamo un branco di delinquenti e contadini, feccia quasi tutti, carne da cannone nella vita. E pensare che era anche un discreto pittore di scuola macchiaiola, ma l'unica cosa che lo accomunasse a un essere umano era il suo intristirsi per il ricordo dei bombardamenti alleati su Pisa dove aveva perso casa e parenti, e la strage dei bambini il lunedì di Pasqua del '44 al luna park di Grosseto causata da un mitragliamento di un aereo americano. Terminava il racconto commosso, poi si riscuoteva e ci guardava schifato. Le ragazze erano tutte in sezioni separate e dovevano fare un saggio ginnico di fine anno in divisa che somigliava in tutto e per tutto a quello degli anni trenta, unica differenza repubblicana non dovevano comporre con i loro corpi la scritta "DUX".

Un bellissimo giorno alle 8 trovai tutti fuori dai cancelli partecipi di una confusione eccitata. Avevano appena dato dei volantini i ragazzi delle scuole superiori capitanati da Mario, girava forte la voce "è sciopero, è sciopero! Vogliono licenziare i nostri babbi al Casone, è sciopero generale. SCIOPEROOOO!" In ultimo si alzò altissimo il grido di Robertino. Sciamammo tutti via contenti insieme alle altre scuole e fu l'inizio di una lunga serie.

Stava ribollendo il pianeta intero, dal Vietnam all'America Latina, da Praga alla Palestina, e il maggio francese con le barricate di Parigi erano state uno spartiacque per i nostri sogni persino nel nostro paese in culo al mondo. Non era più un affare per pochi militanti comunisti ortodossi con i baffi. Nell'immaginario nostro Che Guevara era un eroe di vent'anni, un'idealista che non teneva noiosi sermoni ma un rivoluzionario che liberava i popoli oppressi, il suo sorriso contava quanto il suo mitra. Mao un condottiero che aveva liberato un miliardo di persone e lanciato la grande rivoluzione culturale: ribellarsi è giusto, ribellarsi è possibile, giovani il mondo è vostro, che sboccino cento scuole e cento fiori, meglio un treno socialista in ritardo di uno capitalista in orario, nuotare controcorrente, contare sulle proprie forze. E poi si era sparsa la voce che mandava a zappare in campagna nelle comuni rurali professori, medici, avvocati, e al loro posto metteva contadini e operai. *"Tutti siano liberi di criticare tutto, si protesti a volontà, ci si organizzi a piacere, il proletariato garantisca la rigenerazione dell'umanità. Ragazzi, datevi da fare, spazzate via tutto ciò che è vecchio, siate duri e senza misericordia, distruggete, perché è distruggendo che si costruisce. Bombardate il quartier generale!"* Ah! Sì, questo ci piaceva! Lo capivamo bene, ci sembrava anni luce distante dalla noia mortale dei comunisti nostrani. Che per molti di noi erano i padri, i fratelli maggiori, diventava anche una rottura generazionale, culturale, si conciliavano poco Orietta Berti e Casadei con Jimy Hendrix e i Rolling Stones. Ma quello che all'inizio sembrò essere un normale scontro generazionale finì per trasformarsi in una frattura insanabile. Era lo scontro anche sull'etica del lavoro, sulla ideologia del sacrificio in nome di una purezza ed orgoglio di classe che avrebbe portato, non si sa in quale futuro, la classe operaia al governo alla riforma dello stato in senso socialista forse. A noi evocava soltanto la tristezza senza fine dei paesi dell'Est, del Muro di Berlino, della burocrazia più bieca al potere. Erano lontanissimi i tempi della Rivoluzione d'Ottobre; i carri armati russi dopo l'invasione dell'Ungheria del '56 adesso invadevano la Cecoslovacchia. Sì, il PCI a mezza bocca "condannava" l'invasione, ma poi espelleva i compagni de "Il Manifesto" che avevano attaccato L'Unione Sovietica e i nostri padri a denti stretti ti dicevano che avevano fatto bene, che noi non capivamo niente, che eravamo ragazzetti ingenui e dovevamo andare a lavorare. Se ci facevamo crescere i capelli eravamo degli sfaticati drogati, se chiedevamo spazi per riunirci, far festa, suonare, erano trafile e ostacoli senza fine. Chiusure grette, miopi: ci volevano semplicemente a loro immagine e somiglianza. Il mondo cambiava ed era tutto sottosopra ma loro facevano finta di nulla, contabilizzavano solamente i voti alle elezioni. Si scavavano già la fossa da soli ma non lo potevano capire. Con il resto della società i rapporti non erano comunque facili. La vecchia morale ancora resisteva, le ragazze la sera dopo cena non uscivano a meno che non fosse estate o ci fosse qualche festa particolare. Le poche coraggiose, quelle che in genere ci frequentavano erano considerate delle poco di buono.

Quando nel '72 uscì il film "Ultimo tango a Parigi" di Bernardo Bertolucci lo scandalo fu tale che non solo fu vietato, ma sequestrato in tutta Italia e infine dopo due anni di processi condannato al rogo, letteralmente. Il Medioevo non era così lontano. Il diritto di picchiare le mogli da parte dei mariti appena tolto dal codice civile, il delitto d'onore ancora ammesso.

Qualche pomeriggio andavamo a trovare Spartaco il leone nella sua casa piena di maschere di cartapesta mandolini e chitarre. Ci raccontava la storia del movimento anarchico, storia che spesso si intrecciava con la sua di minatore perseguitato dai fascisti e costretto a emigrare in Belgio, ritornato negli anni trenta per accudire la madre malata, licenziato, arrestato, sottoposto a sorveglianza speciale perché frequentatore con altri antifascisti come il Cerboni, il Gattoli, il Filippi, dell'osteria di Norma Parenti spesso minacciata di chiusura per la sua evidente ostilità al regime. Spartaco si scherniva sul suo ruolo ma avevamo saputo da altri che a vent'anni aveva messo in fuga una decina di fascisti davanti al duomo a forza di cazzotti pesanti come sacchi di cemento. Che nel '36 aveva buttato nella vasca dell'acqua alle Fonti dell'Abbondanza gagliardetti, cartelli e bandiere fasciste che festeggiavano l'impero appena proclamato. Che non si era mai piegato nonostante licenziamenti e arresti e nel '43 era stato tra i fondatori del CLN in paese. Nel dopo guerra aveva partecipato al congresso internazionale delle federazioni anarchiche a Carrara. Ci spiegava i principi libertari, ci raccontava la vita del cavaliere dell'ideale Pietro Gori e certe volte imbracciata la chitarra ci cantava i suoi poemi *"ovunque un proletario al mondo si ribelli, là noi troveremo schiere di fratelli, nostra patria il mondo intero, nostra legge la libertà, ed un pensiero ribelle in cuor ci sta"*. E poi l'epopea della guerra civile di Spagna, dell'accorrere di volontari antifascisti da tutto il mondo che non aveva potuto raggiungere per via della malattia della madre. Citava Durruti: *"Noi non temiamo le rovine, erediteremo la terra. Sappiamo ricostruire. Portiamo un mondo nuovo dentro di noi, e questo mondo ogni momento che passa cresce. Sta crescendo anche in questo istante in cui vi parlo"*.

Mia sorella invece frequentava Don Franco che organizzava gite per i giovani anche se non iscritti all'Azione Cattolica, serate con canti rock e chitarre oltre a meditazioni e preghiere. Non era molto ben visto dalla gerarchia e soprattutto dalle beghine; troppo rivoluzionario, troppo seguito, troppo giovane, troppo bello. Il gesto più eclatante fu quando al termine di una omelia annunciò che lasciava l'abito talare, non la chiesa intesa come fede, ma il fatto di essersi innamorato di una ragazza che avrebbe presto sposato lo rendevano incompatibile col suo ruolo. Mia sorella che fino a quel momento aveva frequentato la chiesa e i corsi di Don Franco e che alla notizia dell'attentato a Bob Kennedy era corsa in lacrime a pregare nella chiesetta di Mucini, rimase folgorata sulla via della laicità universitaria e smise per sempre di frequentare i preti, anche quelli giovani, operai o comunisti.

Tito si mise a ridere. "Eh ragazzo mio che ti dicevo? Come fa quella vecchia canzone *la mi' mamma lo diceva, che diceva la tu' mamma? Il mi' babbo lo ripete, quelle meglio son del prete, quelle meglio son del prete! Siamo orfane dell'amor! Vogliamo le bambole, vogliamo le bambole, vogliamo le bambole per fare all'amor!*" "Caro mio, sono omini anche loro, non è naturale il voto di castità, o gli garbano le donne o gli garbano l'omini, ce ne sono pochi che pregano e basta. Ma lui ha fatto bene, così si fa, non si è nascosto e si è spretato maremma impestata, vedrai ci guadagna dai retta a me. Poi, che c'entra, te pensala come vuoi ma io credo che l'unica chiesa bona è quella che non c'è, se l'omo non riesce a essere un libero pensatore prima o poi sarà sempre schiavo fisico o morale di qualcosa o qualcuno. Che ricordati, è bene essere padroni di niente e servi di nessuno!" Fu l'ultima volta che si chiacchierò insieme, di lì a poco Tito si addormentò per non risvegliarsi. Al suo incontro funebre nella piazza del Bar dello Sport per suo desiderio la banda del paese suonò marce allegre. Poi lo portarono a cremare a Livorno.

Non hanno mai brillato per spirito imprenditoriale i massetani. Del resto con le miniere aperte tutte intorno, il Casone a Follonica le acciaierie a Piombino e la Cantina Sociale in Valpiana di che preoccuparsi? I pullman operai partivano direttamente dalla piazza Garibaldi che era quella del duomo, secondo alcuni tipi un po' campanilisti una delle più belle piazze medioevali della Toscana, d'Italia, del mondo intero, dove però si poteva parcheggiare a casaccio e lasciare chiazze di olio motore per ricordo. Punto di ritrovo la mattina dei pensionati e la sera dei giovani fitti al tempo come le spighe di grano nei campi di giugno. Nessuno al tempo aveva capito che erano dei potenziali consumatori ben più prodighi rispetto ai vecchi che avevano dovuto tirare di brutto la cinghia tutta la vita. Ma lo capì subito Ciro Esposito detto Gambadilegno. Nessuno ricordava come e quando fosse arrivato in paese, certamente veniva dalla Campania con un nome e accento inconfondibile, qualcuno si spingeva a ipotizzare fosse fuggito dopo qualche sgarro che si sa i segnati da Dio qualcosa devono aver fatto, qualcosa devono scontare in questa vita e magari anche nella prossima. Altri affermavano avesse dei parenti a Follonica al rione Casserello che era già detto la piccola Napoli per la provenienza di molti suoi abitanti e i botti incredibili che sparavano l'ultimo dell'anno. Invece a Massa non si usavano molto, allora venivano buttate semplicemente dalla finestra tutte le cose rotte o rappezzate durante l'anno, specialmente piatti e mobiletti tarmati, oltretutto non costavano niente, bastava stare attenti a non accoppare nessuno. Non come fece Robertino che centrò con un comodino sul groppone un vecchio vigile urbano in pensione che se ne ebbe talmente a male che quando uscì dall'ospedale lo denunciò per lesioni, una cosa veramente disdicevole, mai dare l'occasione alla guardia anche se in pensione. In ogni caso Gambadilegno i ragazzi lo presero subito in simpatia. Era ancora giovane, aveva una gamba di legno come i pirati che ogni tanto si smontava per oliarla e che faceva toccare senza problemi, ma soprattutto aveva messo su un negozio di dischi e strumenti musicali dove vendeva anche a rate e una sala flipper che sembrava un po' il paese dei balocchi. E poi funzionava come con i leoni e i cristiani, indiani e cowboy, Gambadilegno e commissario Basettoni; i giovani stavano con i primi.

Quando gli studenti facevano sala a scuola avevano varie opzioni possibili. La più scontata era raggiungere il vicino parco di Poggio e spiaggiarsi alla Lucciola, il famoso dancing ma anche bar e biliardo guarnito di biliardini, flipper e soprattutto un juke box di tutto rispetto imbottito di rock, dai Rolling Stones ai Beatles, da Santana a Jimy Hendrix, dai Doors a Janis Joplin. Era anche comodo se fuori c'era maltempo e non ci potevamo imboscare o prendere il pullman per arrivare al mare a Follonica.

Ma aveva anche il difetto per alcuni di poter essere visitato dai padri per un caffè e due chiacchiere sulla Juve o una partitella a scala quaranta. Senza contare che più di una volta dei professori imbufaliti da sale strategiche e organizzate avevano fatto irruzione a sorpresa per poter poi cazziare di brutto i malcapitati; uno scherzo da preti mancati, un brutto spettacolo lo sputtanamento in pubblico. Allora diversi ripiegavano sulla sala flipper di Gambadilegno molto più defilata nel centro storico, dove potersi specializzare in giocatore o spettatore professionista a seconda del metallo che gli ballava in tasca.

Era anche una sala fumatori, nel senso che per entrarci se non fumavi ci voleva la maschera antigas da miniera ed era sicuramente misogina, le femmine la snobbavano di brutto. Non a caso il babbo di Mario detto Pane e Fica dal saluto che rivolgeva sempre a grandi e piccini, se ci passava accanto ci buttava un occhio, quello sano che l'altro era di vetro avendolo perso quando faceva il partigiano, e ci salutava allegro con "bada che branco di manfruiti!". Ora va specificato che "manfruito" veniva usato quando non volevi andare giù pesante, quando lasciavi ancora una possibilità di ravvedimento virile nel ragazzetto in questione. Insomma non era la bolla papale, la pietra tombale di "finocchiaccio". No, "manfruito o manfruita" mutuato dal termine "ermafrodita" sarebbe stato accostato alcuni decenni dopo al termine napoletano "femminiello" che invece usava come battuta Gambadilegno quando saltellando cercava di unirsi al gruppo improvviso, "il franiccio" che ogni tanto i ragazzotti facevano addosso a qualche amico per strizzargli le palle, così, in amicizia, esercizio atavico detto comunemente in Maremma "la tira". Infine esisteva una terza possibilità di sala e imboscamento ma onestamente era per i più grandi e per pochi; frequentare il negozio di dischi e strumenti musicali di Gambadilegno nel corso principale della città alta. Non tanto e soltanto per comprare 45 e 33 giri che generosamente faceva ascoltare un poco prima di venderli, ma soprattutto per provare nella stanzetta sul retro gli strumenti agognati: batteria, basso, tastiere e chitarre elettriche. Alla fine complici le comode rate per i pagamenti nacquero a Massa diversi complessi rock, tipo "Cappero e i Sioux, the zorros, i KZ" che per la gioia di parenti e vicini di palazzo facevano le prove in scantinati foderati dai cartoni portauova per attenuare quella che bene che andasse i vecchi definivano "la cagnara" che non va affatto confusa con "la canizza". Infatti la prima ha una accezione decisamente negativa mentre la seconda all'opposto è una lirica per le orecchie dei cinghialai e di tutto l'indotto delle battute al cinghiale.

Canizza e canto di motoseghe hanno sempre allietato le campagne maremmane e significavano pane, ciccia, legna, epopea, virilità! Cosa concepire di più bello di una canizza preceduta dagli aurli dei battitori e le fucilate in aria per spingere infine i cinghiali verso le poste dei cacciatori? È lunga ma esaltante la strada prima di approdare a tavola per divorare pappardelle al cinghiale e cinghiale in umido con le olive nere. La canizza è anche un volo pindarico, uno stato d'animo, un lezzo di Maremma che non ti levi più manco se ti lavi tutte le settimane col sapone di Marsiglia. Me ne resi conto in terza media facendo una gita in pullman fino a Verona. La mattina di buon ora visitammo l'Arena e mentre il professore d'italiano spiegava cosa rappresentasse per la lirica in Italia e nel mondo vidi due compagni di classe gesticolare e discutere. Pensai commosso che persino due bruti come loro erano rimasti colpiti dalla bellezza che evocava e trasmetteva il luogo. Macché, stavano immaginando dove far partire una bella canizza al cinghiale e dove mettere le poste, sai che spettacolo! La cagnara invece, l'indegna cagnara dei capelloni "bitte e rocche" era vista come il fumo negli occhi, il che volendo era anche un ossimoro in quanto gli stessi sdegnati e iracondi censori musicali magari erano i primi a tenere sotto casa baracchi con cani da caccia prigionieri e ululanti, a spargere merda di cavallo negli orti e dare fuoco alle potature cercando di asfissiare il vicinato più o meno consciamente. Ma non paghi un giorno che gli giravano più del solito forse stuzzicati dalla trentesima versione maltrattata di "smoke on the water" minacciarono doppiette alla mano di fare giustizia sommaria degli "zorros" che invece di offrire il petto e morire per la causa vilmente fecero fagotto e furono costretti a chiedere, vergogna nella vergogna, asilo alla parrocchia dove potevano suonare solo due ore al giorno e dovevano sdebitarsi col prete suonando l'organo della chiesa durante i matrimoni e le grandi occasioni. Una fine miserrima nonostante il tastierista cercasse di rifare rock l'ave Maria di Schubert scontentando proprio tutti.

Mi iscrissi all'istituto tecnico minerario, raggiungere Follonica o Grosseto era fuori discussione partendo da Niccioleta. Era sicuramente il più frequentato della zona con ragazzi che arrivavano anche da fuori provincia. E sin dal 1 ottobre cominciai subito a respirare un clima diverso, a incontrare miei simili e stringere amicizie molto forti. Quasi tutti i giorni venivano dati volantini o affissi manifesti e il vecchio preside era sempre più spiazzato. Decenni di "ordine e disciplina" gestiti con Don Luca, prete, insegnante e coordinatore scolastico, potenza politica in paese, stavano per essere spazzati via. I goliardi erano sempre stati incoraggiati dal preside che con la scusa di chiederti un contributo per il loro veglione studentesco miravano a stabilire una gerarchia molto forte basata anche su scherzi e prepotenze pesanti, specie a danno dei nuovi arrivati e con il dirsi apolitici spalleggiavano in realtà lo status quo e vedevano come fumo negli occhi ogni novità che rompesse le mura che avevano innalzato intorno alla scuola. Era una mattina di metà ottobre, c'era nell'aria una discreta tensione e un gruppo di ragazzi che avevo annusato già da qualche giorno avevano dato un volantino intitolato "NO alla matricola, basta con tradizioni goliardiche e fasciste!" Altri sicuramente della quinta classe si erano fermati cupi di fronte al cancello d'entrata, cercavano le matricole, i ragazzini di prima come me. Stavo finendo di leggere il volantino quando mi venne strappato di mano e un braccio mi bloccò all'altezza della spalla. Un tipo mi sibilò bruscamente addosso tanto che sentii il fiato da fumatore: "te sei di prima! Ci devi pagare la matricola entro sabato, capito? Sono duemila lire!" Non lo so perché lo feci, non so se vennero al pettine tutte le rabbie accumulate per anni, so che mi ripresi con la sinistra il foglietto mentre con la destra detti uno spintone fortissimo al tipo che mi aveva parlato mandandolo contro un motorino il che lo fece franare con fragore davanti all'entrata. Immediatamente mi sentii arrivare uno schiaffo sull'orecchio destro, ma ormai ero partito, non me ne fregava nulla se ero solo contro dieci, avevo una rabbia tremenda e null'altro e con due cazzotti secchi il tipo dello schiaffo precipitò addosso all'altro. Si alzarono urla, sbandarono gli studenti che stavano entrando, vidi arrivarmi addosso altri ma di colpo fermarsi; dietro di me erano arrivati quattro o cinque studenti dei volantini e, soprattutto, al mio fianco si era materializzato Robertino che stava andando in cantiere a lavorare. Pur non avendo capito il motivo mi aveva riconosciuto e a modo suo aveva pensato visto che i tipi che chiedevano la matricola erano di Follonica e Gavorrano, che fosse uno scontro Massa-resto del mondo. "Bravo Paco" mi disse appena quelli si allontanarono, "ora sì che ti sei svegliato e gli hai fatto vedere che ai massetani non si mangia in capo!" E mi dette una pacca sulle spalle tremenda. Il giorno dopo non si parlava d'altro, prima d'entrare feci amicizia con ragazzi e ragazze che mi proposero subito di unirmi a loro per mettere su un collettivo operai studenti sullo stile di quelli nati a Pisa e Torino e rappresentati dal settimanale Lotta Continua. Improvvisamente le giornate iniziarono a farsi sempre più brevi e dense e il tempo a non bastarci più. Sbandierando ad ogni occasione il regio decreto del 1929 che ci minacciava di espulsione da "tutte le scuole del regno" per qualsiasi manchevolezza il preside Zaccardo tentò una controffensiva. Ma i nostri tempi incalzavano e non si potevano più fermare. Avevamo creato col nostro esempio l'effetto valanga: adesso ci venivano a cercare non dovevamo più noi cercare adesioni. Quelli del PCI cominciarono a guardarci male anche loro, gli rubavamo il mestiere e la piazza. Una mattina alla fine della ricreazione volò una notizia, il preside stava per sospendere un ragazzino che aveva affisso un manifesto per la libertà di Valpreda e contro Calabresi assassino di Pinelli sulla porta dei bagni. Fu la scintilla che aspettavamo; irrompemmo nelle classi urlando "Fuori tutti, sciopero, no alla repressione, Zaccardo vattene!" Man mano che scendevamo verso il cortile una fiumana ci seguiva. Non erano rimasti seduti. Fuori sentimmo un rumore di vetri infranti; qualcuno con un tiro magistrale aveva centrato la finestra del preside. La paura di tanti anni era andata in frantumi insieme a quei vetri. Zaccardo se ne andò in pensione a fine anno, la scuola era ormai in mano nostra. Oggi la scuola pensammo, domani la società. Niente pareva potesse fermarci. Dei ragazzi che avevano la nostra età, operai nelle fabbrichette della zona si erano uniti a noi e già ci pareva di poter guidare la classe operaia. La sera ci ritrovavamo in due stanzette affittate a 8000 lire al mese nei vicoli del centro storico a ciclostilare volantini quasi quotidiani.

"Il potere che la società capitalista esercita su di noi ha dei con-

notati ben precisi. Non esiste più una ristretta cerchia di uomini con potere e una grande massa di sfruttati senza potere. La cosa è molto più articolata; c'è una parcellizzazione del potere che è diventato privilegio di molti. Il potere di consumare ad esempio, la possibilità offerta nello spettacolo della cultura dei padroni, di uno sfogo delle proprie frustrazioni ed un incanalamento della propria rabbia. È la negazione della nostra soggettività. È la negazione della vita. Imprigionando gli uomini in questo scenario il potere diffonde sempre più lo squilibrio ed il malessere. Ci trattano come le banane Chiquita, solo uno su dieci avrà il bollino! Ognuno è nella propria vita al centro del conflitto. IL VIVO SI RIBELLA!

Come cento anni fa a Parigi, riprendiamoci la vita, spezziamo le catene, fuciliamo gli orologi! Sempre viva la Comune di Parigi! Collettivo operai studenti- la lotta continua"

La cosa che mi ricordo con maggiore piacere di quel movimento è il senso di intimità e tenerezza collettiva, una tribù solidale con un futuro da conquistare. Il non sentirsi mai soli ma parte di un fiume in piena. Come nello sguardo di un bambino che cresce, tutta la luce del mondo, tutta la speranza, tutti i sogni e le ansie, gli amori e le delusioni. La prima canna in compagnia di Fausto tuttopenne capellone dopo aver saltato la scuola in una mattina piena di sole sul poggio da dove si domina il mare. Con me un libro di Kerouac ed uno di Ginsberg, un mangianastri con i Rolling e un po'di paura delle mie emozioni. Allen scriveva: *"togliete le serrature dalle porte, togliete anche le porte dai cardini!"* Correvo felice col motorino giù per la montagna cantando con il vento in faccia e mi accorgevo dei primi sguardi di Anna a cui portavo volantini e prestavo l'autobiografia di Malcolm X davanti alla scuola. Ore e ore a camminare per le strade con ogni tempo, a spalancare i nostri cuori agli amici, a confidarsi con loro e sentire la loro vicinanza, fratelli di un tempo nuovo di curiosità e slanci. Nottate lunghissime a immaginarsi la vita, l'amore, a incazzarsi per le prime testate contro i muri e i primi no di ragazze diverse da noi. E d'estate tutti a Prato Ranieri a Follonica dove Mario barba lunga aveva messo su una tenda sotto i pini della spiaggia, un campeggio libero e freak dichiarando "lo stato di felicità permanente" con una bandiera rossa e nera, ragazzi stranieri che si fermavano e rimanevano a dormire col sacco a pelo sulla spiaggia, carabinieri che arrivavano sbuffando in bicicletta domandando chi fosse il capo e ricevendo in risposta risate, mentre Mario diceva: "non ci sono, non vogliamo più capi". E la notte a buttare giù i primi recinti delle spiagge private lasciando volantini con scritto: "il mare è di tutti!" Falò a rischiarare la notte, bagni illuminati dalla luna e i primi baci salati che partivano sempre dalle ragazze.

Mario riuscì ad arrivare con l'autostop al festival dell'Isola di Wight e vedere Jimy Hendrix prima che cambiasse dimensione. Quando terminò di raccontarci quel concerto ricordo che tra noi calò un silenzio commosso, interminabile, quasi sacro.

Mario sarebbe diventato presto un pendolare dall'Oriente, sempre più perso lungo le strade che portavano in India. Anni più tardi avrebbe raggiunto Pakistan e Afghanistan e si sarebbe dato da fare per sostenere e far conoscere anche in Italia la lotta dei mujaheddin contro la conquista sovietica di Kabul.

Marcello mi aveva regalato una borsa di cuoio con le frange tipo butteri o Far West, vai a sapere dove l'aveva fregata, considerata da molti femminile ma nessuno osava farmelo notare dopo l'episodio della scazzottata per la matricola. Dentro la riempivo di libri che mi leggevo ovunque ci fosse tempo e modo. Mi sentivo leggero quando leggevo e libero. Non riuscivo mai a saziarmi.

Spesso facevo nottata a inseguire le avventure della beat generation, l'esistenzialismo di Sartre, i racconti di Hesse, i demoni di Dostoevskij, le poesie di Neruda. Ma la borsa era anche colma dei nostri volantini, e i primi opuscoli di Stampa Alternativa di Roma: il manuale contro la famiglia, quello per andare in India, per coltivare la marja, per l'aborto che passavo alle ragazze che iniziavano a discutere di se stesse, che girava una parola nuova: "femminismo". Mi sembrava di irrigare il deserto con un secchio d'acqua ma allo stesso tempo non ne potevo fare a meno.

Pensavo che fosse un po' come in campagna che bisognava seminare e alla fine si sarebbero raccolti i frutti. Se l'annata fosse stata favorevole ci sarebbe stato da mangiare per tutti.

Alessio pareva un angioletto silenzioso, ricciolo di capelli con gli occhioni neri, mascherava in realtà una sua parte violenta e distaccata. Me ne accorsi alla prima occasione a Grosseto dove eravamo scesi insieme ai compagni delle Colline Metallifere per attaccare un gruppo di fascisti dell'istituto agrario che avevano ridotto in coma uno studente di sinistra del liceo per il solo fatto di aver osato dare un volantino davanti alla "loro" scuola. A parte qualche slogan una carica improvvisa e alcuni cazzotti dati bene non è che avessimo fatto poi tanto, oltre a mettere paura ai picchiatori che erano scappati all'interno dell'edificio scolastico. Finita la mischia mentre tornavamo sul viale principale mi ero accorto che mancava Alessio. Mentre ci fermavamo e alcuni ventilavano l'ipotesi che fosse scappato, lo vedemmo uscire tranquillo dall'ingresso della scuola con un bel martello in mano. Aveva raggiunto e colpito nelle gambe il capetto dei fasci in fuga e quando ci raggiunse con un sorriso appena accennato ci disse: "quel boia vedrai corre poco di qui in avanti".

Il paese vantava ad ogni occasione il suo pedigree nobile rispetto al circondario, fosse montagna o mare. In effetti non mancava niente. Le scuole superiori contavano un buon Liceo Classico e l'Istituto Tecnico Minerario, uno dei quattro esistenti in Italia.

L'ospedale nuovo era stato appena inaugurato, e dalla sede vescovile e il suo seminario dipendeva una grande zona di quella che era ancora considerata "terra di missione".

C'erano poi la pretura, il carcere, la stazione principale dei carabinieri e della polizia stradale, la casermetta della forestale e la squadra di calcio in promozione che annoverava addirittura in anni pionieristici un campionato di serie B. Era immancabile anche la storia un po' vera un po' no che durante il fascismo Massa non era diventata capoluogo di provincia perché troppo periferica rispetto alla sterminate lande grossetane e soprattutto refrattaria al fascismo visto la fama repubblicana anarchica e ribelle. Sia come sia oltre la Lucciola il paese poteva vantare anche il teatro cinema Mazzini. La sala serviva anche per feste danzanti di una certa classe, la borghesia vera non amava mischiarsi e ammucchiarsi con il popolo e i giovinastri alla Lucciola. Ma soprattutto il Mazzini era il cinema gestito dal Marini un comunista fiorentino malmostoso con Merenda come proiezionista. Il primo era famoso per ritenere il mitra l'unico sistema per risolvere le gabole politiche e in questo senso non guardava di traverso come i comunisti ufficiali il nostro collettivo tranne poi cercare di buttarci fuori se ci azzardavamo a fumare di nascosto, come lui del resto, che la nuova legge del '72 lo vietava, o se i commenti e il tifo che scatenavamo per certe pellicole superavano il muro dei 100 decibel. Merenda obbediva ciecamente agli ordini del Marini, tanto che lo fece cadere definitivamente in disgrazia presso gli ambienti culturali con la C maiuscola. Infatti proiettò il trailer di un pesante film porno del venerdì sera prima dell'inizio del cineforum dell'8 marzo, in un cinema pieno di femministe, insegnanti e studenti minorenni scatenando una bolgia infernale. Inutilmente il Marini per salvarsi e scusarsi additò Merenda come artefice del misfatto cercando pure di strozzarlo sul posto che glielo levarono di mano Mario e Fausto. Non ci fu niente da fare, i cineforum con quei bei dibattiti a seguire da cui cercavano inutilmente di scappare gli studenti e si accapigliavano ferocemente i professori del Liceo Classico contro quelli dell'Istituto Minerario terminarono per inaffidabilità della sala.

Non venendo tutti i mali per nuocere approfittammo della disgrazia per imporre al Marini anche altri film oltre quelli con Alvaro Vitali ed Edwige Fenech.

E per un po' funzionò tanto che la proiezione di "Woodstock" fu accompagnata in sala da schitarrate e canne manco fossimo anche noi lì al festival, e per il film "la classe operaia va in paradiso" la platea insorse insieme a Gianmaria Volonté quando indice uno sciopero selvaggio ululando tutti insieme "più soldi e meno lavoro!" che manca poco parte un corteo. "Il laureato" invece non suscitò clamori o rabbia come "Qualcuno volò sul nido del cuculo" ma mise molti di noi davanti allo specchio di un futuro prossimo. Non era tutto facile e indolore come era sembrato all'inizio. Come faceva notare Stella preconizzando tempi difficili iniziavano a cadere come mosche gli eroi rock che avevano cambiato il mondo, e tutti prima dei trent'anni: Brian Jones, Jimy Hendrix, Janis Joplin, Jim Morrison. Le Black Panther americane venivano sterminate, Che Guevara era stato assassinato in Bolivia e in Italia per fermare l'impetuosa piena del movimento studentesco e operaio scoppiavano le bombe facendo strage alla Banca Nazionale dell'Agricoltura a Milano e l'anarchico Pinelli veniva fatto volare dal quarto piano della Questura in via Fatebenefratelli.

Come non ci mancasse altro si facevano sempre più forti le voci di un golpe militare a imitazione di quello greco.

Vagavo spesso con il motocross nei paesi vicini tagliando dai campi e dai viottoli che attraversavano la macchia. Se mi bastava la miscela raggiungevo Roccatederighi dopo aver scollinato da Prata raggiunto il bivio del Gabellino e presa la strada di Meleta. Era bellissimo vedere boschi e colline intonsi, solo qualche vecchio podere qua e là, e in lontananza le torrette delle miniere o gli scarichi dello sterile che sembravano tante fette di panettone ferroso. Raggiunta la Rocca poi dalla sommità delle sue rocce si intuiva tutto il vecchio cono vulcanico che aveva sparato i massi sin lassù. E la vista spaziava su tutta la Maremma, dall'Elba all'Argentario, la piana di Grosseto e lontano la montagna sacra, il vecchio vulcano ricco di cinabro, il Monte Amiata. Mi perdevo per ore spettinato dal vento, studiando i cambi della luce, sforzandomi di vedere cosa ci fosse oltre il mare oltre la curvatura dell'orizzonte.

In autunno durante i miei giri dovevo stare attento nei giorni in cui era aperta la caccia al cinghiale perché decine e decine di cacciatori circondavano una zona, mettevano una fitta rete di poste con i tiratori e gli spingevano contro i cinghiali terrorizzati dai cani sguinzagliati e dai battitori che sparavano in aria e ululavano come fossero indemoniati o scannati. "Aurli" chiamavano questo momento-rito della cacciata. Sapevo di persone che avevano fatto gli aurli tutta la vita, senza mai cambiare ruolo. Li immaginavo un po' come quei licantropi dei racconti paurosi di nonna Pia.

Chissà che aurli anche in casa con moglie e figli, forse non riuscivano più a parlare a bassa voce. Del resto una sera sul tardi mi ero imbattuto in un loro falò con la divisione dei pezzi degli animali abbattuti tra tutti i componenti della cacciata, ed avevo assistito affascinato allo sfregamento di un pezzo sanguinolento sulla faccia di un ragazzotto. Era la prima volta che partecipava alla cacciata, era il suo battesimo nella squadra. La squadra della Niccioleta si chiamava "stella rossa", quella di Prata "la rischiatutto", quella di Tatti "la maffia", tutte in feroce competizione per arrivare prime nella classifica dei capi abbattuti. Ma più che morivano e più che ne nascevano, sembravano immortali i cinghiali. E più di una volta avevano caricato furibondi, andando dritti a troncamacchioni, facendo scappare i cacciatori di città ospiti delle squadre a gambe levate o persino su per un albero. Per il divertimento malevolo degli indigeni. Una sola cosa turbava veramente quest'ultimi: i cani sbudellati dai cinghiali quando rompevano l'accerchiamento. Se il cane se la cavava tutto ricucito si poteva assistere allo spettacolo di omaccioni enormi e brutali diventati delicati e amorevoli, commossi per lo scampato pericolo. Ma se disgraziatamente il cane troppo ardimentoso moriva per lo conseguenze di una musata del cinghiale, scendeva un lutto drammatico, manco fosse morto un parente stretto. Un buon cane da cinghiale valeva una fortuna e ci volevano anni per addestrarlo alla perfezione. Alcuni in cuor loro avrebbero preferito perdere "l'Austria", il nemico, ovverosia la moglie nel gergo comune.

Una notte d'agosto organizzai un ritrovo con un passaparola al mio podere, arrivarono tutti e ci mettemmo a bere e fumare fuori, al buio sotto un tappeto di stelle immenso. Eravamo in uno stato di grazia e le nostre parole ci avvolgevano e legavano l'uno all'altro, parlavamo di cambiare per sempre la nostra vita, di metter su una comune, di dividere entrate e spese, viaggi e fatiche, sogni e amori. A un certo punto Eros si lasciò scappare un grido e tutti noi ammutolimmo. Una stella cadente immensa aveva solcato la volta celeste e la sua scia si era spenta solo dopo un tempo che ci parve infinito. Mentre fioccavano i commenti ed Eros parlava del buon auspicio rappresentato da quella stella eccezionale, a me corse un brivido freddo lungo la schiena. Pensai che eravamo noi quella scia luminosa bellissima, destinati a durare ben poco. Eros aveva dieci anni più di noi e ci faceva da fratello maggiore, da teorico dell'amore grande, da sognatore che si era licenziato dalla fabbrica per seguire il suo nuovo amore in una compagnia teatrale. Era ritornato dopo sei mesi sedotto e abbandonato, con la cinquecento dal tetto apribile tutta ammaccata, maledicendo il mondo dell'arte e l'attore che gli aveva rubato il suo amore e che lui peraltro aveva fatto volare dal palco in platea tra gli applausi scroscianti del pubblico e le urla disperate della sua bella.

Eros era stato riacchiappato dall'uccellaccio del lavoro, sempre immaginando di liberarsene, di vederlo svolazzare via come ci precisava. Ma solo diversi anni dopo un infarto lo liberò per sempre.

Progettavamo di partire d'estate con l'autostop per l'India come già avevano fatto Mario e alcuni nostri amici più grandi di cui si rincorrevano notizie confuse e racconti fantastici. Magari si finiva in Europa con l'Interrail, l'importante era comunque viaggiare e poi andare, capire cosa c'era fuori nel mondo, vedere, lasciarsi coinvolgere. Mi ero già innamorato di quel verso di Paul Valéry "si alza il vento, bisogna tentare di vivere". La nostra rivoluzione voleva viaggiare e scoprire. Mario barba lunga era diventato un vero nomade arrivando in autostop con Stella fino ad Amsterdam e ci aveva raccontato di una città libera, del Vondelpark dove si poteva fare le canne liberamente, e di ragazzi che si lanciavano giocando uno strano disco di plastica. Aveva riportato con sé dei fogli di carta assorbente maculati. Abbiamo passato un autunno intero con quei trip, visto i più bei colori della nostra vita. Ci calavamo un acido e prendevamo a passeggiare tra il corso principale e la piazza fermandoci a guardare le persone, il loro modo di vestirsi e atteggiarsi, i discorsi che facevano guardando le vetrine dei negozi, e ci erano assolutamente visibili nella loro vera natura, trasparenti quasi. Esplodevamo in risate selvagge di fronte a queste rivelazioni: il nostro coetaneo che aveva il volto affilato e lupino mentre senza farsi accorgere dalla fidanzatina rimirava il culo di una ragazzetta. Il droghiere laido che pareva un gigantesco porco mentre affettava salumi sognando di macellare le vecchiette incontentabili che gli chiedevano due fettine di tutto previo assaggio, le facce distorte dei mezzibusti televisivi con il loro parlare da serpenti, falsi come monete di cuoio, imbonitori di un sistema marcio da abbattere. Ascoltavamo le musiche della West Coast improvvisandoci prima che si cominciasse a parlare di indiani metropolitani, Apaches, forse immaginandone la stessa fine. Un mondo colorato ma con le certezze in bianco e nero; di qua la nostra tribù di là i visi pallidi.

Aveva sparso la voce Fausto: "troviamoci in Poggio sotto gli alberini vicini al monumento dei martiri di Niccioleta". Lui aveva portato la chitarra, Mario il sax, io il flauto, Marcello i bongos, Cesare l'armonica e piano piano mentre il sole accennava a tramontare dietro l'isola d'Elba si erano aggiunte Stella e Anna, Alessio, Eros e un gruppo di follonichesi, Elena, Gigi, Aldino, Brio. La musica era salita sempre più alta e intensa mentre il sole scendeva, con le prime tenebre illuminate dai nostri sorrisi e poi rischiarate dagli accendini che riscaldavano dello zero zero marocchino portato da Alessio. Il buio alla fine ci aveva avvolto, ma nessuno aveva voglia di andarsene. Era un momento magico, irripetibile, una sospensione dalla realtà che incombeva là fuori a trenta metri dal parco. Alcuni si erano cominciati a baciare, tutti stavano vicini come se avessero paura di perdersi, come se sapessero che di lì a poco si sarebbero persi, che alcuni non sarebbero riusciti a raccontarla, che altri non l'avrebbero comunque raccontata, che l'eroina era dietro l'angolo e li avrebbe falciati come il fieno nei prati. Come in quel sogno che avevo fatto da ragazzetto, la morte con la falce che si aggirava intorno a Mucini vestita interamente di bianco.

Fausto una sera ci raggiunse in piazza contento: aveva trovato da fare il d. j. in una mini discoteca annessa a un bar e se la serata fosse andata bene il padrone lo avrebbe riconfermato. Fausto il basettone era sempre così sicuro di sé, qualunque cosa facesse pareva annunciasse il trionfo del proletariato, ma era sicuramente carismatico e lo seguivamo ad occhi chiusi. Andammo in massa alla sua inaugurazione ma non potemmo resistere di fronte a tanto ben di Dio di attrezzatura.

Cominciammo a fargli mettere i nostri dischi di rock duro e free jazz, Deep Purple e Ornette Coleman, e come se non mancasse altro Fausto cominciò in maniera dadaista a leggerci sopra i pensieri di Mao. Non finimmo neppure la serata, il padrone infuriato ci buttò tutti fuori non prima però che Cesare si imboscasse un paio di bottiglie di cognac.

Le canzoni che raccontavano le lotte più eclatanti passavano di bocca in bocca, di corteo in corteo facendo il giro d'Italia ancor prima di essere incise. Erano il nostro programma di lotta e grido di battaglia, coro d'allegria e di rabbia, ci davano coraggio nei momenti peggiori. Tante di quelle strofe erano composte da Alfredo Bandelli, licenziato dalla Piaggio perché un giorno si era presentato al lavoro con una grossa sveglia legata al collo per protesta contro i ritmi alla catena di montaggio.

Passavamo pomeriggi a inventarci qualcosa che disturbasse i ben pensanti. Durante lo struscio in su e giù per il corso principale Mario capelli gonfi e lunghissimi alla Re Sole fingeva di levarsi inesistenti pidocchi. Fausto con i basettoni faceva cadere apposta il sigaro in terra per rimetterselo in bocca schifando gli spettatori. Cesare attaccava poesie della Beat Generation ovunque, anche sui muri della vicina caserma dei carabinieri facendoli imbufalire. Anna girava con dei gonnelloni a fiori zingareschi, Stella non si separava mai da una chitarra che spesso passava di mano in mano. Poi ci arroccavamo sulla scalinata del duomo per osservare dall'alto quello che avevo ribattezzato "spettacolo dell'umanità": la piazza, i massetani, la caserma dei cc, applaudendo l'appuntato Salvadore che ripartiva a fine turno con una vespa che riusciva regolarmente a far spegnere appena innestava la marcia. Cesare con il foglio rosa andava in giro da solo come se avesse avuto la patente, bruciava le tappe neanche avesse saputo di avere di fronte a sé un anno scarso di vita. Un giorno in un angolo della piazza trovò quattro fascisti venuti da Grosseto, erano appena arrivati, volantinavano cauti sotto lo sguardo vigile di un carabiniere in borghese. Lamentavano il fatto che la loro bacheca era stata distrutta dopo pochi giorni dalla installazione sotto gli archi. Alessio l'aveva sbarbata una sera e fatta a pezzi col suo martello. Al suo posto era comparso un foglio con un messaggio chiaro: "Piazzale Loreto!". Cesare, che pure normalmente era di una calma quasi zen e si muoveva come un bradipo, realizzato di avere in mano un volantino del MSI fece un salto strappando al tipo il pacco di mano urlando: "ci sono i fascisti!!!" con voce altissima, tanto alta che tutti noi dal bar, dalle case vicine, dalla piazza, ci mettemmo a correre nella sua direzione col cuore in gola. I fasci si presero una paura mortale, scappando in auto sotto una grandinata di calci, insulti e monetine, nonché il lunotto posteriore sfondato da una martellata di Alessio e i vecchi del Partito per una volta almeno non ci guardarono con sospetto ma sorrisero soddisfatti.

Avevamo fatto lega con ragazzi come noi dei paesi vicini, spesso facevamo riunioni congiunte a Grosseto in via dell'Unione o a Roccatederighi in un garage scavato nella roccia, vicino al monumento a Francisco Ferrer, smontato dai fascisti e riposizionato all'arrivo dei partigiani. I compagni della Rocca erano tanti e ci spiegavano che a Sassofortino molti li odiavano, famiglie che non si parlavano da decenni, su fronti contrapposti dopo una sparatoria che aveva visto cadere dei giovani miliziani fascisti del Sasso negli ultimi giorni di guerra. E poi ci raccontavano del campo di prigionia per ebrei affittato dai repubblichini alla curia vescovile. La chiesa glissava sul fatto, ma era noto che anche nel dopo guerra avesse protestato perché la Repubblica non aveva voluto onorare la morosità lasciata dai fascisti. Discutevamo dei rispettivi progressi e successi nelle scuole e nella società, dividevamo le copie del giornale, pacchi di volantini per mobilitazioni studentesche, libri, persino dischi del Canzoniere pisano. Andavamo insieme ad attaccare manifesti, organizzavamo picchetti durante gli scioperi improvvisi al Casone di Scarlino e riuscimmo tutti insieme ad organizzare un corteo provinciale a Niccioleta contro il governo Andreotti e il fermo di polizia che meditava di introdurre per i manifestanti. Il PCI non aveva aderito "per non mischiarsi con gli estremisti" e all'inizio eravamo un centinaio con tante bandiere, una macchina con i megafoni e i nostri cori. Niccioleta ci guardava perplessa ma non ostile, poi a un certo punto Fausto aveva giocato la carta vincente impossessandosi di un megafono e urlando col suo tono poderoso: "missini - assassini, fascisti- assassini, missini - assassini!" Le finestre si erano popolate di colpo, poi erano scesi giù e ci avevano raggiunto urlando più di noi con gli occhi lustri o iniettati di una rabbia e di un dolore inalterati. Ci eravamo sentiti leggeri in grado di volare come le nostre bandiere sotto la tramontana.

Il gran giorno della riunione degli studenti e professori al cinema Mazzini per discutere dei nuovi decreti delegati per riformare la scuola senza aspettare che i moderatori gli dessero la parola Fausto era balzato sul palco seguito e spalleggiato da tutto il nostro collettivo e si era impossessato del microfono. Aveva proposto il boicottaggio delle votazioni, solo le lotte e l'assemblea degli studenti potevano decidere, delegare era come votare alle elezioni; una truffa. Nel mormorio sgomento di una parte e applausi con urla di approvazione di un'altra aveva tuonato per l'ultima volta: "se iniziamo a delegare, a ripiegare, ad accettare compromessi, il nostro movimento è finito, il movimento può vivere e avanzare solo in uno stato di perenne rivoluzione, perché se si adagia inizia a scavarsi la fossa, china la testa, accetta le regole di un gioco truccato dove non può vincere, dove tutti, dalla reazione più bieca al PCI vogliono solo ritagliarsi degli spazi di manovra, governare l'esistente con il loro potere odioso, ipocrita, brutto. Fino a farci rientrare nell'alveo del fiume della normalità piccolo borghese, fino a farvi pensare che tutto quello che abbiamo fatto finora era una ragazzata, un eccesso, un colpo di testa e una pazzia. Come pazzi per loro sono gli operai terroni di Mirafiori, le femministe in rivolta, i carcerati e i soldati che cercano la libertà. No! Mille volte no! Pazzi, pazzi di potere e ebbri di ordine sono sbirri politicanti e preti, vi vogliono come le banane Chiquita, 10 e lode, solo uno su dieci. Uno su dieci di voi, gli altri nove per loro sono solo carne da macello della storia! Rovesciamolo questo tavolo, smascheriamo questa farsa. È la lotta e non il voto che decide, abbandoniamo le illusioni! Prendiamoci le scuole e le strade! Usciamo fuori!" E dopo aver lanciato il microfono lontano si era avviato a pugno chiuso verso l'uscita seguito via via da alcune dozzine di ragazzi e ragazze con i volti tesi e i pugni stretti. Cani sciolti, cani arrabbiati con la vista lunga e la voglia di combattere. Non contavano le possibilità di riuscita, contava la lotta, il sentirsi vivi.

Era la risposta a una dichiarazione di guerra dello Stato, quella delle bombe del 12 dicembre.

"Mezzanotte è passata da poco, ma è difficile dormire bene dopo una giornata come quella del 15 dicembre 1969, dopo i funerali delle vittime della banca dell'agricoltura. Come se tutta quell'angoscia fosse entrata nelle ossa insieme ad una nebbia mai vista, che rendeva bassissimo il cielo e nero il mezzogiorno… Arriva invece una telefonata :- sei già a letto? Non importa, tra cinque minuti davanti al tuo cancello, un uomo si è buttato da una finestra della questura, non farci aspettare, andiamo a dare un'occhiata. - sono due amici con i quali ho corso in questi giorni, Corrado Stajano e Giampaolo Pansa… Alla destra della poltrona del questore c'è la bandiera, alla sua sinistra stanno schierati gli altri funzionari, il capo dell'ufficio politico Antonino Allegra, il commissario Luigi Calabresi con uno dei suoi pullover di cachemire chiaro dal collo alto che fanno di lui,

se non l'uomo più elegante, almeno il più moderno della questura. Una scena che non dimenticherò mai, un salotto in cui mancava appena che venisse offerto un bicchiere di whisky, un tono leggero e mondano, appena incrinato da un'altra presenza: da quel tenente dei carabinieri in uniforme che stando un po' in disparte ogni tanto se ne andava su e giù sullo sfondo, ed era il tenente Savino Lo Grano, l'unico a parere di alcuni di noi, inquieto e turbato. Il questore Guida non l'avevo mai visto, né ancora sapevo che nel 1942 aveva diretto il confino politico di Ventotene, il dottor Allegra lo avevo conosciuto ad una conferenza stampa il 26 aprile dopo gli attentati alla fiera ed alla stazione, secondo lui, attentati quasi sicuramente di matrice anarchica. Di Calabresi avevo scritto sulla mia agenda quello che mi aveva suggerito un amico, cioè intellettuale (quello che leggeva, che stava al corrente). Che non fosse un intellettuale me ne ero accorta un paio di mesi prima. Per ben due volte in settembre durante uno sciopero della fame fatto davanti al palazzo di giustizia in solidarietà agli anarchici arrestati, sui dimostranti avevo visto abbattersi gruppetti di funzionari della questura, a strappare i cartelli, a minacciarli e infine a malmenarli con durezza. E il più ginnasticato ed elastico di tutti il bruno Calabresi... Parla con calma il Calabresi, con ponderazione, nessuno lo direbbe il funzionario che un'ora prima, quando Licia Pinelli gli aveva telefonato per chiedergli se era vero che suo marito era caduto dalla finestra, e perché non l'avesse avvisata, non aveva trovato altro da dire – ma, sa, signora, abbiamo molto da fare - Sui giornali del mattino compare la versione della questura, nell'ultimo interrogatorio il dottor Calabresi gli aveva rivolto contestazioni piuttosto precise e Pinelli era sbiancato in volto, allora il commissario se ne era andato a riferire ad Allegra e nonostante i cinque uomini presenti nella piccola stanza il Pinelli aveva spiccato un balzo felino buttandosi nel vuoto... Secondo le prime notizie ufficiali, che resteranno tali per molti mesi, Calabresi dice a Pinelli - inutile che tu continui a negare, il tuo amico Valpre-

da ha già confessato- il Pinelli allora sbianca in volto e grida - allora è la fine dell'anarchia! - quindi il balzo felino... Gli hanno fatto il funerale il giorno 20 dicembre, c'erano i vecchi anarchici, i soliti ragazzi delle manifestazioni, tutti i giovani professori e studenti che davano da battere a macchina le loro tesi alla signora Licia, e un bel po' di quanti non conoscevano il Pinelli ma non hanno creduto al questore. Bandiere rosse e nere nella nebbia, la polizia che fa sciogliere il corteo, i compagni del morto che davanti alla fossa cantano l'Internazionale e Addio Lugano bella, i poliziotti tutti in gruppo, e vestiti di scuro, al di là di una fila di croci... Un'altra volta dunque gli anarchici funzionano da capro espiatorio: si prende Valpreda e Pinelli muore. Chi ha messo le bombe sa come è morto Pinelli e perché. Pinelli è volato dalla finestra, perché quella sera lì serviva un morto, dato che le bombe erano due, una l'aveva messa il Valpreda ma l'altra alla Commerciale? Pinelli serviva come l'accusatore di Valpreda e non sarebbe finito così se si fosse prestato a calunniarlo. O se no serviva come suicida per dare credibilità alla tesi che a mettere le bombe fossero stati proprio gli anarchici. Pinelli è infine un simbolo che va al di là del suo tremendo destino. È la prova che la giustizia non è uguale per tutti: da una parte lo Stato con i suoi baluardi da difendere, dall'altra un cittadino senza diritti, ed è proprio per questo che, per la prima volta nel dopoguerra, il suo caso ha mosso in modo così massiccio una così larga schiera di opinione pubblica. I baluardi dello stato non si toccano, la magistratura non si discute, la polizia è al di sopra di ogni sospetto, va coperta, va giustificata".

Nel 1975 il giudice Gerardo D'Ambrosio concluse il processo sulla morte di Giuseppe Pinelli con la tesi del malore attivo. In pratica l'anarchico si sentì male, ma invece di accasciarsi al suolo, ebbe una convulsione improvvisa che lo portò a scavalcare la ringhiera posta a protezione della finestra.

Camilla Cederna scrisse allora un nuovo libro, "Sparare a vista. Come il regime DC gestisce l'ordine pubblico".

Cesare aveva preso il treno ed aveva fatto un giro al mercatino americano di Livorno, poi aveva raggiunto Pisa per una manifestazione antifascista. Voleva fare qualche foto con la Yashica usata che avevamo comprato insieme pochi giorni prima, forse ricordava le mie raccomandazioni su come fare delle belle foto da esporre in sede, anche se capivo che con l'obbiettivo 50mm fisso non fosse facile. Cesare ci provò anche quando scoppiarono degli scontri per una carica improvvisa dei celerini che vollero disperdere il corteo. Rimase calmo a fotografare mentre quasi tutti scappavano. Poi prese un candelotto lacrimogeno in pieno petto. Aveva fatto delle belle foto. Le esponemmo in seguito insieme al suo ritratto. Sulla sua bara che portammo a spalla la bandiera rossa col pugno nero.

Fausto aveva calato nella fossa un biglietto con scritto *"Se tardi a trovarmi, insisti. Se non ci sono in nessun posto, cerca in un altro, perché io sono seduto da qualche parte, ad aspettare te".* Eravamo rimasti a lungo abbracciati, increduli. Ricordo un dolore sordo, costante, un sottofondo a cui avrei fatto l'abitudine col tempo ma che non sarebbe mai scomparso. Quel giorno lo giurai a me stesso, non finisce qui.

Si cresce in fretta tra sogni e risvegli brutali. Certe ferite sanguinano ma non si smette di correre, non è ancora tempo di cicatrici e consuntivi. Oltre tutto se ci muoviamo rapidi non veniamo neppure nelle foto.

Potevamo stare ore senza dirci niente, magari ascoltando gli ultimi dischi rimediati al mercato. Oppure incartarci in discussioni su cosa fare dopo il diploma, che città e università scegliere, che paese visitare d'estate con l'autostop.

Altre volte prendevamo in moto giù per la montagna urlando che folleggiavamo verso il nirvana, che non è avessimo capito bene cosa fosse questo nirvana ma la parola ci piaceva, e quando era piovuto con le gomme tassellate era facile cadere e scivolare anche per venti metri ma evidentemente esisteva uno spirito guida per i folli. Non conoscevamo la prudenza, un pomeriggio che nevicò di brutto salimmo in due sul motocross mettendoci a sbandare e ridere, finché Cesare in discesa mise la terza e dette gas urlando: "si volaaa!!!" E si volò veramente dentro una cunetta piena di neve come nelle comiche di Stanlio e Ollio, che se avessimo provato altre cento volte saremmo finiti a pezzi. Macché, niente, infarinati come da una valanga, ebbri di paura, sollievo, stupore e felicità. Ubriachi di vita tanto che la morte quel giorno si girò dall'altra parte.

L'idea fu di Marcello. "Domani sono tre anni che è morto Kerouac, perché invece di andare a scuola non facciamo sala e andiamo a ricordarlo in Poggio, che sono ancora splendide giornate, portiamo un po' di musica e leggiamo i suoi libri, che ne dite?" Mentre ci parlava si tormentava la barba da capretta che gli era cresciuta, e stringeva spesso gli occhi, sintomi che si presentavano regolarmente ogni volta che prendeva la parola per proporci qualcosa invece di aderire semplicemente ai nostri programmi. "Mi pare una bellissima idea" dissi di slancio, "sì, è buona", annuì Fausto, "vengo con la chitarra" aggiunse Stella "bella storia" chiuse Anna. L'appuntamento era alle 8,30 vicino al monumento per i minatori massacrati a Niccioleta, un blocco di marmo bianco dove delle figure protendono le braccia verso il cielo e reggono un'armatura da miniera, guardando dall'alto il paese e sullo sfondo il Golfo di Follonica, l'Elba, la Corsica, Montecristo. Incontrammo diversi studenti che avevano avuto la nostra idea, ma senza pretese commemorative questi se ne andavano a giocare a carte e biliardino nella vicina Lucciola, il bar dancing ritrovo di generazioni di studenti, giovani, luogo di feste, di serate da ballo con la scazzottata di mezzanotte lanciata dal grido: "ci rubano le donne!" Più una rumorosa sceneggiata di una vera rissa, d'altra parte nulla impedì un sacco di matrimoni "misti" tra ragazzi e ragazze di vari paesi, molto gettonati tra le massetane i piombinesi, che si presentavano bene, con Fiat 850 sport Abarth, Ducati 350 Scrambler e petti aperti a gennaio con catene d'oro e occhiali da sole anche di notte. Pottaioni, tamarri ante litteram.

Alle 9 capimmo che Fausto non sarebbe venuto, lui così preciso in genere, per cui ci sdraiammo al sole con la cassetta doppia live di CSN&Y, un pacchetto di Camel senza filtro, e libri di Jack, ovvero Big Sur, I Sotterranei, Sulla Strada. Fu una mattinata tiepida e luminosa, Montecristo si stagliava netto sul mare e vicino quasi come se fosse a portata di mano, un vero regalo che ottobre ci fece per prepararci meglio all'inverno che sarebbe arrivato, lungo, freddo e pieno di problemi nuovi.

Andammo a casa con l'animo più leggero, innocue anche le poche nuvole che correvano come i nostri pensieri, solo una punta di curiosità, capire che fine avesse fatto Fausto. Il pomeriggio eravamo seduti come al solito in gruppo in cima alla scalinata del duomo per meglio dominare la piazza e vedere gli amici che arrivavano o passavano, e finalmente lui ci raggiunse, in mano stringeva un foglio protocollo, una brutta copia. Non facemmo in tempo a chiedergli nulla, si fermò davanti a noi e col suo fare deciso e un po' teatrale aprì il foglio e cominciò a leggere. "Tema d'italiano. Analizza e descrivi a modo tuo i personaggi principali dei Promessi Sposi. Svolgimento: Non seguirò il tema proposto. Oggi è il 21 ottobre e come hanno fatto alcuni miei amici fraterni voglio ricordare il terzo anniversario della morte di uno scrittore che ha dato una svolta alla nostra esistenza, facendoci battere il cuore, facendoci sognare, facendoci passare notti insonni a pensare che è giunto anche per noi il momento di andare, partire, vivere l'avventura della vita sulla strada. Sulla strada, dove l'umanità non può fingere, dove riconoscere i volti dei nostri fratelli, sotto qualunque latitudine e cielo stellato. Il suo nome è Jack

Kerouac". Continuò per altre due pagine, le sue emozioni erano le nostre, ci rispecchiavamo in quello che aveva scritto. Alla fine ruppe il silenzio Marcello: "è bello, davvero, ma per non perdere il compito in classe mi sa che adesso ti becchi un 4 per essere andato fuori tema, magari la prof non lo conosce neppure Kerouac". Fausto scosse la testa, "non ha importanza, ho seguito l'istinto, almeno saprà perché lo abbiamo ricordato mentre loro insistono con il Manzoni". Il giorno dopo la notizia si diffuse rapida come la tramontana che si era alzata. La professoressa aveva riportato i compiti d'italiano, aveva lasciato per ultimo quello di Fausto, e alla fine lo aveva chiamato alla cattedra. "Bene, adesso prendi il tuo compito e lo leggi ai tuoi compagni, a voce alta". Alla fine nel silenzio carico di tensione che si era creato aveva sorriso, ripreso il compito e vergato un 9. "Bravo, hai dimostrato coraggio e che certe volte si può seguire il cuore e non la regola, si può avere l'autonomia, la maturità e l'incoscienza felice di farlo, senza paura delle conseguenze e scrivendo in modo eccellente".

Bulle storse se possibile ancora di più gli occhi. "O che roba è maremma zoppa! Ma davvero ti garba?" Avevo provato a leggergli Urlo di Allen Ginsberg e finché gli avevo spiegato che il messaggio era: *"allargare l'area della coscienza"* mi aveva seguito, ma quando avevo letto le prime strofe aveva cominciato a dare segni d'impazienza agitando le castagne che stava preparando nel bidone con la brace per poi cercare di venderle ai rari massetani infreddoliti che passavano rasenti ai muri nella piazza. *"Ho visto le migliori menti della mia generazione distrutte dalla pazzia, affamate, nude isteriche trascinarsi per strade di negri all'alba in cerca di droga rabbiosa, hipster dal capo d'angelo ardenti per l'antico contatto celeste con la dinamo stellata nel macchinario della notte,che in miseria e stracci e occhi infossati stavano su, partiti a fumare nel buio soprannaturale di soffitte a acqua fluttuando nelle cime delle città, contemplando jazz che mostravano il cervello al Cielo sotto la Ele-*

vated e vedevano angeli Maomettani illuminati barcollanti su tetti di casermette che si accucciavano in mutande in stanze non sbarbate bruciando denaro nella spazzatura ascoltando il Terrore attraverso il muro... " "Maremma impestata, ma questo aveva bevuto più di me! Non c'è metrica, non c'è logica, o forse son io che so' vecchio e un capisco più nulla, che ne dici strullarello, eh?!" Non gli replicavo, gli sorridevo, pensando che l'America della beat generation era davvero oltre quello che potesse concepire. Mi offrì comunque un cartoccio di castagne calde. "Senti questa invece: chi siamo noi? Lo sai? No che non lo sai! Siamo terracquei, ecco cosa siamo!" Passò un minuto. "Vediamo se hai imparato la metafora, chi siamo noi strullarello? Bulle, siamo terracquei! No! lo sapevo che ci saresti cascato, siamo quelli che siamo!" E qui rideva e raccontava il suo programma politico esistenziale: "eine! Dichiarare guerra a Europa! Zwei! Dare balta al capannone (il duomo)!" Dopo di che beveva soddisfatto un gotto di vino dal fiasco imboscato nel sacco delle castagne da cuocere.

Eros ricciolo biondo era l'unico di tutti noi che avesse una certa educazione cristiana. Ci raccontava sempre che era riuscito ad entrare al lavoro al Casone di Scarlino grazie alla raccomandazione del Vescovo Ablondi, quello che era seguito al "viva e riviva la banda di Larderello", un personaggio impegnato a fianco dei lavoratori, un tipo originale che una mattina trovai dal tabacchino intento ad osservare le prime riviste di donne nude commentando divertito dopo un sospiro, "eh, questi giovani!" Aveva fatto scandalo il licenziarsi di Eros perché aveva lasciato un lavoro sicuro per fuggire con una attrice dopo aver partecipato come comparsa alla rappresentazione teatrale "la vita è sogno". Dopo sei mesi di vagabondaggi artistici per l'Italia era ritornato da noi afflitto, senza più un lavoro, un soldo, con la cinquecento blu dal tetto apribile ammaccata, le scarpe da tennis e l'eterno impermeabile. Aveva ricominciato come manovale sempre intento ai suoi vecchi riti: sigaretta e amaro dopo pranzo, poi due ore in casa a studiare filosofia e numerazioni da autodidatta, e pomeriggio e sera in piazza con noi a discutere dell'impossibilità dell'amore perfetto e a imprecare che: "dopo il '68 tutti gli strullarelli hanno vinto un terno al lotto!" Quella sera tanto fece che ci convinse a seguirlo a una conferenza alla sala della Misericordia. "Vi garantisco che padre Balducci è un mio amico, non è un prete normale, sentirete che gnao aleggia nell'aria quando parla!" Io e Marcello ci scambiammo un'occhiata dubbiosa, la sala era piena di democristiani e pochi altri curiosi, appena entrammo ci accolse pure un brusio di sorpresa forse temevano un'azione di disturbo. Non ricordo il tema della conferenza, ma il tono. Ernesto Balducci era originario dell'Amiata, aveva due mani come due pale, la voce tonante e magnetica, raccontava dell'impegno della chiesa a fianco dei poveri, della sua rivista, "Testimonianze", del mondo in subbuglio. "Ero compagno di giochi di molti dei minatori amiatini fucilati a Niccioleta dai nazifascisti. Mi ero salvato dalla loro fine solamente perché i miei con grandi sacrifici mi avevano permesso di studiare e questo mi ha sempre provocato un senso di colpa. Per aiutare la mia famiglia il pomeriggio andavo a garzone di bottega da un fabbro di Santa Fiora, un omaccione burbero ma bravo, anarchico e bestemmiatore. Si raccomandava sempre con me, Ernesto, attento, nella vita qualunque cosa farai, non farti fregare dai preti! Qualche anno dopo entrai in seminario poi venni ordinato sacerdote. Erano gli anni in cui Don Milani scriveva 'Lettera a una professoressa' e 'L'obbedienza non è più una virtù'. Per quest'ultimo, per aver incitato all'obiezione di coscienza al servizio militare, venne denunciato. Allora insieme a molti altri firmai un appello di solidarietà e fummo denunciati anche noi. Eravamo avanti, precursori, è di questi mesi una legge sull'obiezione di coscienza, ci sono voluti parecchi anni.

Insomma a un certo punto si svolge il processo a tutti noi a Firenze, e fuori troviamo una piccola folla solidale a manifestare il suo appoggio. A un certo punto mi sento abbracciare forte e sollevare da terra. Mi volto e dopo tanti anni mi ritrovo davanti il vecchio fabbro che mi sorride e mi fa: bravo Ernesto! Lo sapevo che i preti non ti avrebbero fregato!" Eros si voltò gongolante verso di noi nel mentre che applaudivamo convinti. "Che vi avevo detto strullarelli di poca fede?!"

Anna una sera arrivò con un sorriso a luna piena davvero raro. Appena aprì bocca ci investì una zanfata di medicinale. "Ma che cazzo hai bevuto?!" Stella fece un salto all'indietro schifata. "Etere! Ho letto che l'usava Baudelaire, e funziona basta metterlo un po' nel fazzoletto e annusarlo bene ah ah ah ah ah". Effettivamente ci eravamo messi di buzzo buono a sperimentare percezioni alterate da quando dei ragazzi olandesi ci avevano portato e fatto conoscere l'hashish, provocando partite a pallone surreali e non ci eravamo fermati più. Anna che mi faceva il filo aveva raggiunto in autostop il Festival di Re Nudo a Erba e ci aveva raccontato di essersi calata un acido, ma tutto quello che ricordava, oltre colori fantastici e audio distorto, era un mantra che aveva recitato per ore: "la nave affonda e i marinai se ne sbattono le palle!"

Alessio era sempre fornito in abbondanza di ogni tipo di stupefacente rintracciabile e non. Cercammo di fargli una sorta di morale rivoluzionaria parlando del confine non superabile tra droghe leggere e pesanti, pena l'allontanamento dal collettivo. Ci rise in faccia. "Mi state dando del drogato? No, perché chi si fa di politica cosa è? In ogni caso non accetto processi staliniani" si limitò a commentare scrollando le spalle e andandosene. Non molto tempo dopo venimmo a sapere della sua convivenza con un trafficante brasiliano, viaggi dall'Olanda su auto imbottite nei doppifondi. Ma ogni tanto ci recapitava discrete somme di denaro e noi dopo lunghe discussioni le accettavamo per finanziare la rivoluzione.

Ridevamo ancora molto, che canne, musica e baci non ci difettavano.

Nella sede del collettivo composta da due stanze e un cesso si trovavano alla rinfusa tavoli e seggiole rimediate in discarica, un vecchio ciclostile manuale per fare i volantini, un megafono, alcune bandiere, rotoli e risme di carta, bombolette spray, pacchi di giornali e riviste ultrasinistre e qualche libro allineato su due mensole attaccate al muro. Alle pareti alcuni manifesti ritraevano i mostri sacri come Marx, Bakunin, un Mao coi capelli lunghi in stile freak della rivista underground Re Nudo, e sopra "il divano dell'amore" lo sguardo benevolo e il sorriso di Che Guevara. Uno sgangherato divano che aveva portato Cesare per ospitare teoricamente qualche compagno di passaggio si era guadagnato il titolo per esser stato utilizzato per più piacevoli serate e nottate specie quando il clima rigido sconsigliava di far l'amore in camporella. Certo, non è che ci fosse tutta una fila di aspiranti amatori anche se era evidente che qualche volta alcuni lo avevano utilizzato nelle ore morte da impegni politici, ma era importante la nomea e lo scherzarci sopra con leggerezza maremmana, tanto che specialmente Fausto non mancava di avvisare le compagne che lo puntavano per stare un po' più comode durante interminabili riunioni o assemblee di evitare di sedersi se non volevano rimanere "pregne seduta stante". Ben presto però Anna, Stella e le altre avevano ritenuto stupide e maschiliste le battute e si erano impossessate del divano e di un tavolino dichiarando una zona autonoma femminista e indicendo riunioni interdette ai maschi. Questo aveva attratto altre ragazze e cambiato la nomea della sede presso i massetani benpensanti a cui si addiceva a meraviglia la canzone di Claudio Lolli "borghesia" che Stella aveva insegnato a cantare a tutti noi persino nei cortei *"vecchia piccola borghesia per piccina che tu sia, non so dire se fai più rabbia, pena, schifo o malinconia. Sei contenta se un ladro muore o se si arresta una put-*

tana, se la parrocchia del sacro Cuore acquista una nuova campana. Sei soddisfatta dei danni altrui, ti tieni stretta i denari tuoi, assillata dal gran tormento che un giorno se li riprenda il vento... ". E così la sede del collettivo da luogo di orge comuniste era stata elevata a officina di aborti clandestini, tanto che fingendo di essere un improbabile turista in visita alle mura medioevali ci eravamo ritrovati più volte a imbatterci fuori dall'ingresso nell'appuntato dei carabinieri Salvadore in borghese e occhiali da sole.

Stella anche sulla scalinata del duomo non si separava mai dalla sua chitarra, ma se non era in vena di suonare Baez o Dylan, Guccini o Lolli, non mancava di lanciarsi nei temi più disparati con un certo filo logico rivoluzionario, tipo intrattenerci sulla grandezza della rivoluzione francese, di cui anche Anna era esperta e devota, e di Marat e Danton in particolare, o magnificarci "il Taccuino di un vecchio porco", oppure più semplicemente incitandoci a sterminare la borghesia locale. Che ci definiva "la banda dei cani arrabbiati" mentre per i nostri coetanei eravamo più semplicemente "gli apaches". Non ci pareva di essere strani. Strana per noi era la trascurabile maggioranza di persone vestite ammodino e benpensanti, le beghine che si ostinavano ad accendere i ceri in chiesa, i vigili urbani che pretendevano di darti del tu e poi multarti, i forestali che andavano a caccia di frodo in riserva facendo concorrenza sleale ai bracconieri del posto, quelli della polizia stradale che sgommavano con l'alfetta nuova in piazza per far colpo sulle ragazzette, i preti che con la scusa di portare il Vangelo insidiavano i ragazzini, per non parlare dei carabinieri che venivano alle nostre manifestazioni studentesche e si mettevano in fondo alla sala vestiti in borghese con gli occhiali da sole a scrivere nelle loro agendine nere rapporti per il capitano della compagnia, tanto che certe volte Fausto quando era in vena si rivolgeva a loro direttamente: "mi raccomando camerati carabinieri, scrivete che la manifestazione ha visto la partecipazione di un numero esiguo di noti estremisti di stampo maoista anarcoide e che è terminata alla sala Arci messa a disposizione dal PCI". Che noi tutto sommato gli volevamo bene ai caramba di paese questi poveracci niente affatto cattivi, ("falli esse' anche cattivi!" avrebbe detto nonno Santi) cafoni forse arruolati dopo la prova del mattone, ma armati però quindi potenzialmente pericolosi. Lo capì a sue spese Cespuglio, che era la concorrenza bionda di Fausto in quanto sciupa femmine, quando rimorchiò la figlia dell'appuntato Salvadore, una pasta d'uomo che nel caso specifico pinzato nell'onore più sacro massacrò a schiaffoni la figlia e minacciò di vuotare il caricatore della pistola in testa al latin lover. Che di lì a poco dallo spavento cominciò a perdere a ciocche i capelli fino a rimanere calvo del tutto. Il bello è che tutti lo continuarono a chiamare Cespuglio, che un soprannome è per sempre ti accompagna nella buona e cattiva sorte e persino nei manifesti mortuari paesani viene sempre riportato tra parentesi per far capire chi è il defunto.

Ci sono degli spartiacque nella vita di tutti noi. Il primo per me è stato quel concerto di Zappa, che storia! La sera prima andammo al cinema che davano "Il Laureato" e la mattina dopo siamo partiti per Roma con Fausto e Paco, il viaggio con la vecchia Fiat sempre assetata d'acqua, lo sfondamento al Palasport di quel gruppetto di compagni e Fausto che dalle gradinate gli urlava fortissimo "Attenti!" che erano inseguiti dai poliziotti. Poi il concerto, bellissimo, anche se alla fine ero morto di stanchezza, mi son buttato a dormire sulle gradinate, e Paco che mi diceva, "Marcello dormiresti anche se scoppiasse la rivoluzione!" Pensavo, sognavo tante cose, non avrei mai creduto che poi si sarebbero raffreddati i rapporti con tanti della nostra tribù. Il secondo momento, dolore puro, è stato quando hanno ammazzato Cesare a Pisa. Capire che potevamo morire così, a neppure vent'anni, è stato terribile. Non puoi credere di poter morire a quell'età, ti senti immortale, non è giusto. Il terzo, sempre a Roma, quando cacciammo Lama dall'università ed io mi presi una bastonata nella mischia. Per me fu l'inizio della fine, ci eravamo spinti troppo oltre, ce la fecero pagare, si sfasciò tutto e si persero tutti. Paco invece era contento, era al settimo cielo, come in un trip. Mi sa che da allora non è più atterrato, vola tra le sue nuvole.

Non ci saremmo persi. Avevamo sognato insieme, lottato insieme, rischiato insieme. Spesso ci eravamo persino innamorati insieme, non sempre senza conseguenze, ma poi aveva prevalso l'amicizia, il nostro essere una tribù, unita, forte. Ma lentamente il correre della vita ci aveva allontanati. All'inizio ci vedevamo ogni fine settimana, poi ogni due, poi più raramente, due o tre volte l'anno, disorientati di fronte ad altre persone, sguardi, silenzi. Mi sono voltato a un certo punto e ho realizzato che il paese si era svuotato, invecchiato, intristito. Diversi erano emigrati, altri come me sposati con figli, gli anni li misuravi con l'altezza di quest'ultimi. La sorpresa dolorosa di scoprirsi alla fine su fronti contrapposti, come quel primo maggio nel giardino di Alessio, quella sua battuta atroce sulla guerra in Kosovo: "e basta, ne muoiono di più sulle strade durante un weekend che nei bombardamenti NATO!" la sedia che gli scagliò Fausto, il parapiglia che per fortuna ci divisero Anna e Stella, e poi il non parlarne più, un po' come uno specchio su cui si mette un lenzuolo. Alla fine della fiera apprezzo di più Fausto, mi ha sempre preso in giro sin dai tempi del Portogallo ma con autoironia… "Paco, dai che abbiamo visto un bel mondo…" Sì, davvero un bel mondo e giuro che non lo cambierei nemmeno me ne dessero due nuovi in cambio.

Non riuscivamo più a stare dietro all'incalzare degli eventi, fratelli della stessa rabbia, degli stessi lutti, avevamo la messa a fuoco bloccata. Ricordo un sentimento cupo di rabbia quando degli anarchici spararono al medico del carcere che a Pisa aveva lasciato morire Franco in cella dopo che era stato massacrato di botte dai celerini perché protestava contro un comizio di fascisti. Fece scalpore il caso Serantini, persino in quegli anni di sangue, di mattanze. Un caso da manuale, degno di un bel libro di Stajano, di interpellanze. Se andate a Pisa troverete una targa che lo ricorda sul Lungarno Gambacorti e una biblioteca anarchica che porta il suo nome. Ma fu tutto inutile, tutti assolti e promossi, come già era accaduto a Milano per Pinelli. Giusto un giovane funzionario di polizia che aveva strappato Franco dalle mani degli agenti del suo stesso reparto si dimise disgustato.

"Testimonianza di Iascia, studente medio, Tirrenia: mi hanno preso verso le 8 di sera in via Mazzini. Mi sono saltati addosso in cinque o sei e mi hanno picchiato con i manganelli e con gli scarponi. Mi sono difeso come ho potuto, ma quando mi hanno caricato sul furgone non riuscivo nemmeno a muovermi. Sono stato portato nella caserma di PS. Dopo un po' di tempo sono cominciati ad arrivare molti altri. Verso le dieci ho visto entrare Franco insieme alla Morelli. Franco si reggeva appena in piedi; era pallido in volto ed aveva la giacca stracciata. Un'ora dopo circa mi hanno trascinato nel cortile e dopo avermi picchiato di nuovo mi hanno buttato in una vasca piena d'acqua. Uno mi ha tirato fuori che ero mezzo affogato. Poi mi hanno riportato dentro. Dopo l'interrogatorio, verso le 1.30 mi hanno rilasciato. L'ultima volta che ho visto Franco prima di uscire era sempre pallidissimo ed aveva gli occhi semichiusi. Sulla bara è stesa la bandiera anarchica, rossa e nera. I compagni la portano sulle spalle, sembra che l'accarezzino con la guancia. Il funerale di Franco Serantini, martedì 9 maggio 1972: un misto di sfacelo e di orgoglio, di tensione e di consapevolezza che ancora una volta è finita, per uno, forse per tutti. Ci sono i ragazzi delle manifestazioni, delle marce, dei sit-in, della protesta, con i giubbotti, i maglioni, i blue jeans, le barbe, i berretti cinesi, ci sono gli anarchici di tutta la

Toscana, alcuni, i più anziani, con i cravattoni neri, ci sono il sindaco, i deputati della sinistra, i sindacalisti, i comunisti, i socialisti. Una ragazza assorta, che cammina proprio davanti alla bara, tiene con le due mani un mazzo di gladioli rossi. I netturbini reggono la loro corona, un'altra corona la portano i ragazzi del riformatorio. La corona della giunta comunale è di calle bianche tenuta alta dai vigili urbani. I detenuti del Don Bosco hanno inviato delle margherite, dalla massa di teste spuntano cuscini di viole, di rose, di garofani. Quelli di Lotta Continua sono venuti da piazza S. Silvestro marciando in migliaia attraverso mezza città, con bandiere tutte uguali, dall'asta di legno chiaro, in corteo dietro un enorme striscione rosso, teso a pochi centimetri da terra: -Franco rivoluzionario anarchico assassinato dalla giustizia borghese-. Il funerale si muove dall'obitorio davanti all'orto botanico in via Roma. Serantini è rimasto molte ore nudo, il suo vestito era stato sequestrato per la perizia e lui non ne possedeva un altro. Poi è arrivato un compagno con una giacca, un paio di pantaloni ed una rosa rossa da mettergli sul petto. La città è partecipe, dolente, il popolo porta fiori, le donne sostituiscono la madre ignota e piangono il figlio di nessuno. Le saracinesche dei negozi sono abbassate, molti portoni sono chiusi. Seguono i funerali da vicino solo agenti e funzionari in borghese su macchine civili. Marciano nel corteo migliaia e migliaia di persone. Tra loro anche quelli che Franco salutava ogni giorno, su e giù per corso Italia e il Borgo Stretto e che ora si sono ricordati di quel ragazzo col motorino blu. Pianto da un'intera città come un eroe caduto, il funerale è l'unico dono che abbia avuto dagli uomini: quella di Serantini è anche la storia di un giovane che solo nella disperata morte realizza la sua personalità. Davanti al camposanto, un vecchio anarchico, Cafiero Cinti, dice poche parole commosse. È un ferroviere in pensione, Ardito del Popolo nel '21, licenziato dai fascisti nel '24. Si rivolge a Serantini con semplicità, come se ci fosse; 'Franco, siamo qui. Ti siamo sempre vicini, la tua lotta è stata la nostra lotta'. Poi intona l'Internazionale e tutti levano il pugno. Vicino alla fossa parlano un militante di Lotta Continua e un anarchico del gruppo Durruti di Firenze. La folla, poi, se ne va per i viali. Gli anarchici cantano piano una loro canzone; 'figli dell'officina, o figli della terra, già l'ora si avvicina, della più giusta guerra, la guerra proletaria, guerra senza frontiere, innalzeremo al vento, bandiere rosse e nere, avanti siam ribelli, fieri vendicator, sogniamo un mondo di fratelli, liberi dal lavor".

Pochi mesi prima l'editore Giangiacomo Feltrinelli era saltato in aria minando un traliccio dell'alta tensione alle porte di Milano. Convinto che un golpe di destra fosse imminente aveva fondato un gruppo chiamato GAP, gruppo d'azione partigiana. Il giornale "Potere Operaio" titolava sotto una grande foto di Feltrinelli, "un rivoluzionario è caduto". Le BR iniziavano le prime azioni di propaganda in fabbrica. Il 17 maggio1972 a Milano veniva ucciso il commissario Luigi Calabresi. Il sangue cominciò a scorrere a fiumi.

Mirto mi raccontava delle sue origini alsaziane, la sua era una delle poche famiglie di coloni sopravvissute tra quelle che il Granduca Leopoldo a fine '700 aveva fatto venire in Maremma per ripopolarla e colonizzarla. Effettivamente capelli biondi occhi azzurri e lentiggini coincidevano con la storia che raccontava. "Eh caro, erano duegento famiglie di coloni, ma dopo cent'anni erano rimaste tre quelle ancora presenti a Massa, la nostra i Krismer e gli Holzner di Robertino. Le altre erano state sterminate dalla malaria, hai voglia a essere robusti e lavoratori, ma all'epoca non c'erano cure, l'aspettativa di vita era trent'anni se andava bene, mica seghe ai paperi. Che ti devo dire, o ci si aveva la pellaccia dura o il sangue non era bono e alle zanzare un garbava, comunque sia siamo qui. Ah, poi ci sono i Kornik ma loro è tutta una cosa diversa, è la famiglia del tedesco che scappò in tempo di guerra. Lui era un paracadutista di Amburgo, veniva da una famiglia antifascista ma era stato richiamato in guerra e nel '44 fu destinato in Italia. Era su un aereo che sorvolava i nostri boschi quando d'istinto decise di disertare, di scappare. Riuscì a gettarsi mentre i suoi camerati gli sparavano dietro. Atterrò su nelle macchie del Poggione, te lo immagini? Dopo due giorni che vagava era già del gatto, senza viveri. Per fortuna incontrò una carbonaia, con marito, moglie e una figlia. Fu dura fargli capire che era scappato, che non voleva che mangiare e nascondersi, ma ce la fece, e loro erano brava gente, lo tennero per due mesi finché passò il fronte, gli dava una mano a fare il carbone. Nel frattempo però lui e la ragazza si erano innamorati, capirai, a vent'anni il sangue si riscalda alla svelta. Si sposarono, lui poi lavorò in miniera, ogni tanto lo chiamavano in Comune a tradurre i documenti che arrivavano dalla Germania per la ricerca dei dispersi. Ma lui a Amburgo non tornò mai, lo consideravano comunque un disertore, ci son tornate le su' figliole a conoscere le su' sorelle, poco tempo fa, e qui lo chiamano tutti il tedesco, il nome non se lo ricorda nessuno". Mirto non pareva affatto intaccato dal tempo, alto, magro, atletico, capace di arrampicarsi in cima ad un albero in pochi secondi come un gatto, andare in giro con lui a cercare funghi o a ripercorrere i sentieri che lo avevano visto partigiano era comunque un'avventura. In mezzo alla macchia più fitta era capace di trovare porcini, leccini, ordinali su cui magari avevo camminato, nel frattempo raccontava della sua infanzia nei boschi, la vita in miniera, l'epopea partigiana, il lavoro nel tardo dopoguerra al Casone di Scarlino, i turni di notte, gli scioperi, la sua testarda militanza comunista inattaccabile dai piccoli o grandi eventi storici che si erano susseguiti nei decenni. Era orgoglioso del suo cappello preso al direttore della miniera di Niccioleta, in un Combat Film girato da operatori dell'esercito americano si vedeva bene in primo piano avanzare con una colonna di partigiani su Massa Marittima dopo violenti combattimenti nella piana del

Cicalino. "Eh bimbo, (per lui si era bimbi sino a trent'anni e ragazzi fino a ottanta) il cappello mi è rimasto, invece la Luger che presi a un nazista la nascosi sotto un castagno per non consegnarla agli americani che poteva essere utile in quegli anni, e ogni tanto andavo, la dissotterravo, la oliavo e la rimettevo giù. Poi tempo fa sono stato qualche anno senza far funghi in quella zona, e quando ci tornai avevano tagliato il bosco anche lì, che è un posto che prima non ci saresti mai arrivato. Oh, insomma, non si capiva più dov'era finito l'albero della Luger, sicché da qualche parte è rimasta sepolta, si vede doveva finire così sotto terra come il suo ufficiale". Una volta mi convinse ad andare a fare una girata insieme a Firenze con la sua vecchia Lambretta. Sveglia all'alba, colazione a metà strada sui poggi con salsicce alla brace tirate fuori dal suo tascapane insieme a pane vino e un coltellaccio. "Dopo una colazione così potresti andà a zappare un campo intero! L'omo vive!" Pian piano arrivammo, e con prudenza ci si azzardò pure a mangiare un panino col lampredotto sotto gli archi di San Lorenzo. Mirto si era come ammutolito di fronte alla bellezza della città. "Bimbo, è bene stare attenti eh, che siamo di nido e ci vedono, non compriamo altro". Poi però si prese un mezzo litro di rosso, e allora un poco si sciolse. "Ma dove corrono come matti tutti? Dove? Che sembrano massaie in un aia dietro ai polli! Tanto viene buio uguale!" Rise divertito dello spettacolo della folla di fiorentini e turisti. Poi ci mettemmo a tracolla i nostri tascapane da bosco e ripartimmo per Massa prima che il sole tramontasse.

Era una bellissima giornata come spesso ne vengono di settembre. Seduti sul muretto davanti alla Lucciola stavamo organizzando una gita collettiva al mare, come al solito con lentezza, calcolo di chi ci metteva la macchina, quanti i posti, i soldi per la benzina. All'improvviso era arrivato Fausto di corsa, quasi non riusciva a parlare "in Cile, c'è un golpe in atto in Cile, pare abbiano assassinato Allende!" La sera ci chiamò Mario da Milano. Aveva trovato lavoro all'Alfa e si era appena sposato con una ragazza svizzera. Avevano rinunciato al viaggio di nozze a Parigi e finirono per passare quei giorni a ciclostilare furiosi volantini contro il golpe partecipando a cortei e assemblee. Fu il nostro sgomento 11 settembre, il golpe dei militari cileni con l'assassinio del presidente socialista Allende e di migliaia di appartenenti e simpatizzanti di sinistra. La dittatura di Pinochet voluta e sponsorizzata dal governo Usa anche per proteggere le sue multinazionali egemoni nel paese latinoamericano, contro la nazionalizzazione del rame cileno. Mentre reagivamo con furia impotente al golpe, a quelle poche immagini in bianco e nero trasmesse della Moneda di Santiago, il palazzo presidenziale in fiamme per i bombardamenti aerei, alle notizie via via sempre più angoscianti, gli stadi trasformati in campi di concentramento, al cantautore Victor Jara le mani schiacciate prima del suo assassinio, la casa del poeta Pablo Neruda morente invasa e devastata dalla soldataglia, mentre lanciavamo una sottoscrizione per comperare armi per il MIR e i compagni cileni in clandestinità, il PCI con Berlinguer traeva spunto dagli eventi per lanciare l'ipotesi di un grande compromesso storico che lo potesse portare a condividere il potere senza traumi. Non avemmo dubbi reagimmo duramente, era la prova finale di un tradimento mentre il cadavere della rivoluzione cilena era ancora caldo. L'ultimo taglio per chi ancora avesse mantenuto un minimo cordone ombelicale, con il partito fondato nel '21 da Gramsci. Pochi anni più tardi sarebbe toccato all'Argentina; una tragedia ancora maggiore se possibile, decine di migliaia di desaparecidos.

Ma a quel punto importava a pochi dell'Argentina, delle compagne incinte costrette a partorire nei lager e poi uccise, i figli affidati a famiglie amiche dei torturatori. Nel '78 tutti a vedere i mondiali di calcio giocati a due passi dai campi di tortura. Il PCI non denunciava il massacro, che l'URSS bisognosa di grano argentino non gradiva. I generali argentini si potevano permettere di irridere il mondo intero lanciando lo slogan "gli argentini sono Diritti e Umani" e potevano commissionare ad Ennio Morricone la colonna sonora del Mondiale. Il Movimento era allo sbando, le nostre galere piene. Si stava affermando il terrore anche qui, in maniera meno truculenta, ma non meno efficace. E la diffusione dell'eroina iniziava a falciare decine di ragazzi e ragazze che avevano fatto un pezzo di strada incantata con noi. Camminavamo oramai sulle sabbie mobili. Più ci agitavamo, più cercavamo di combattere l'orrore e più l'orrore ci inghiottiva. Ne stavamo diventando parte.

Nel contempo era piombata la guerra del kippur dell'ottobre '73 fra Israele e paesi arabi. Tra le tante conseguenze aveva creato lo shock petrolifero, la fine dei carburanti a prezzo irrisorio. Finiti la festa e il progresso che sembravano inarrestabili per lo sviluppo di questo Paese, i prezzi cominciarono a correre, il futuro ad essere più incerto. All'improvviso furono proclamate le domeniche senza auto, poi le targhe alterne, la politica dell'austerity. Dovevamo andare a ballare alle 5 del pomeriggio perché alle dieci di sera chiudeva tutto. Questo se possibile aveva rafforzato il nostro spirito di gruppo, avevamo la prova che da soli saremmo stati persi, impossibilitati a fare alcunché. Non ci vergognavamo di avere ben pochi soldi in tasca, anzi, ne eravamo orgogliosi, ci sentivamo egemoni culturalmente e fisicamente, pronti a regolare a cazzotti i pochi fascistelli che si azzardavano a girarci intorno o a sfidarci in partite di calcio selvagge tra parcheggi e piazze. Molti avevano i padri operai al Casone, all'Italsider, e una mattina che organizzammo uno sciopero generale per il Cile all'istituto professionale dimostrarono anche di essere buoni studenti bloccando i cancelli con una saldatrice: non entrò nessuno. Erano i figli dei dottori che tenevano un profilo basso cercando di confondersi con noi per vestiti e abitudini, compiacendoci, definendosi a sprezzo del ridicolo "proletari" senza rifiutare matrimoni con disgraziati del nostro calibro, venendo persino a cantare "el pueblo unido jamàs serà vencido" al concerto degli Inti Illimani a Grosseto. Non si era mai vista una cosa del genere né tanto meno si era visto il figlio dell'operaio sposare la figlia del dottore! I ricchi iniziarono a detestarci seriamente e a pensare di farcela pagare.

In quei mesi dopo lunghe prove e discussioni eravamo riusciti a creare un giornalino di zona insieme ai compagni di Follonica rivolto ai ragazzi. *"Collettivo di controcultura/ Ribellarsi è giusto, ribellarsi è possibile /numero uno/dicembre 1973/ supplemento a Stampa Alternativa/ direttore responsabile Marcello Baraghini. /Sommario/ contro la famiglia- manuale di autocura e autogestione aborto- manuale per la coltivazione della marjuana-andare in India- scuola, contro la selezione- sottoscrizione; armi al MIR cileno!"* Il numero uno rimase unico, l'affittuario della sede a Follonica scappò in India con quel poco che c'era in cassa e si rifece vivo solo dopo un anno.

Marcello prese una delle centocinquanta denunce per apologia di reato e istigazione a delinquere che alcuni anni più tardi lo costrinsero latitante e pastore in attesa di amnistia. E pensare che neppure gli mandammo una copia del giornale.

Il nuovo preside scolastico era un tipo tollerante, più giovane e aperto, lontano in tutto dal vecchio Zaccardo. Forse per questo persino insidioso col suo fare tranquillo, col suo mediare democratico, col suo cercare in tutti i modi di evitare il conflitto, lo scontro aperto con le nostre istanze sempre più estreme. Ireneo certe volte aveva piacere, una volta che ti intercettava nel corridoio dei passi perduti e delle sigarette accese, a scambiare qualche battuta inoffensiva, a sondare sorridente l'aria che tirava. Ma quella mattina aveva voluto convocare tutti i delegati di classe più in vista nel suo ufficio senza avvisarci del motivo. "Cari ragazzi" iniziò con aria seria appena giudicò ad occhio che eravamo tutti, "vi faccio perdere poco tempo, vi voglio dare in anteprima una notizia importante per noi tutti e per il prestigio del nostro istituto. Da fine mese arriveranno due gruppi di studenti stranieri a frequentare le specializzazioni chimica e mineraria. Sono una decina di studenti nigeriani ed una quindicina di studenti venezuelani". Spentosi il brusio di sorpresa continuò tormentando l'agenda che aveva sul tavolo "voi capirete che questo vuol dire per molti di voi, oltre alla novità, dare una mano affinché si ambientino e possano studiare con profitto, che sono stati scelti dai loro Paesi per poter diventare futuri tecnici e quadri dirigenti, non è che siano qui in gita premio, resteranno anni fino a terminare col diploma l'intero ciclo scolastico, l'obbiettivo è questo. Che ne dite, avete domande da fare, qualche chiarimento?". Ma prima che potessimo aprire bocca aggiunse: "dimenticavo, capisco che non è facile confrontarsi per la prima volta con altre culture e modi di vivere, insomma, magari mi preoccupo troppo, ma non vorrei che qualcuno di voi si sentisse superiore, persino un po' razzista e..." Non riuscì a terminare la frase, la risata partì da Fausto e si propagò a tutti noi. "Preside! Ma cosa va a pensare! Razzismo! È morto e sepolto il razzismo, noi non vediamo l'ora che arrivino,in questo paese dove non succede mai nulla sa che novità e che bellezza averli come amici!" aggiunse perentoria Stella, mentre assentivamo guardando Ireneo con un po' di compatimento. "Bella storia!" chiuse il discorso come al suo solito, Anna.

Facemmo presto amicizia con questi ragazzi, i punti di contatto erano più numerosi delle differenze. La musica anzitutto, Carlos Santana veniva idolatrato da entrambi i mondi, ma anche Fela Kuti non era uno sconosciuto. La visione del mondo, che inevitabilmente sarebbe stato nostro e lo avremmo rivoltato come un calzino. La curiosità di capire, vedere, viaggiare. L'amore anche, visto che diversi venezuelani sposarono ragazze maremmane, con grandi pianti delle mamme che vedevano partire le figlie per luoghi sconosciuti e irraggiungibili.

Achi tra i nigeriani era il leader della comunità, uno dei pochi che effettivamente si diplomò e diventò tecnico petrolifero e capo villaggio. Mi raccontava che l'impatto con il freddo era stato durissimo: "Non avevo mai visto la neve, neanche al cinema, quando è iniziata a cadere sono rimasto a bocca aperta, cercavo di prenderla con le mani ma non si faceva catturare. Poi mi prese un freddo mortale, tanto che a casa dormii tutto vestito, anche le scarpe dentro il letto". Veniva certe volte a trovarmi al podere per aiutarmi nei lavori di campagna con un paio di suoi connazionali, e per sentire meno fatica e passare meglio il tempo iniziava a cantare a squarciagola le canzoni di Lucio Dalla finendo sempre con: "e l'America è lontana, altra faccia della luna!" Poi andavamo a mangiare da mia madre che lui abbracciava sorridendo: "grande mamma, tutte mamme bellissime, tutte mamme magiche!". Il suo sorriso era talmente contagioso che disarmava chiunque. Come la volta che mi dette un passaggio in auto, e parlando e gesticolando non si accorse di una curva e finimmo in un campo sull'orlo di un dirupo fermati da un olivo centenario. Achi scese e iniziò a ridere forte "guarda auto, sembra una tartaruga che si vuole nascondere, guarda albero, lui saggio, lui fermato tartaruga in fuga!". Continuammo a scriverci anche quando ritornò in Nigeria. Ricordo una sua lettera in cui ci spiegava che era diventato capo villaggio e aveva dovuto guidare, lui che era per la pace, una piccola guerra, "una grande riscossa popolare contro altro villaggio di ladri di nostri motorini seguendo grande esempio di comandante Mao e comandante Che Guevara, riportando grandissima vittoria". Non parlava di vittime e danni di questa vittoria, in compenso ci faceva un accorato appello a spedirgli un po' di caffè Lavazza qualità oro che in Nigeria non veniva importato. Armando invece era il sosia venezuelano di Jimy Hendrix. se non fosse che parlava spagnolo. Si aggirava per le strade del paese con un mangianastri a palla su Santana, i pantaloni scampanati e la cicca sempre accesa. Il quarto giorno dal suo arrivo avevamo proclamato uno sciopero scolastico contro la visita di Kissinger in Italia, pensammo che gli studenti stranieri sarebbero senz'altro entrati ma ci pensò lui a tradurre il tutto agli studenti sud americani "huelga contra el imperialismo yankee!" Armando fuggì nottetempo molti anni dopo, quando fu chiaro che dopo sette anni di svagata frequentazione scolastica e viaggi estivi in mezza Europa non sarebbe stato ammesso agli esami di maturità per la seconda volta di fila, e non avrebbe perciò avuto diritto alla borsa di studio governativa. Raccontando il contrario e vestendosi bene convinse i bar ed i negozi che gli avevano fatto credito ad aspettare, ed anzi ad aumentarlo, mentre con una colletta tra gli amici racimolò i soldi del biglietto di sola andata per Caracas. Mesi dopo ci arrivò una sua cartolina di ringraziamento dove raccontava che si era messo a insegnare italiano in una scuola privata.

In quegli anni esclusi pochi turisti di passaggio che nelle rare giornate estive guastate da un temporale salivano fino al paese dalle spiagge di Follonica, gli unici stranieri stanziali erano alcuni svizzeri e tedeschi che avevano comprato a quattro soldi i poderi abbandonati dopo la grande gelata del '56 e la migrazione sulla costa per lavorare nelle fabbriche. Qualche massetano aveva provato a lamentarsene al bar da Annibale "questi ci comprano tutti i poderi e fra poco per anda' a coglie' l'asparagi toccherà chiedergli il permesso! Pare che all'Acquerello abbino issato la bandiera tedesca, maremma impestata!" Ma Annibale li chetava alla svelta: "avevi a compralli te, lesina, invece di tenere tutti quei soldacci sotto il materasso che te li mangiano i topi! Un costavano nulla, ma non li voleva nessuno, perché stare in campagna e esse' abbronzati era segno di contadini, di miseria. Ora invece questi hanno rimesso a novo, affittano ai sua, vanno al mare, pigliano i soldi ti vanno in culo e portano cinque!"

Poi col tempo iniziò a passare qualche venditore marocchino, alla fine persino un senegalese.

Alla rivoluzione con la Mini Minor

"Se mi dovessi sposare borghesemente abbattetemi a colpi di pistola"
(Fausto)

Quell'estate si era diffuso un tam tam rivoluzionario in Italia e mezza Europa: andiamo in Portogallo a sostenere la Rivoluzione dei garofani, andiamo che lì il mondo si è rovesciato e dopo aver abbattuto la dittatura più lunga del continente stanno accadendo cose fantastiche! Nelle caserme non comandano più i generali ma il MFA, movimento delle forze armate che ha fatto un colpo di Stato all'incontrario facendo scendere il popolo nelle strade e infilando i garofani rossi nelle canne dei fucili! I soldati si fanno crescere i capelli e partecipano ai cortei che inondano tutti i giorni le strade di Lisbona, nelle redazioni dei giornali hanno buttato fuori i vecchi direttori collusi e le riunioni sono aperte ai lettori, gli operai stanno autogestendo orari e paghe, i latifondi sono stati invasi da cooperative di senza terra e braccianti e gli studenti hanno occupato in modo permanente le università, tutto è stato rimesso in discussione, la libertà irrompe ovunque! Musica per le orecchie mie di Fausto e Marcello, eravamo impazziti di piacere per cui avevamo deciso d'impeto, andiamo, andiamo, finalmente una Rivoluzione poco più là di Follonica! I primi di settembre avevamo rimediato in prestito una vecchia Mini Minor di Mario che a freddo partiva solo a spinta, e dopo una colletta gigantesca tra amici e compagni eravamo partiti tra le raccomandazioni preoccupate di nonni e genitori che peraltro avevano allungato all'ultimo momento salami formaggi e qualche banconota, con l'appuntato Salvadore che mandava informative allarmate al comando provinciale dei carabinieri, e la partecipazione più o meno entusiasta e curiosa di tutto il paese con Mario Alessio Anna e Stella che ci avevano accompagnati in motorino suonando a distesa sino alle porte del paese come fosse un corteo nuziale e urlando "Viva la Rivoluzione! Viva Emiliano Zapata!" che peraltro era messicano ma andava bene uguale. L'unico che poteva guidare era Marcello, né io né Fausto avevamo dato l'esame per la patente anche se mi ero subito offerto di guidare in autostrada sapendo mandare il trattore più che bene, peccato in Spagna e Portogallo queste ancora non esistessero.

Sembravamo delle sardine in scatola: stavo rincantucciato nel sedile posteriore soffocato da zaini e sacchi a pelo, Fausto e Marcello davanti toccavano quasi il tettino con la testa, per cui eravamo costretti a fare soste frequenti ma non troppo lunghe in quanto l'auto ripartiva per motivi misteriosi solo a caldo. Dopo aver dormito nei sacchi a pelo massacrati dalle zanzare la mattina dovevamo spingere la macchina come fosse un bob e poi saltarci dentro. Avevamo scoperto che Lisbona distava 2500 km ma non ci eravamo persi d'animo lungo le infinite strade spagnole, del resto avevo una cartina d'Europa che mi aveva prestato babbo e la seguivamo come una mappa del tesoro. Ed era tutto nuovo, il paesaggio scorreva come in un film, gli altopiani e olivete sconfinate, i bar spagnoli miserandi con i prezzi abbordabili persino per degli squattrinati, le guardie civil col tricorno in testa a cui Fausto mandava auguri di morte estensibili fino al capo supremo Franco, i ciuchi alla periferia dei paesini martoriati dal sole che pareva di essere in Sicilia vent'anni prima, le ragazze che scoccavano a parere di Marcello occhiate inequivocabili, tanto che più di una volta lo avevamo dovuto convincere a risalire in auto che le ragazze potevano aspettare la Rivoluzione no. Il che innescava dibattiti furibondi durante il viaggio se fosse prevalente l'aspetto rivoluzionario o quello sentimentale, non è che con il miraggio rivoluzionario stavamo diventando dei mezzi preti manfruiti? Finché Fausto aveva tagliato corto "se mi dovessi sposare borghesemente abbattetemi a colpi di pistola! Mi posso legare solo a una compagna rivoluzionaria che gode tanto di me come della Rivoluzione!" Le nostre risate lo avevano infastidito tanto che per ripicca dopo la sosta aveva preteso di mettersi lui a guidare vedendo bene di sbagliare subito strada; prima ci eravamo ritrovati in un pueblo dove stavano per dare la via ai tori per le strade, scampato il pericolo con una rapida marcia indietro ci eravamo fermati a bere in un grosso bar un po' appartato lungo la strada e avevamo capito ben presto che in realtà era un bordello. Qui la situazione si era complicata ed eravamo quasi venuti alle mani perché Marcello si era piantato come un mulo e non ne voleva sapere di ripartire.

Alla fine dopo averlo buttato a forza tra i sacchi a pelo e gli zaini eravamo ripartiti travolti dalle risate di tutto il bar mentre alcune ragazze tiravano baci e altre ci dicevano "maricones! Verguenza!". Ormai era in atto un vero colpo di stato dentro la Mini Minor, Marcello offeso a morte non guidava più e in qualche modo io e Fausto ci alternavamo al volante d'accordo che se le guardie civil ci avessero fermati avremmo giocato la carta del compagno colto da malore che stavamo conducendo di corsa in ospedale. All'alba del quarto giorno fortunosamente eravamo arrivati alla frontiera portoghese e qui Marcello aveva ritrovato la calma e la guida. Le guardie civil ci avevano guardati schifati mentre controllavano i passaporti, effettivamente come turisti capelloni eravamo poco credibili e avevamo udito facendo finta di niente le parole "italianos comunistas de mierda, maricones" sibilate dai trinariciuti che ci avevano aperti zaini e sacchi a pelo, rimanendo appestati peraltro dal puzzo di piedi. A malincuore ci avevano alzato la sbarra e fatti passare.

Dopo trenta metri eravamo in Portogallo. Marcello era sceso di colpo di macchina aveva abbracciato uno sbalordito soldato portoghese e facendo le corna verso le guardie civil aveva urlato con quanto fiato aveva in gola: "maricones siete voi e tutti i fascisti di merda come Franco!" Dopo di che aveva messo in moto intonando l'internazionale e salutando a pugno chiuso chiunque incontrassimo lungo la strada.

Il soldato portoghese era rimasto a bocca aperta tanto che non gli era riuscito chiederci neppure i passaporti.

Avevamo trovato l'indirizzo sul giornale Lotta Continua e dopo una serie di ricerche tipo caccia al tesoro per mezza Lisbona ci eravamo trovati davanti a un portone di un palazzo decadente in una zona tranquilla a poca distanza dal Tago. Con la vernice rossa sopra l'ingresso occhieggiava la scritta aarpi che significava "associazione di amicizia rivoluzionaria Portogallo-Italia". Ci aveva aperto Paolo, un compagno romano piuttosto noto nel movimento per aver fondato nel '68 ad Architettura il gruppo degli Uccelli che aveva occupato la cupola del Bernini. Paolo di buon grado in cambio dell'impegno a dargli una mano a ripulire e sistemare il giardino ci aveva trovato una camera libera in cima a delle scricchiolanti scale di legno, camera con vista sul fiume e il grande ponte che consisteva in tre brande militari con un pezzo di gommapiuma sopra dove appoggiare i sacchi a pelo. Le brande provenienti dalle ex colonie portoghesi in Angola erano state portate dai soldati rivoluzionari di una vicina caserma dove Paolo si era presentato dichiarando di rappresentare milioni di rivoluzionari italiani solidali col Portogallo liberato, e subito era scoppiato un idillio fatto anche di cene e manifestazioni comuni. Il palazzo stesso aveva una storia interessante essendo appartenuto ad una nobile decaduta e diseredata dalla famiglia dopo essersi innamorata di un popolano e fuggita con lui. Adesso era vivacizzato da manifesti colorati affissi alle pareti divisi equamente tra quelli del MFA e altri gruppi rivoluzionari portoghesi e quelli di Lotta Continua. La cucina era un po' raccogliticcia ma funzionante, un cartello bilingue invitava a controllare che la bombola del gas fosse ben chiusa prima di andare a dormire per non rischiare di saltare in aria viste le perdite. Il bagno consisteva in una grande stanza con due cessi affiancati da una doccia e alcuni secchi dell'acqua che andavano riempiti continuamente visto che funzionava solo il lavandino e la doccia e non gli scarichi dei wc. Il lavoro nel grande giardino abituato al podere si era rivelato per me un gioco da ragazzi e Fausto e Marcello mi avevano chiesto di rallentare il ritmo per paura che Paolo ci trovasse anche altro da fare. La sera scorrazzavamo da soli o con gli altri compagni italiani, che Lisbona ne era piena, e avevamo incontrato tra i tanti anche Tabucchi, Pino Masi, Gad Lerner, Panella, il corrispondente di LC che dormiva anche lui all'aarpi e che dettava la sera al palazzo dei telefoni l'articolo che avremmo letto il giorno dopo nel giornale che arrivava in aereo dall'Italia nelle edicole del centro, creando uno strano effetto di sfasatura spazio temporale. Avevamo approfittato del palazzo dei telefoni per fare una telefonata alle famiglie, la prima dopo otto giorni. Ero euforico e alla domanda di mia madre di cosa cavolo stessimo combinando in un posto così sperduto avevo risposto trionfale "stiamo facendo la Rivoluzione, stiamo dando foco al mondo intero!" e la replica era arrivata istantanea come una frustata "ma non hai proprio altro da fa' alla tua età?! Ma vai a da' foco alla passera di qualche ragazzotta maremmacivile!".

Spesso lasciavo poltrire a Rua Do Prior Marcello e Fausto e me ne andavo con la Yashica a fotografare in giro per la città, felice di trovare ovunque capannelli di persone che discutevano animatamente, leggevano giornali, seguivano manifestazioni improvvisate, mettevano su banchetti dove si vendeva di tutto, in una fiera continua. Manuel era un ragazzo sveglio, un ladruncolo del Rossio in grado di vendere qualsiasi cosa o di procurarla in poche ore. Uno spilungone olivastro la cui mobilità degli occhi neri contrastava con la flemma dei movimenti. Si era incaponito di vendermi un kg di ottima erba angolana a 30000 lire, come se non avessi dovuto superare le frontiere spagnola e francese al ritorno in patria. Mi raccontava della sua infanzia in Angola, i suoi genitori erano coloni portoghesi poveri, partiti con le pezze al culo e tornati dopo il 25 aprile più poveri di prima. Rimpiangeva il respiro d'Africa, me ne parlava tutte le volte che rimanevo un po' lì ad ammirarlo lavorare e trafficare. "Il respiro immenso dell'Africa tu lo puoi sentire, capisci? Non ti abbandona mai, è caldo, pesante, ti entra dentro, tu sei quel respiro a un certo punto. La notte è solo un respiro più buio e caldo, ti avvolge passando la zanzariera, la luce accecante del giorno non ce la fa a dissiparlo. È un respiro di tutto il continente, lo capisci a un certo punto, non è solo l'Angola, è tutta l'Africa che ti respira addosso, in faccia, dentro. Amo questa città, ma dall'Africa non si guarisce più, nonostante la fatica, le malattie, l'essere scappati senza neppure un soldo. Non ci tornerò mai più, ma non ne guarirò mai più, lo sento".

Ci eravamo accorti con piacere che il Portogallo era ancora più a buon mercato della Spagna tanto che potevamo permetterci ogni tanto di mangiare in ristoranti che in Italia neppure ci avrebbero fatti entrare. Fotografavo con quei pochi rullini che mi aveva bobinato a mano e regalato il fotografo di paese Corrado Banchi, avevo ben trecento scatti che mi dovevano fare per un mese, per cui scattavo solo quando sentivo che quello era il momento decisivo, il momento in cui si poteva toccare con mano la libertà, la voglia di cambiare tutto e di essere per la prima volta sul palcoscenico della Storia, e allora trattenevo il respiro e poi sorridevo perché immaginavo il bianco e nero che sarebbe uscito fuori. Quello che non potevo sapere era che quei bianco e neri sarebbero stati stampati come si deve soltanto quarant'anni dopo e esposti prima a Lisbona poi in Italia, e che sarei ritornato a Lisbona solo per questa mia mostra dopo aver vissuto tante altre vite.

Ovunque fervevano comizi volanti, affissione di grandi striscioni colorati, volantinaggi e piccole o grandi manifestazioni. Le persone si fermavano a leggere, intervenivano, discutevano. Ragazzini che parevano gli scugnizzi napoletani dell'epidemia di colera dell'anno precedente giocavano a pallone per le strade con una palla fatta di stracci legati insieme, un vecchietto malmesso ma con l'aria dignitosa vendeva una rivista anarchica che si chiamava "Merda" con la a cerchiata. La radio era stata occupata da un gruppo di giornalisti e una mattina insieme a Paolo eravamo andati a visitarla e in dono avevamo lasciato un disco degli Area. Ci eravamo emozionati il giorno dopo ascoltando a mezzogiorno in diretta "luglio agosto settembre nero".

Un paio di giorni li avevamo passati in una fattoria occupata dell'Alentejo, messi come tutti a spannocchiare il granturco prima di poter mangiare alla mensa comune sotto una scritta gigante "O Povo está con MFA". Alla fine non sapevamo più neppure se ritornare, che dopo esserci visti alla tv portoghese durante una conferenza stampa all'aarpi per le manifestazioni indette in Italia in solidarietà con la Rivoluzione, ci eravamo talmente immedesimati nella parte dei veterani da cominciare a distribuire le varie camere a chi arrivava e anche i lavori da fare, tanto che avevamo spedito Boato futuro senatore dei verdi e una giornalista che sarebbe diventata una favorita del Cavaliere a spazzare le scale e pulire la cucina. Non paghi una sera ubriachi marci di Porto avevamo pisciato dal terrazzo sopra il tetto di una Mercedes della vicina ambasciata tedesca creando le rimostranze di un furibondo addetto teutonico, respinte la mattina seguente da un serafico Paolo che diplomaticamente aveva replicato: "ma nun rompe li cojoni! Italia - Germania 4 a 3!

Abbello, a casa, a casa te ne devi annà!". Come non ci mancasse altro Fausto aveva agganciato una compagna francese, Marcello una tedesca e le brande avevano preso a scricchiolare e cigolare notte e giorno mentre io venivo dirottato in giardino a lavorare, a fotografare le manifestazioni o a dormire nel salone d'ingresso come fossi il portiere e guardiano dello stabile. Questo però aveva fatto sì che mentre i miei compagni erano impegnati in un corpo a corpo rivoluzionario intercettando Paolo e altri trafelati compagni ero stato issato al volo su un camioncino e portato a una manifestazione spontanea che era partita dal Rossio appena arrivata la notizia che cinque antifascisti baschi e catalani erano stati fucilati in Spagna. Migliaia di persone si erano dirette verso l'ambasciata spagnola devastando anche la compagnia Iberia durante il percorso. La polizia portoghese aveva deciso di non intervenire in solidarietà con i fucilati e mentre i manifestanti irrompevano all'interno occupandola devastandola e mettendo in fuga il corpo diplomatico, una banda di ladruncoli del Rossio capitanati da Manuel dopo aver dirottato un autobus lo avevano riempito con tutto quello che avesse un valore e il loro mercatino che somigliava molto al Porta Portese di quegli anni ci sarebbe campato settimane.

Ero ritornato a piedi all'associazione portandomi come trofeo una targa in ottone dell'ambasciata, per strada scambiandomi per un rifugiato spagnolo in molti mi avevano abbracciato. Pochi giorni dopo avevamo esaurito la cassa comune e all'inizio di ottobre eravamo ritornati a Massa con la prospettiva di ritornare l'estate seguente.

Ma pochi mesi più tardi l'ala più conservatrice delle forze armate e il partito socialista avevano messo in minoranza il MFA e i gruppi rivoluzionari capitanati da Otelo De Carvalho, ponendo fine di fatto dopo due anni alla Rivoluzione dei garofani. Anche l'aarpi dopo un po' aveva chiuso e il palazzo sgangherato era stato acquistato e ristrutturato cambiando volto, giusto il giardino era rimasto lo stesso. Paolo era ritornato a Roma e insieme a un gruppo di disoccupati aveva occupato dei terreni agricoli in pieno centro dando il via a una cooperativa agricola che partecipava alle manifestazioni del primo maggio con un trattore e un rimorchio carico di braccianti.

Avevo sviluppato negativi e provini delle foto, ma la grande mostra in solidarietà non si era più fatta, che il Portogallo normalizzato era uscito dalle pagine dei giornali e non se lo filava più nessuno.

Molti anni più tardi avrei ritagliato e conservato un articolo che parlava di quei giorni.

"I più simpatici erano gli italiani, venivano a vedere la rivoluzione, non necessariamente sulla due cavalli. Un giorno atterrarono quattro voli charter organizzati dall'estrema sinistra. Diventammo subito amici, di rivoluzione loro parlavano da anni, qualcuno anche da sessanta. Noi la stavamo facendo, ed era bellissimo. Furono in effetti quattro Boeing 727 a portare in Portogallo più di mille militanti di Lotta Continua ed altri gruppi, in visita alle fabbriche ed alle caserme, mentre il giornale di LC titolava -Soldati e ufficiali per le strade a Lisbona; non una parata, ma un corteo!- Racconta Mario Tomè trent'anni allora, vicecomandante della polizia militare, gli italiani, in quel flusso che veniva da tutta Europa, furono anche i primi ad arrivare. Si presentarono in delegazione alla nostra caserma, ad annunciare di aver fondato una associazione di amicizia rivoluzionaria tra Italia e Portogallo e a chiedere aiuto per restaurare la sede. Ricordo che c'erano un operaio della Fiat di Torino, uno studente cattolico che aveva studiato a Trento, un genovese latitante per motivi politici. Avevano occupato un palazzo della famiglia Espirito Santo, la più ricca del paese, una casa meravigliosa in Rua Do Prior, sulla collina di fronte al Tago, abbandonata da una no-

bildonna fuggita con un popolano. E chiedevano ai miei uomini di fare i muratori per loro! Pensai che facce così toste andassero conosciute meglio. C'era un ragazzo con gli occhiali che era stato in Cile prigioniero di Pinochet nello stadio di Santiago. E c'era uno studente molto giovane, che, mi spiegarono, sarebbe diventato il capo di Lotta Continua. Chissà che fine hanno fatto… Il genovese latitante, Carlo Panella, è inviato di Studio Aperto e giornalista di Libero. L'operaio, avanguardia della Fiat Mirafiori, Franco Platania, è morto, che in fabbrica non si respira aria buona, Paolo Hutter, scampato a Pinochet in Cile ha fatto politica a sinistra a Milano e Torino. A portare i giovani italiani a Lisbona è la curiosità di vedere quel che si era immaginato, la gioia dei padri che si erano liberati dal fascismo, di godere della sospensione delle regole, di partecipare alle assemblee dei ferrovieri che si autoriducevano l'orario, assistere al capovolgimento del paese più arretrato e remoto dell'Europa occidentale. E Antonio Tabucchi che passeggiando sul Rossio sente levarsi da una tenda un verso familiare 'compagni dai campi e dalle officine…' è il cantautore rosso di Pisa, Pino Masi. Nel centro di Roma manifestano per il Portogallo comunista in decine di migliaia. È il 27 settembre 1975, comizio di Adriano Sofri in Piazza Navona sulla forza di contagio che può esercitare la rottura di un anello del controllo imperialista sul mediterraneo. Ma il sangue che non scorre a Lisbona viene versato in Italia: il 22 novembre si sfila in corteo per chiedere al governo di riconoscere l'Angola, affrancata dal colonialismo di Lisbona, dal corteo si stacca un gruppo per gettare una molotov contro l'ambasciata dello Zaire, paese nemico, la polizia spara e uccide un ragazzo di 18 anni, Piero Bruno. 'Sono stato io ad ordinargli quell'azione' scriverà venti anni dopo Erri De Luca in un articolo dolente ma non pentito su Micromega".

Tornai diverso. Era possibile cambiare tutto anche in Europa, spazzare via i vecchi regimi, cominciare a praticare la rivoluzione.

Cadeva la dittatura dei colonnelli in Grecia dopo che gli studenti avevano sfidato i carri armati, si sfaldava il regime franchista in Spagna dopo la morte del generalissimo, il vecchio boia della guerra civile. Diventavano indipendenti le ex colonie portoghesi in Africa, i Vietcong entravano a Saigon mentre gli americani fuggivano. Stavamo facendo la storia, cambiavano destini apparentemente immutabili, la nostra adrenalina, la forza stessa della nostra gioventù ci faceva sentire inarrestabili. Cresceva anche in Italia il movimento dei soldati, quello dei disoccupati, a Napoli nasceva persino un collettivo autonomo di contrabbandieri.

Il regime democristiano veniva travolto nel referendum sul divorzio, Basaglia riusciva dapprima a togliere le inferriate poi a chiudere i vecchi manicomi lager. Di più, in quegli anni spariva praticamente il Festival di Sanremo. In compenso al concerto di Frank Zappa a Roma c'erano tutti i fricchettoni d'Italia. Baraghini dava un volantino di Stampa Alternativa con scritto a caratteri di scatola "la musica si sente il biglietto non si paga!" Un gruppetto riuscì a scavalcare le cancellate del palasport inseguito dalla polizia. All'interno la folla si aprì per accoglierli, richiudendosi subito dopo per non far passare gli sbirri; meglio della scena del Mar Rosso nel film su Mosè, e Zappa iniziò con una versione travolgente di Hot Rats.

Qualcuno ha detto che la nostra generazione ha preso per un'alba quello che in realtà era un tramonto. Se anche fosse? Aveva colori bellissimi.

La fine dell'epoca d'oro dei complessi musicali aveva costretto Gambadilegno a chiudere il negozio di strumenti musicali e dischi. E anche la sala flipper non era più frequentata come una volta. Si era indebitato senza quasi accorgersene e aveva provato allora ad organizzare un veglione studentesco per ripianare le finanze, facendo le cose in grande, chiamando Iva Zanicchi, quella di “prendi questa mano zingara, dimmi pure che destino avrò”. Forse per la Zanicchi, forse per la primavera inoltrata, forse per i modi ormai mutati di ritrovarsi, la serata alla Lucciola si era rivelata un fiasco clamoroso aggiungendo debiti a debiti. Gambadilegno non ci aveva dormito su, se ne era andato all’alba, senza che nessuno lo vedesse così com’era accaduto al suo arrivo anni prima. Il paese aveva continuato a fantasticare sulla sua fuga a lungo. Alcuni assicuravano che si era imboscato dai parenti napoletani al Casserello di Follonica e che vendeva sigarette di contrabbando. Altri giuravano di averlo visto girare con una macchina con altoparlante sul tetto nel lungomare di Donoratico e nel livornese vendendo le tigri in plastica del Bengala che fanno su e giù con la testa a sole 1000 lire, insieme a paperelle gonfiabili e teli mare, altri ancora sicuri affermavano che si era unito al circo di Nando Orfei per fare uno strano numero tra il pagliaccio e il pirata finendo per svitarsi la gamba di legno per spaventare i bimbi piccini. In ogni caso in paese non si era più visto e se ne erano perse definitivamente le tracce.

Per mio babbo la differenza tra l’essere ancora un ragazzo o qualcosa di più consisteva nell’aver conseguito la patente C, quella con cui si poteva guidare quasi tutti i mezzi. La mattina che tornai vittorioso dall’esame di guida a Follonica mi strinse la mano fino quasi a stritolarmela e mi disse con tono solenne “Bravo! Ora sì che sei un uomo!”. Immediatamente ereditai la vecchia Opel, quella col bagagliaio che avrebbe potuto contenere tranquillamente due maiali, e che tenere in strada era più che un problema, un miracolo. Iniziai a scorrazzare a tutte le ore del giorno e della notte visto che bruciava anche la benzina agricola. Inoltre fui assunto come operaio stagionale alla cantina sociale dove mio padre era stato eletto presidente, facevo i campioni dell’uva che arrivava per determinarne il grado zuccherino dopo averla pesata, meritandomi bestemmie e maledizioni a strascico appena comunicavo i risultati ai soci che l'avevano conferita. Contadini, proprietari terrieri, autisti, vignaioli della domenica, tutti egualmente convinti di avere l'uva migliore del mondo e di essere truffati nel peso, nelle analisi, nel vino a cui avevano diritto. Tutti assetati già di prima mattina, pronti a riempire bottiglie e fiaschette dai tini del vino vecchio sfuso, scegliendo con cura e mano lesta tra rosso, rosato o vermentino. La squadra con cui lavoravo era composta quasi unicamente da marchigiani pensionati della "Repubblica di Ca Bernardi" ovvero un palazzo di Massa abitato interamente dalla comunità marchigiana che aveva raggiunto la Maremma dopo guerra alla chiusura della miniera locale per trovare lavoro a Niccioleta. Sicuramente grandi lavoratori, fin troppo per i miei gusti, visto che spesso ripartivo dopo le mie otto-nove ore lasciandoli a fare straordinari su straordinari per il miraggio di qualche lira in più. E poi con loro c'era Ganascia un omaccione che il cantiniere chiamava "baffino" pur essendo sbarbato e calvo, che nel mezzo del lavoro non era raro sentir cantare con un vocione da orco le arie più famose della lirica. Ganascia cantava specialmente la sera quando era stanco, e mentre stava cantando con trasporto "ridi pagliaccio" mise la mano nella diraspatrice che si era ingolfata pensando che fosse ferma e ne uscì con quattro dita mozzate. Lo vidi arrivare con un fazzoletto che teneva stretto sulla mano farra, con calma, e come non fosse accaduto nulla mi chiese: "Paco mi fai per favore questo numero al telefono?" mentre facevo il numero che mi aveva chiesto guardavo il fazzoletto intriso di sangue e la sua faccia tranquilla, rilassata. Gli portai la cornetta vicino alla bocca quando sentii che squillava dall'altra parte. "Nina, o Nina senti, stasera faccio più tardi del solito che ho avuto un problema, devo andare in ospedale, no, no, un è niente di che, non ti preoccupare, ti ho detto che un è niente maremma avvelenata, o su, e basta!" La faccia era diventata bianca come un cencio, e fece fico svenendo ma fummo pronti a sorreggerlo e lo adagiammo su un tavolone in attesa dell'ambulanza.

Il lavoro più delicato che svolgevo, in segreto, era quello di assaggiatore dei vini prodotti. Sì, perché la tradizione voleva che il presidente avesse l'ultima parola prima di passare all'imbottigliamento e alla commercializzazione del vino. E mio padre era astemio, il massimo che riusciva a concepire in piena estate era una birra che allungava con acqua zuppandoci certe volte anche il pane. Un po' se ne vergognava, ma mi aveva raccontato che da ragazzo era stato male per via della vinella, e da allora proprio non riusciva a bere vino. La vinella era la risciacquatura delle botti, il vino buono andava al padrone, il mezzadro consumava anche quella infernale brodaglia. Ma non potendo deludere i soci che lo avevano eletto portava a casa i vini ed il vinsanto da assaggiare, e lì davo il meglio di me nel senso che non ricordo nessuna bocciatura ma tante bocce vuotate. Solo una volta ebbi qualche scrupolo ad assaggiare un vermentino peraltro notevole. È che in quella vasca ci erano finite le dita di Ganascia.

Dopo la prima vendemmia come operaio di cantina vista la busta paga gonfia comprai una tessera ferroviaria Interrail di un mese e partii con Fausto per Parigi, giorni in giro col naso all'insù, a conoscere gente con i sacchi a pelo da tutto il mondo, a dormire in ostelli sgangherati e barconi sulla Senna. Poi arrivammo ad Amsterdam ospiti dei ragazzi olandesi che ci avevano fatto conoscere l'hashish, serate a giocare a carte, bere birra e fumare canne, e ogni tanto mangiare patate fritte, e infine dirigemmo su Londra. Qui dopo poco ci separammo, Fausto tornò a casa. Io non ne avevo nessuna voglia, mi aspettavo la cartolina precetto militare e avevo deciso di non partire, di rimanere a Londra come già tanti avevano fatto. Quando lo accompagnai alla stazione mi sembrò nel salutarlo di avere reciso l'ultimo cordone ombelicale, quello con gli amici cari, adesso ero solo e lontano da casa. Conobbi però Michael, un vero maestro. Ebreo di Jaffa, piccolo, sempre in movimento, pareva non potesse mai star fermo, biondo con gli occhi grigi riscuoteva un visibile successo tra le indigene e le turiste, e oltretutto pareva conoscere tutti dai saluti che somministrava a destra e manca in continuazione. Mi aveva subito preso a benvolere e raccontato, in un linguaggio gesticolato tutto suo che mischiava inglese, francese e spagnolo con parole italiane e yiddish, di essersi rifugiato a Londra perché ricercato due volte; una per aver rapinato una farmacia in cerca di anfetamine e l'altra per aver disertato il richiamo militare non volendo combattere. Girare Londra con lui era una meraviglia. Mi insegnava tutti i trucchi per non pagare il bus o pagare poco la metro, indicava dove trovare vestiti gratuiti all'Esercito della Salvezza, dove biblioteche con ogni ben di dio compreso il caffè, dove fabbriche di birra con visite e degustazioni gratuite, supermercati aperti anche di notte ove imboscare facilmente del cibo, e nel mentre faceva questo mi raccontava instancabile i suoi viaggi in oriente, traffici piccoli e grandi di droga, icone e opere d'arte, arresti e fughe dalle finestre all'irruzione della polizia. Da due anni abitava con altri squatter in una casa occupata nell'East End vicino al mio ostello gestito da un nazionalista scozzese instancabile ascoltatore dei Led Zepelin e riscossore a tutte le ore del giorno e della notte della quota giornaliera. Convincermi a lasciare quei letti a castello a due sterline al giorno fu facile,avere una mezza camera per me bello, anche se la cucina spesso non era agibile perché, per motivi a tutti noi oscuri, ci si chiudevano Full e Janis vestiti di pelle nera da capo a piedi a scopare urlando e a farsi di coca per ore. Meno facile convincermi a investire parte dei miei risparmi per fare con gli altri un acquisto collettivo di mezzo kg d'erba con cui sostenere la casa, secondo il principio mezza da fumare e mezza da vendere agli amici. Alla fine dopo una trattativa araba riuscii a versare un quinto di quanto mi aveva chiesto Michael, e per festeggiare decidemmo di arrivare in un pub vicino per un concerto live. "Sono degli sconosciuti" mi disse, "ma faranno strada". Dopo il concerto mi misi a ridere, "Michael erano davvero forti, mai visto niente di simile ma questi non sanno suonare, di strada ne fanno poca mi sa". Lui replicò con un gesto infastidito, come quando si caccia via una mosca. Quella notte mi sentii entrare Janis nel letto, pensai avesse sbagliato camera, al mattino non c'era più, mi rimase il dubbio di un sogno erotico particolarmente vivido e violento. La situazione con lo scorrere dei giorni stava prendendo una piega interessante, non mi vergognavo più di espropriare i supermarket, dichiarare di aver perso il biglietto su bus e metro e nel caso della richiesta di generalità dare nomi italiani di personaggi che detestavo. Certe notti Janis mi raggiungeva in camera quando Full si metteva a russare come un treno, senza dire mezza parola, con mezza bottiglia di scotch che mi passava in bocca attraverso i baci o con un poca di coca. Il giorno mi ignorava quasi del tutto. Stavo precipitando verso il nirvana meglio che ai tempi della motocicletta. Ma un malcelato senso del dovere e affetto filiale continuava ad allignare in qualche mio recesso, per cui una mattina telefonai a carico del destinatario a mia madre in bottega. Non rispose, ringhiò. "Disgraziato, dove sei?! Fausto è tornato e te no, ma sei rincitrullito del tutto?! Accidenti a te e a chi t'ha fatto! Oh, l'ho detto, porcoddissi!" "Ma' ascoltami, ma' diolupo chetati, sono a Londra sto bene, sono in una casa con amici, faccio foto, giro, vedo gente, imparo la lingua e se trovo lavoro ci resto che il militare non lo voglio fare! Non preoccuparti ma', voi tutto ok?" Ruggì: "Sei sempre il solito legno torto e i legni torti non si addrizzano! Ecco ci mancava Londra ci mancava! Sì, si sta bene senza te! Comunque ieri è arrivata una raccomandata dal distretto militare di Grosseto, ti hanno scartato per sovrannumero, mai una gioia, ti avrebbe fatto bene un po' di disciplina, eeeeh ti avrebbero addrizzato la schiena loro!" "Come hai detto?!! Ma', sei sicura?!!" "Sì, sì, il congedo, ti è arrivato il congedo, ora scommetto torni, che roba che mangia torna a casa, e ora fai un po' come ti pare io qui in bottega ho gente, devo lavorare!" Buttò giù il telefono che vedevo le fiamme della sua rabbia a quasi duemila km di distanza. Al ritorno dalla cabina telefonica alla casa non camminavo, galleggiavo a mezza altezza, ero beato, mi si schiudevano un sacco di possibilità, potevo tornare ma anche rimanere che cominciavo a masticare bene l'inglese e trovare quello che Michael definiva di volta in volta il ritmo vitale, l'onda perfetta da cavalcare, il momento decisivo, la sliding door. Magari mettere su una storia "lavorativa" alternativa con lui, qualcosa che mi facesse svoltare, magari una storia con Janis, chissà.

Anche Michael aveva telefonato a casa. Pareva un albero schiantato da un fulmine, continuava a scuotere la testa e lamentarsi con una cantilena profonda, viscerale. Janis lo abbracciava e ogni tanto baciava sul petto e sul collo, gli accarezzava i capelli. Aveva appena saputo che sua madre era morta e suo padre lo incolpava di averla fatta morire di crepacuore. Una settimana più tardi decisi di ritornare, Michael era troppo dolente e incerto se tornare o andarsene comunque da Londra, l'inverno stava arrivando, i soldi se ne andavano per l'erba e altre droghe che avevamo ripreso a consumare in quantità. Gli lasciai le ultime sterline, ci scambiammo gli indirizzi, ma non seppi più nulla di lui. Tornai a casa con la mia Rolleicord biottica rimediata a un mercatino e tre pellicole di scatti londinesi, palazzi occupati, vie grige, arabi con piccioni a Piccadilly Circus, due foto sfuocate mosse e buie di quel concerto, di un gruppo che si chiamava Sex Pistols. Dentro la Rolleicord un tocco di fumo ed alcuni trip su carta assorbente. Trovai il foglio di congedo illimitato firmato, ironia del nome, dal maresciallo Spezzacatene. Lo incorniciai e poi feci una settimana di festeggiamenti con gli amici dando fondo alle droghe che avevo portato. Mia madre non cambiò mai idea sul servizio militare, quando si ricordava quei mesi scuoteva la testa guardandomi.

La situazione iniziò a precipitare quando persino nel nostro piccolo paese ci accorgemmo di essere non solo guardati male dai vecchi del PCI e costantemente spiati dai carabinieri durante ogni sciopero, assemblea, corteo, ritrovo casuale, ma accoltellati alle spalle dalla improvvisa irruzione dell'eroina. Brio di Follonica ce lo disse subito, candidamente. "Ragazzi non è un caso che per un po' di tempo si trovasse pochissimo fumo in giro, lo hanno fatto sparire, poi hanno immesso la bianca, a poco, a prezzi stracciati. L'hai mai provata? Ah, è bellissimo è pazzesca, come fai a spiegarla? Appena ti buchi senti un'onda calda da capo a piedi, un vero e proprio orgasmo con il tuo corpo, poi subentra una pace liquida enorme, beata, che speri non termini più. Ma quando riemergi non fai più vita perché avverti quello che hai perso in maniera insostenibile. Sei in un mondo finalmente perfetto in un'altra dimensione. E allora, che tu lo voglia o no, prima o poi ti rifai, e come ti fai ti accorgi che ti manca e allora magari ti rifai prima e poi... a quel punto sei del gatto, vivi solo per la bianca, non esiste altro, non te ne frega più niente, tutto viene dopo. È così, non so che farci". Neppure noi sapevamo che fare. Cercavamo di cacciare gli spacciatori ma spesso erano ragazzi come Brio o Alessio diventati tossicodipendenti, i trafficanti veramente grossi erano mafiosi tollerati dal potere. Brio non si compativa né voleva esserlo, spesso metteva su quello che chiamava teatro-guerriglia con travestimenti, spettacoli surreali di poesia e di mimo. All'Umbria jazz lo ritrovai che raccontava come avesse fatto l'autostop a un commenda che poi l'aveva ospitato due giorni a casa sua, sfamandolo e rivestendolo, gli era parso doveroso scoparselo prima di andarsene. Brio non si faceva recuperare da nessuno, scappava anche dalle comunità terapeutiche, riusciva sempre ad ironizzare sui propri mali e debolezze. Su un conto della spesa aveva scritto "Solo perché voleva vivere lo aiutarono a morire presto". Una volta riuscì a convincermi a comperare insieme a lui 50000 lire di erba. Naturalmente non avevo più visto né le une né l'altra, ma quando lo incontravo glielo ricordavo, così, giusto per farlo sentire un po' in colpa. Finché una sera Brio mi fissò negli occhi e mi domandò se la nostra amicizia era più o meno importante di quattro soldi, e mi dette un libro di poesie di Ferlinghetti rubato di fresco. Con l'andare del tempo la legge lo dichiarò delinquente abituale, finì confinato in un paesino di montagna come fosse un mafioso. Lo incontrai l'ultima volta per caso lì, nel bar alimentari, ma non lo riconobbi subito, aveva i capelli completamente bianchi sembrava un vecchio, camminava adagio. Era già malato di aids, il ricordo che avevo di lui non collimava più con la realtà. Poi mi parlò e il suono familiare della sua voce mi fece capire con un tuffo al cuore chi fosse. Mi chiese di rendere giustizia a un suo amico lasciato morire in overdose da un medico che aveva rifiutato il soccorso. Mi chiese di scrivere a Carlo Rivolta di Repubblica, di alzare un casino. E lo facemmo, ma senza ottenere giustizia. Fino all'ultimo non si è mai disperato. Scriveva poesie, alle volte sui muri con lo spray. Del suo giro di amici a distanza di pochi anni non è sopravvissuto nessuno, e questo è accaduto in tutta Italia. Iniziarono a morire dapprima in maniera sporadica, con titoli giganteschi dei giornali locali. Poi sempre più, a un certo punto a decine, tanto da meritarsi a fatica un articoletto in cronaca locale tra una premiazione scolastica ed una sagra della ranocchia fritta. Una generazione di desaparecidos dell'eroina, senza clamore o ricordo storico, morti senza possibilità di alcuna giustizia sia pur postuma. Di lui mi rimane un libro di Ferlinghetti e una poesia che aveva vergato nell'ultima pagina *"Parlare / iper parlare / la ragione sragiona / e ha ragione / se i mentecatti vinceranno / non ci saranno più i pazzi che ridono"*.

Solo Alessio è riuscito a sopravvivere a tutto questo e cavarsela sempre, uscendone sempre più rafforzato, duro e abile. Indistruttibile.

Partivo spesso la sera in auto con Fausto, Marcello, Anna, Stella alla volta dei concerti dal vivo. Collette in piazza per trovare i soldi per la benzina, e appena iniziava una discesa lunghi tratti in folle a motore spento per risparmiare. Poi appena arrivati brevi trattative per entrare ai concerti con una riduzione proletaria, o in alcuni casi veri e propri sfondamenti con tanto di spintoni, cariche e contro cariche. Una sera a Grosseto irrompemmo in una dozzina sul palco di Guccini prima che lui uscisse e cantammo "liberare tutti i dannati della terra" a favore dei detenuti in carcere, le sciarpe tirate su per non farci identificare dalla polizia, come se la metà dei presenti non ci conoscesse. Guccini stette al gioco unendosi al coro con la sua chitarra e un fiasco di vino che gli prosciugammo immediatamente tra le ovazioni della sala. Ma il picco lo raggiungemmo d'estate all'Umbria jazz. Una vera migrazione giovanile invase le campagne e le città umbre, con ogni mezzo, tutti aiutavano tutti, tutto si svolgeva all'aperto, la musica gratuita era di alto livello una generazione conobbe e si innamorò del jazz. A Castiglion del Lago una sera che suonavano Carla Bley e Sam Rivers trovai un gruppo di ragazzi e ragazze completamente nudi come uccelli sopra un ulivo secolare, ma nessuno ci faceva caso, come fosse la cosa più scontata del mondo. Io stesso tornando alla macchina con la quale eravamo venuti in sei, caricando per strada anche degli autostoppisti, trovai Brio che dormiva sul tettuccio come fosse un materassino. Mi limitai a legarlo con una fune al portapacchi perché non potesse cadere e farsi male. A Perugia in decine assaltarono un supermercato e la sera sul palco un ragazzo napoletano cercò di leggere un comunicato con cui si rivendicava l'azione in nome del diritto alla spesa gratuita per il proletariato giovanile in festa. Ma era balbuziente, fece involontariamente un grande numero comico, nemmeno il Troisi dei tempi d'oro l'avrebbe potuto eguagliare. Fu una delle ultime volte che ridemmo come matti. La luna di miele di pace amore e musica tramontò rapidamente anche nella provincia profonda del Far West maremmano. Chiaramente come un cavallo lanciato al galoppo più sfrenato non si può arrestare di colpo anche nel paese per un po' gli avvenimenti continuarono a correre, ma il momento irripetibile, l'estate che avrebbe cambiato il mondo in modo pacifico e definitivo stava finendo e il vento iniziò a cambiare direzione.

Mio babbo mi aveva dato una dritta lavorativa, assumevano operai avventizi a tempo determinato all'inceneritore intercomunale, poi chissà, dopo un rinnovo poteva trasformarsi in un lavoro stabile. Per non starlo a sentire ripetere venti volte la stessa notizia che fingeva di lasciar cadere casualmente tra un commento del telegiornale e un rimorchio di legna da caricare, feci la domanda convinto di esser scartato, che potevo vantare solo qualche stagione alla cantina sociale, ma chiaramente mi presero per tre mesi vista la patente che avevo. Il lavoro in sé era semplice e non molto faticoso. Controllare sui monitor lo scarico dei camion dell'immondizia nella grande buca, manovrare un grande granchio che calava e prendeva il pattume, trasportarlo sopra uno dei due forni che ardevano a 1500 gradi e lasciarlo cadere dentro. Per sette ore, intervallate da qualche giro in dumper e ruspa per sotterrare i residui ferrosi non bruciati. Il problema era dato dall'odore di bottino della spazzatura che macerava, ed il periodo estivo non aiutava. In più lavoravo in turni di due operai: mi potevano capitare il Leprino oppure il Becco, due simpaticoni che non aiutavano molto a far passare il tempo. Il primo, una pertica di due metri d'uomo, aveva una teoria: la puzza non esisteva o al massimo non si doveva sentire perché il naso dopo una settimana si abituava, ma mentre ti spiegava questo tutto compunto tirava fuori meccanicamente dalla tuta una boccia di profumo cecoslovacco fatto col cavolo che si buttava addosso, e ti buttava addosso a casaccio, una fragranza indegna quasi peggiore della puzza del pattume. Il Leprino vantava soddisfatto le sue conoscenze internazionali: era stato in gita ARCI a Mosca e Leningrado e poi a Praga dove aveva comprato il profumo mefitico che costava meno dell'acqua minerale, e la sua impressione sulla città era che "si mangiava bene ma le ragazze avevano delle gambe così pelose che parevano le setole di un cinghiale". Nel frattempo aveva sposato una contadina della Venturina e aveva messo su un bellissimo orto a cento metri dall'inceneritore. Appena gli feci notare che i fumi potevano contenere diossina e magari i bei pomodori essere inquinati mi dette una delle sue occhiate truci e storte, quelle che usava quando raccontava che aveva due passioni nella vita: la caccia alla lepre e l'orto. "Oh, un sarai mica dei verdi anche te eh, se no non si va d'accordo, che stai a vede' a sentì loro un vorrebbero si andasse a caccia, si usasse i concimi, o che banda è maremmaccia cane! Io so' bono e caro ma se mi rompono i coglioni tiro una fucilata a palla!" L'alternativa era lavorare col Becco, un tipo piccolino coi baffoni a manubrio e nervoso, che fumava come un turco grugnendo ordini incomprensibili e tutte le volte che era di turno si trovava a cancellare dal calendario o dall'agenda vicino ai monitor il suo nome accompagnato da "becco! Superbecco! Tanto sei più becco che lungo!" che i suoi turnisti gli lasciavano anche con disegnini esplicativi. Il fatto era che il Becco aveva sposato una ungherese, una biondona parecchio vistosa e alta almeno una spanna più di lui, il classico caso in cui in Maremma con finezza lessicale immaginifica ti dicono : "pe' arriva' a baciargliela ti ci vole la scala". Il Becco fortunatamente non girava col profumo cavolova, ammetteva implicitamente che l'orrenda puzza esistesse in quanto al tirare dello scirocco passava dalle due alle sei parole l'ora, tutte bestemmie colorite contro il lavoro e la puzza di merda, ma se possibile era persino più brutale del Leprino che tutto sommato aveva un certo codice etico. La mattina che gli feci notare ingenuamente il nido che delle rondini avevano fatto su un annesso dell'inceneritore, senza dire parola prese una scala, si arrampicò, lo distrusse e tornò masticando soddisfatto un rondinotto. Quel giorno saltai il pranzo, e iniziai a contare i giorni che mi mancavano al termine del contratto.

Mia sorella si era laureata sposata e stabilita nel lontano Meridione. Mia madre mi disse che aveva discusso con mio babbo ed ora si aspettavano che anch'io scegliessi una facoltà. "Lascia perdere la politica, tagliati i capelli, datti una regolata e studia davvero e se no, se non vuoi fare l'Università, sappi che come tecnico minerario sulle piattaforme petrolifere pagano bene, sai?". Ci parlavamo sempre meno, non esisteva più lo spirito del fantastico avamposto di campagna. I nonni ad uno ad uno si erano spenti, sempre più scettici su un mondo irriconoscibile per loro, ed anche la grande casa dei Michele a Scorgiano era stata abbandonata dopo due secoli per un anonimo condominio di cemento armato a Colle. Dopo alcuni anni tutta la fattoria di Scorgiano era diventata un resort di lusso fatto per attirare turisti inglesi e americani. D'altra parte i mezzadri non esistevano più, adesso squadre di operai agricoli a cottimo si occupavano delle vigne e dei giardini.

I miei erano sempre più stressati in lavori che non lasciavano che rari momenti liberi, si sorrideva sempre meno, e le comodità, gli elettrodomestici, i soldi che adesso permettevano di cambiare anche l'arredamento ed avere due auto non compensavano la dignitosa povertà di un tempo.

Oltretutto non riuscivano a capire la mia rabbia, il mio gesticolare e maledire, le discussioni finivano spesso male. Mio padre riusciva a mantenere la calma anche se spesso scuoteva la testa, cercava di farmi ragionare portandomi ad esempio Torquato, il nostro vicino di podere diventato senatore del PCI. Non capiva che quel tipo di politica per me non solo era finita, ma nemica.

Un giorno dopo l'ennesima scaramuccia mia madre non si

tenne più: "accidenti a te e a chi ti ha fatto porcoddissi! Tanto lo sentii appena incinta che crostino saresti stato! E poi dopo la tu' sorella che mi fece vedere i sorci verdi e non si capiva se sarebbe campata o no… figurati se ti volevo! Ho fatto di tutto per tirarti giù, ballare fino alle tre di notte, dare una mano a tuo padre in campagna, portare secchi pieni d'acqua, pesi… niente, sei nato di quasi 5 kg e hai cominciato a mangiare tutto, anche il buio avresti mangiato! Non arrivavi ancora con la testa al bordo del tavolino e già prendevi la roba da mangiare nel piatto di tua sorella, tanto che lei dalla rabbia ha cominciato finalmente a mangiare, in un certo senso le hai salvato la vita, ma di due figlioli qui non se ne fa uno a garbo!" E lanciò l'asciughino dentro l'acquaio uscendo di casa. Rimasi muto, non riuscii a ribattere niente come facevo solitamente. Impietrito, anche se non lo detti a vedere. "Gli uomini devono essere forti, gli uomini non devono mai piangere, gli uomini non devono far capire cosa hanno dentro, ma agire". Ricordo ancora queste raccomandazioni.

Alla fine mi iscrissi a Filosofia a Firenze ma a tempo pieno frequentavo solo i collettivi, spostandomi anche a Roma. Ci eravamo stufati di farci sparare addosso. Iniziammo a fare riunioni semi segrete, a staccarci dai vecchi gruppi che predicavano la rivoluzione a parole e poi partecipavano alle elezioni con risultati pessimi.

Tornai in paese per il funerale di Spartaco il leone, piansi come un bimbo ma stavo piangendo anche quella stagione di scoperte e stupori che mi sembrava così lontana e perduta. Ci ritrovammo tutti insieme, forse per l'ultima volta, vecchi e giovani, riempiendo la via fino alla porta medioevale che guarda verso Siena. Un vecchio compagno del CLN ricordò Spartaco e la sua incrollabile fede in un mondo migliore, libero, solidale. La sua schiena dritta negli anni bui, le persecuzioni patite. Alla fine della cerimonia mentre Marcello urlava: "sempre viva l'anarchia!" e il carro funebre con la bandiera rossa e nera partiva per il crematorio di Livorno, si avvicinò silenzioso alle mie spalle Mirto e mi disse in un soffio: "Paco stai attento, ho sentito dal responsabile del Partito che i carabinieri ti stanno curando, stai attento per favore. Questi scherzano poco, buttano via la chiave". Poi mi dette una occhiata di sbieco scuotendo la testa e si allontanò come se non mi avesse neppure visto.

Ho cominciato a essere più circospetto, ma neppure per un attimo ho pensato di tirarmi indietro. Istinto e fortuna mi aiutavano. L'istinto animale che ti fa percepire un pericolo senza spiegarlo. Avevamo un appartamento in centro a Firenze dove alcuni di noi vivevano e altri transitavano per organizzare manifestazioni e diffondere stampa movimentista, il cui confine con le formazioni clandestine era labile, specialmente per la polizia. Quella mattina ero appena arrivato nella via sotto casa ma qualcosa di inspiegabile mi aveva bloccato. Una forza misteriosa mi aveva obbligato a tornare indietro. Dopo un po' di fronte ad una vetrina avevo visto un tipo che mi seguiva. Era sicuramente della squadra politica della questura. Avevo raggiunto apparentemente tranquillo una libreria in centro, sempre col tipo che mi pedinava. Entrato dentro avevo chiesto a un commesso che conoscevo, uno di quei ragazzi assunti per qualche mese che simpatizzavano per noi e spesso chiudevano gli occhi sui libri portati via o pagati in parte, se ci fosse una uscita secondaria. Aveva capito subito, senza fare una piega mi aveva guidato in magazzino e da qui in un vicoletto laterale. A fatica ero riuscito a dirgli un grazie sottovoce. Il giorno dopo da Roma potevo leggere di sei arresti tra gli studenti universitari di Firenze. Alcuni sarebbero stati rilasciati dopo pochi mesi altri dopo diversi anni.

Le mie colonne d'Ercole le avevo varcate mesi prima dopo l'occupazione e la cacciata di Lama dall'Università di Roma. Avevo pianto di gioia e rabbia, avevamo infranto l'ultimo tabù, era ora. Le università erano occupate contro la circolare Malfatti, a Roma in particolare il movimento era fortissimo, i fascisti avevano provato a fare irruzione come nel '68 e respinti avevano sparato ferendo in modo gravissimo un compagno. La manifestazione seguente aveva fatto da detonatore. Incendiata la sede dei fasci c'era stata una sparatoria con la polizia con altri feriti gravi, le occupazioni erano aumentate ovunque, con il PCI tagliato fuori, il partito che prendeva su di sé il ruolo di gendarme "democratico", che tacciava tutto il movimento di essere in mano a provocatori, squadristi, intimandoci di sgomberare le facoltà occupate, che stavamo ostacolando la sua politica di compromesso storico e sacrifici. Quel giorno in realtà il PCI non voleva tenere nessun comizio, nessun dialogo, voleva semplicemente affermare di fronte alle istituzioni che con noi non c'entrava più nulla, non eravamo figli suoi né legittimi né illegittimi, eravamo nemici. Era un po' anche uno psicodramma collettivo, il tradimento dei padri, la rabbia dei figli, non più una contrapposizione politica ma una guerra definitiva. Giornali che sino al giorno prima avevano tuonato contro il '68 e gli estremisti che all'improvviso ne tessevano le lodi per contrapporli alla nostra marmaglia violenta, per dividerci. Quel giorno è iniziata l'opera di sistematica distruzione del Movimento, delle forze più vive e critiche della società, della scelta per molti obbligata e già perdente della lotta armata. Il PCI è riuscito in questa opera in pochi anni, senza ottenere nulla in cambio neppure un ministero di lenticchie, senza accorgersi di gettare i semi del suo stesso suicidio ben prima della caduta del muro di Berlino.

"Roma 17 febbraio 1977. Alle 8 del mattino, sotto un cielo plumbeo e le prime gocce di pioggia, gli schieramenti nell'Università erano già formati, anche se la tensione era ancora minima. Nel piazzale della Minerva il servizio d'ordine del PCI e del sindacato

con i cartellini rossi appuntati sul bavero della giacca, qualche giovane della FGCI, molte persone un po' attempate, due o tre tute blu, presidiavano la piazza del comizio. Armati di pennello e vernici sindacalisti e comunisti cancellavano le scritte degli indiani metropolitani, (l'ala creativa del movimento, composta essenzialmente da militanti dei circoli del proletariato giovanile). Prima fra tutte una a caratteri cubitali accanto ai cancelli principali dell'ateneo 'i Lama stanno nel Tibet'. Gli indiani dal canto loro non stavano a guardare. Su una scala di quelle da biblioteca avevano piazzato un fantoccio a grandezza naturale in polistirolo che doveva rappresentare il leader dei sindacati. Circondato da palloncini portava appesi tanti grandi cuori.

C'era scritto 'Lama o non Lama', 'non Lama nessuno' e altri giochi di parole del genere. I sindacalisti ed i servizi d'ordine del PCI erano perplessi, qualcuno sorrideva bonariamente, 'sono goliardi, non bisogna farci caso'. Qualcun altro invece già alla vista del fantoccio si era innervosito, 'è una provocazione inammissibile, Lama è un leader dei lavoratori'. Assiepati intorno alla facoltà di lettere gli indiani ballavano, cantavano, scandivano slogan polemici. Ritmavano ossessivamente 'sa-cri-fi-ci, sa-cri-fi-ci'. Ce l'avevano con il governo Andreotti ma soprattutto con i partiti dell'astensione. Il clima intanto si andava surriscaldando. Intorno al 'carroccio' degli indiani (ma c'erano dietro anche tutti gli altri collettivi, i militanti dei gruppi, e un paio di rappresentanti gay del Fuori), il servizio d'ordine del PCI aveva steso un cordone sanitario che ritagliava una larga fetta della piazza. La gente cominciava ad affluire, erano circa le 9 del mattino, e gli indiani già pigiavano sul pedale dell'ironia e del sarcasmo, anche pesante. 'Più lavoro, meno salario', 'Andreotti è rosso, Fanfani lo sarà', 'Lama è mio e lo gestisco io'. I militanti del PCI erano a quel punto non più perplessi, ma dichiaratamente ostili. Rispondevano con altri slogan 'via, via, la nuova borghesia', 'pariolini, pariolini'. Luciano Lama è entrato nell'università con una grande puntualità, ed è arrivato sul palco, un camion parcheggiato diagonalmente nello spiazzo fra le aiuole tra la facoltà di legge ed il rettorato. Dagli altoparlanti le solite note delle marce da comizio non riuscivano a soffocare gli slogan ironici degli indiani. Il clima a quel momento era arrivato quasi al punto di rottura. Alle 10 del mattino Lama ha iniziato il suo comizio mentre crescevano le proteste; gli slogan si facevano più violenti 'Il Corriere della Sera ha scritto che saremmo venuti qui con i carri armati, si è sbagliato, noi siamo qui…' Dal 'carroccio' degli indiani a questo punto sono partiti dei palloncini; pieni di acqua colorata e vernice. Nel servizio d'ordine del PCI c'è stato un attimo di sbandamento. Qualcuno deve aver pensato che si trattasse di qualcosa di pericoloso, molti si sono infuriati quando la vernice è piovuta sulla testa della gente. È partita allora una carica per espugnare il 'carroccio' degli indiani. Travolta l'area creativa del movimento, il servizio d'ordine del PCI, che ormai aveva raggiunto il fantoccio di Lama, è entrato in contatto con l'ala militante. Sono volati pugni, schiaffi, calci, poi il 'carroccio' è tornato in mano agli occupanti dell'Università che lo hanno usato come un ariete per controcaricare. A questo punto uno dei capi del servizio d'ordine della federazione romana del PCI ha usato un estintore contro i militanti dei collettivi. La nuvola bianca di schiuma è stato il segnale di partenza della rissa più selvaggia. Mentre Luciano Lama continuava il suo discorso, al centro della piazza, tra i due schieramenti ormai era un continuo avanzare ed arretrare a pugni e botte. Poi dal fondo, verso la facoltà di lettere, verso il servizio d'ordine del PCI, sono volate patate, pezzi di legno e qualche pezzo di asfalto. Lama ha concluso il suo discorso alle 10.30, mentre nella piazza in tumulto molti fuggivano, molti, soprattutto sindacalisti, restavano a guardare attoniti, alcuni cercavano disperati di dividere i contendenti, qualcuno già piangeva urlando 'basta, basta, non ci si picchia tra compagni'. Dopo Lama saliva sul palco Vettraino, della camera del lavoro di Roma, 'compagni, ha tuonato, la manifestazione è sciolta, non accettiamo provocazioni'. L'ultima parola è stata quasi un segnale. Un'ultima carica violentissima ha spazzato via il servizio d'ordine del PCI e dei sindacati che proteggeva il deflusso dei suoi militanti. Il camion è stato capovolto, distrutto, poi si sono scatenate le risse. A gruppi di due o tre, di dieci o quindici persone, nei viali alle spalle del rettorato, studenti e militanti del PCI e dei sindacati si sono affrontati, a bastonate, a colpi di spranga, di chiave inglese e sassate. Una rissa tragica, violentissima. Con gente che piangeva, che imprecava, feriti portati via a braccia (molti militanti dei collettivi non sono andati in ospedale perché temevano denunce). La facoltà di lettere era trasformata in una infermeria, i militanti del PCI venivano trasportati di corsa al policlinico. Poi mentre cominciava l'assemblea dei collettivi, alle 16.30, fuori dall'ateneo sono cominciati ad affluire i reparti della polizia e dei carabinieri. Qualcuno ha improvvisato barricate con tavoli, travi, automobili rovesciate, distrutte, demolite pezzo per pezzo. Colonne di jeep, camion, pantere, pullman di carabinieri hanno riempito rapidamente i viali intorno all'università. Una sola strada è rimasta libera, quella dell'uscita di via De Lollis, unica via di scampo per gli assediati".

Ci sono giorni che valgono anni. E poi anni che spariscono, dalla storia, dalla memoria dolorosa condivisa. Anni che sono stati definiti, incasellati, piombati. Statistiche, alcune migliaia di azioni, reazioni, attentati, stragi, ferimenti, omicidi. Dentro questi numeri ci sono migliaia di vite bruciate per sempre o marchiate a fuoco. Ne parla con il cuore gonfio Pino Tripodi in "Settantasette, la Rivoluzione che viene, scena settanta".

"E poi, cosa dovrei raccontare. Se chi mi ascolta ha fatto la rivoluzione è inutile che vada avanti. Se invece chi ascolta vuol fare una rivoluzione è dannoso che prosegua... io non ho un'identità precisa ora, né ce l'avevo allora. Se oggi mi dolgo di pascolare agiatamente

nell'insulsaggine totale di questa società di merda, nel '77 mi fregiavo di appartenere a quella terra di nessuno che chiamavamo autonomia diffusa. Sono stato comunista, ma il mio comunismo con quello della tradizione aveva a che fare solo per l'omonimia. La cosa ci ha creato tanti problemi. Dovevamo spiegare in continuazione di non essere affatto imparentati con quell'omonimo cognome. Molti di noi preferivano chiamarsi autonomi. Era un comunismo alieno. Era un comunismo eretico e sincretico, nutrito da Marx e dalla Beat Generation, dai consiliari e da Rimbaud, da Stirner e da Kafka, dagli anarchici e dai Pink Floyd, da Rosa Luxemburg e da Foucault, da Majakovskij e da Sartre. Un cocktail di comunismo che poteva shakerare tutti gli ingredienti o uno per volta, indifferentemente. Era un comunismo fatto più di poesia che di economia, che si trovava più a suo agio con le dissonanze della vita che con le immutabili leggi della storia, che amava più il tratto insondabile e intricato del segno rispetto alla prosopopea museale dell'opera. Era un comunismo che non combatteva per l'emancipazione del lavoro - nel suo orizzonte non c'erano schiavi che lottavano per diventare schiavi più dignitosi - se ne infischiava del lavoro, non scioperava per aumenti salariali e disprezzava il denaro perché amava la ricchezza. Avevo sempre da fare e ho lottato contro il lavoro - contro qualsiasi attività che non comportasse una scelta radicalmente ed indissolubilmente libera, anche fare l'amore può essere un lavoro - studiavo chissà quanto ed ho lottato contro la scuola e contro l'università. Ho combattuto il carcere perché mi sentivo recluso, ma ho combattuto anche la medicina, la psichiatria, la vecchiaia, la malattia, la tirchieria. La tirchieria, sì, perché i tirchi sono peggio dei borghesi, peggio dei fascisti. Dove c'è un tirchio in agguato la controrivoluzione è in cammino e la morte in arrivo. Ho odiato la paura, la paura di non riuscire a combattere contemporaneamente contro questo po' po' di roba, la paura di stancarmi, la paura di addormentarmi. Forse è per questo che sognavamo sempre senza dormire mai. Non sopportavo il pensiero dell'infelicità, del degrado, dei corpi per qualsiasi motivo impediti; non tolleravo l'autorità, il potere di qualcuno di assoggettare qualcun altro, ed ero lacerato alla vista della sofferenza e del dolore. Attraversando la città ogni giorno coglievamo infiniti segni dei nostri incubi. Bisognava fare qualcosa, subito. Avevamo la forza necessaria per non avere la pazienza di sopportare, anche per un solo giorno, che tutto ciò potesse ancora accadere. Tutto ciò non implicava un programma politico da realizzare con il partito o con l'organizzazione, no, implicava invece una scelta di vita. Riguardava l'azzardo di giocarsi la vita con un lancio di dadi. Dovevamo fare qualcosa, subito, con qualsiasi mezzo; con l'ironia e con l'hashish, con la fantasia e con il sesso, con l'amore e con le molotov, con gli acidi e i volantini, con i libri e con le pistole…".

Le promesse che seminavamo creavano grandi aspettative, seguite da delusioni immani, disastri emotivi. Ho confinato quei pochi lunghissimi mesi in un recesso della mia mente. Ma mi hanno forgiato per il resto della mia vita. Il 16 marzo del '78 capii che era iniziata la fine.

Con Fausto e Marcello ci eravamo iscritti alla facoltà di Filosofia di Firenze. Stella al conservatorio di Bologna. La tempesta perfetta del movimento del '77 ci aveva visti correre tra le prime file della sommossa giovanile. Il bello è che il movimento aveva fatto il pieno di nuovi ragazzi entusiasti, un po' diversi da noi, meno politicizzati, meno fricchettoni, ma molto pratici, bruschi persino. Si avvertiva chiaramente questa mutazione e molti dicevano: ora o mai più. Tutto correva e cambiava velocemente in maniera tumultuosa. Spazzati via gli gnaulii del rock progressive dal punk che arrivava come una bomba da Londra, Sex Pistols e Clash prendevano a schiaffi le sonnolenze fricchettone anche se, come sempre faceva notare Stella, "no future" non era un bel presagio. Ma ce la potevamo fare, mettere fuori gioco il vecchio potere, i vecchi partiti che venivano anzitutto irrisi dal grido "scemi, scemi!" Al posto delle vecchie comuni sorgevano case e soprattutto centri sociali autogestiti, nuove occupazioni di palazzi, scuole, persino campagne da gestire in modo nuovo. Ma avevamo ancora una volta sottovalutato la reazione statale furibonda, come dieci anni prima, ma con la novità della benigna assistenza del partito dei nostri padri, di buona parte della sinistra, con l'opposta azione ma lo stesso risultato di chi aveva preso la scorciatoia della lotta armata. Stritolati tra le tenaglie statali e quelle staliniste in pochi anni fummo fatti a pezzi. A migliaia, decine di migliaia, uccisi, feriti, arrestati, processati, perseguitati, diffamati, esiliati, derisi, spinti ai margini, in bocca all'eroina e poi ai Muccioli senza una possibilità di riscatto, di rispetto, di ricordo storico. Ammucchiati in definizioni tombali come "anni di piombo", dimenticati rapidamente in nome del profitto, dell'edonismo, della nuova parola d'ordine "arricchitevi!" che echeggiava da New York a Pechino passando dalla Milano da bere. Un massacro sociale che va ben oltre ogni racconto. Una generazione perduta. Cancellata, tranne che dal bollettino dei ricercati.

L'ultima grande manifestazione nazionale degli studenti sfociata in una battaglia furibonda era stata quella del 12 marzo '77 a Roma. L'uccisione dello studente Francesco Lorusso a Bologna il giorno prima aveva provocato manifestazioni e scontri ovunque, con le barricate nella zona universitaria di Bologna espugnate dopo due giorni dai carri armati dei carabinieri mandati dal ministro Cossiga che incitava a massacrarci e arrestarci tutti. Di lì a poco sarebbe diventato uno dei peggiori presidenti della repubblica che l'Italia abbia mai avuto, e non avrebbe sfigurato neppure nel confronto storico col generale Bava Beccaris e le sue cannonate sulla folla a Milano nel 1898. Il 12 marzo a Roma erano confluiti quasi centomila studenti e subito la manifestazione era stata attaccata col lancio di centinaia di lacrimogeni creando spezzettamenti dei cortei, caos, urla, fughe davanti alle cariche, ma anche il ricomporsi e ripartire ostinati contrattaccando con una pioggia di bottiglie molotov. Più che primavera sembrava autunno per il freddo e i rovesci di pioggia. Una armeria era stata assaltata ma i fucili erano stati gettati nel Tevere, qualcuno era tornato a casa con delle canne da pesca, alla fine c'erano state anche delle sparatorie, solo per caso non era morto nessuno. Grazie a dei compagni romani che mi avevano nascosto in una casa di studenti fuori sede mi ero sottratto ai rastrellamenti della notte in cerca dei manifestanti dispersi che cercavano i pullman o i treni per tornare a casa. Solo così erano stati fermati a centinaia. La sera del giorno seguente ero rientrato al podere. Mia madre non mi aveva detto nulla ma si vedeva che era spaventata. Mio babbo aveva tirato un sospiro di sollievo, già aveva iniziato a telefonare agli ospedali. Non li avevo mai visti così preoccupati.

Avevo chiuso per ultimo le stanze col ciclostile alla fine dell'estate. La pietra tombale del collettivo dopo le varie defezioni e sparizioni personali era stata la decisione di Anna, Stella e altre ragazze di andarsene per conto loro come femministe. Dopo discussioni lunghe e accese tra sordi, che ormai si parlavano almeno due lingue diverse avevano lasciato sul tavolo un messaggio scritto di addio.

"Vi vogliamo bene, ma non capite quello che hanno fatto le donne. Una rivoluzione, vera. Siamo stati anni a predicarla nei gruppi, nei collettivi, persino nella tattica elettorale, con risultati pessimi. Loro l'hanno fatta, perché far uscire di casa le donne, farle prendere coscienza del proprio corpo, del proprio ruolo, della propria forza, farle lottare contro il patriarcato e leggi fasciste è stata una rivoluzione. E ci dispiace per te Paco, per te Fausto, vedere le vostre facce lunghe quando siete dovuti rimanere in coda al corteo delle donne a Roma che inutilmente il servizio d'ordine di Lotta Continua ha tentato di capeggiare ma nulla sarà come prima, è bene ve ne rendiate conto. Intanto Anna, Stella, Lorella, Giulia, Sandra non vi lasciano umanamente, sia chiaro, ma nella misura in cui lasciano il collettivo operai-studenti (che poi è ormai solo megafono di Lotta Continua) come organizzazione maschilista e centralizzata, vecchia, inservibile per questi nuovi giorni. Abbiamo messo su il collettivo femminista e adesso le nostre poche forze le spendiamo con le compagne, che alla centralità operaia non crediamo più, c'è troppa arretratezza in chi pensa all'altra metà del cielo con atteggiamento paternalista se va bene, padronale quando va male".

Erano passati pochi anni da quando avevano formato il collettivo, sembrava una vita intera, densa, bella e lontana. L'uscita delle femministe era il colpo di grazia, insieme all'arrivo dell'eroina.

"Roma, novembre '76. Ciao Paco, possiamo mandarti solo 'sta roba qui. Stampa Alternativa ha il magazzino sigillato. L'altro ieri hanno fatto il processo a 'contro la famiglia' e mi sono beccato diciotto mesi (un anno e mezzo!) di condanna più l'interdizione dai diritti civili e politici, confisca del libro e mandato di cattura (che ancora non è certo al cento per cento.) Siamo ormai con le spalle al muro. Se riusciamo a prendere qualche boccata d'ossigeno, lanciamo i prossimi giorni una campagna nazionale di autodenunce lotta e raccolta di soldi: però al momento non abbiamo neanche i soldi per un volantino. Debbo dirti, con rabbia e con dolore, che questo è stato possibile anche per colpa di Lotta Continua; non i compagni come te ai quali mi lega un affetto e una stima profondissima, ma i testa di cazzo che siedono dietro le scrivanie a Roma, una razza di burocrati che non ha niente di meglio di tutti gli altri. Basta che pensi che il primo attacco forsennato al libro 'contro la famiglia', da sinistra, lo ha fatto l'attuale super presidente dei Circoli Ottobre Marco Lombardo Radice, sulla rivista 'Cominciamo a fare le prove' dove i toni erano simili a quelli che Marcello Clark, nazifascista

di Civiltà Cristiana, ha usato per denunciare il libro alla procura della repubblica di Roma. Forse questa è l'ultima lettera che ti scriviamo. Tu però continua ad usare casella postale e conto corrente, quelli funzionano sempre perché bene o male qualche compagno rimarrà in circolazione a Roma. Molto amore, Marcello B.

P.s. sono stato al congresso nazionale di L.C. a Rimini e devo dirti che quello che le compagne hanno fatto è stato fantastico!".

"Per costruire dei servizi d'ordine c'è bisogno di una linea generale che permetta di intervenire ovunque e che la forza di massa si eserciti nelle manifestazioni generali, nelle occupazioni delle case, negli scontri dei disoccupati. Un partito rivoluzionario senza servizio d'ordine è un partito disertore. Che dicano pure che Lotta Continua predica l'utopia! Quando questa utopia è praticata dalla prima fila del proletariato e l'utopia è ben piazzata tra questa gente, la borghesia non può dormire sonni tranquilli. C'è una linea che già oggi è in grado di fornire risposte e organizzazione a chi vuole cacciare i fascisti dai quartieri, sia che distribuiscano volantini, sia che distribuiscano droga, a chi vuole fare le barricate, a chi vuole occupare fabbriche, stazioni, scuole. A chi vuole ridurre i prezzi del cinema, della musica e dello sport. Ovunque la contraddizione tra proletari e borghesi prende forma di lotta dura, di scontro, quello è il nostro posto!"

Erri De Luca congresso nazionale di Lotta Continua,
Rimini 3 novembre 1976

In paese ci eravamo sbattuti tantissimo per creare una radio nostra, libera, anarchica, di movimento. Come e più di Radio Brigante Tiburzi a Grosseto. E lo facemmo con mezzi leciti o meno, coinvolgendo in un canto del cigno anche Alessio e i suoi amici, chiunque ci capitasse a tiro e ci potesse far gioco. A un certo punto era tutto pronto, l'antenna, gli amplificatori, il microfono, con Fausto facemmo anche la prova. "Uno, due, tre, prova, sì, prova, ci siamo, qui Radio Malaria, uno due tre…" ma non c'era più nessuno in giro, le riunioni andavano semi deserte, molti dopo il 16 marzo avevano paura, sparivano tutti tra Massa, Follonica, Grosseto, chi arrestato, chi suicida, chi con l'ero, chi fuggiva in oriente, le donne per conto loro, nelle due stanze nei vicoli non ci passava più nessuno, cosa potevamo dire da soli? Le attrezzature rimaste a prendere polvere le rivendemmo a quattro soldi e alla fine chiudemmo anche le stanze. Ricordo una delle ultime sere, gli chiesi a cosa fosse servita tutta questa nostra storia, tutto quello che avevamo fatto, perché dovesse finire così. Fausto mi sorrise nelle tenebre ma la sua voce era cupa: "non è importante che tutto sia finito, è importante che abbiamo fatto quello che dovevamo fare, è importante che sappiamo che è stato giusto farlo, senza nessun rimorso. È importante che rimaniamo liberi qualcuno deve rimanere per raccontarla, che la memoria non si perda, almeno quella, mi raccomando, se no moriamo anche noi prima che ci seppelliscano".

Pochi mesi dopo Fausto fu arrestato per pochi grammi d'erba e rilasciato solo un anno più tardi. Non gli pareva il vero agli sbirri di avere una scusa per ingabbiarlo un po'. Alessio invece fu arrestato il giorno del suo matrimonio, scontò alcuni anni in carcere per traffico di stupefacenti, poi si trasferì a Barcellona e mise su un bar di tendenza tra i coatti catalani. Del resto come faceva quel vecchio slogan? "droga, sesso, alcool e perversione, queste le armi contro il padrone!"

Ne persi per un po' le tracce.

Avevamo partecipato alle occupazioni, alle manifestazioni con tanto di assalto alla sede centrale dei carabinieri a Firenze, al grande convegno contro la repressione di Bologna dove avevamo ritrovato Stella che distribuiva opuscoli degli indiani metropolitani, ma alla fine del '78 eravamo tornati a casa. Il movimento dopo il sequestro Moro era ormai sconfitto. Mi ero rifugiato in campagna e nella fotografia, Fausto aveva trovato lavoro nella comunità montana.

Anche Marcello si era mosso per trovare un posto di lavoro in acciaieria a Piombino. Era finito invece in una delle tante ditte che lavorano in subappalto alla manutenzione dei forni fusori e degli impianti. Un lavoro duro, pericoloso e malpagato.

Spesso ai primi cambi di gestione e ristrutturazione finiva per lunghi periodi in cassa integrazione, e questo lo aveva depresso ancor di più della fine del movimento, lo faceva sentire umiliato, mal mantenuto e sopportato. Per sfogarsi aveva iniziato a correre. All'inizio si limitava a qualche km non più di un'ora al giorno, ma via via che cominciava a essere allenato ci aveva preso gusto e aveva ampliato distanze e orari, si era presentato con buoni risultati a maratone in giro per l'Italia e corso perfino la cento km del Passatore da Faenza a Firenze arrivando trentesimo su tremila partecipanti. La cosa a quel punto aveva preso una piega imprevista; con spavento e piacere mescolati in egual misura si era accorto che non riusciva più a smettere e che doveva correre sempre con qualsiasi stagione e orario, dormire gli cominciò a sembrare una perdita di tempo e piacere, un distogliersi dall'unica cosa che lo faceva star bene. Parlargli era diventato quasi impossibile, ogni tanto ci provavano Fausto e Robertino affiancandolo in moto ma con scarsi risultati, se non sembrare la staffetta di una gara, io avevo provato a farlo fotografandolo alla maratona di Livorno, ma avevo ricevuto un saluto frettoloso mentre sempre di corsa dopo il traguardo si apprestava a rientrare in paese. Aveva cominciato a correre sempre più, aveva perso il lavoro, ma aveva continuato a correre, notte e giorno, sotto il sole e la pioggia. Non riusciva più a fermarsi, in paese lo avevano dato per fulminato, un altro che allungava la lista delle anime perse del purgatorio cittadino.

Intanto avevo avuto un figlio con Anna. Un buffo riccioletto chiamato Ernesto a cui nei momenti delle fiabe della buona notte mi piaceva sostituire alle morali edificanti storie incredibili e mischiare i più vari personaggi storici, da Re Artù e Lancillotto a Garibaldi e Che Guevara, fino a Durruti, Severino Di Giovanni e Lupin divertendomi forse più io di lui che comunque, e questo era quello che contava, a un certo punto si addormentava profondamente.

Altre volte spaziavo un po' sulla storia familiare e questa invece lo teneva sveglio come un grillo.

"C'è stato un tempo, lontano, ma così vivido da avvertirne ancora l'aria fresca in faccia, in cui mi stupivo felice delle lucciole che facevano i soldini e di Babbo Natale e la Befana che portavano dolci e giocattoli. Era una gioia ancora pura, alimentata dalla solitudine in questo podere dell'Ente Maremma, senza ragazzi più grandi che potessero infrangere con la loro malizia i miei sogni ad occhi aperti. Era un tempo povero, difficile, duro, vivere in campagna non era facile. Ma era anche un tempo felice proprio perché le difficoltà facevano apprezzare i faticosi passi in avanti, i pranzi e le cene sudate e stanche. E dopo la cena poter giocare a battaglia navale con mio babbo, o a shangai con mia sorella, o andare a veglia dai vicini, racconti, balli, biscotti fatti in casa e bicchierino del Bendinelli Tre Stelle, imitazione toscana del cognacchino. Il Far West era il nostro, il confine tra i film e la nostra realtà inesistente. Niente energia elettrica, solo luce a petrolio, niente telefono, urli da un campo all'altro, niente acquedotto, strada a sterro, bosco tutto intorno, miniera poco lontana. Vitelli, maiali, galline, faraone e conigli. Un cane che parava i maiali, faceva la guardia e mangiava gli avanzi, un numero variabile di gatti che mangiavano topi, lucertole, bisce, falchi che mangiavano i serpi, serpi che mangiavano i topi. L'arca di Noè sotto casa. Mio babbo era un seguace del progresso, delle moderne tecniche, ma all'occorrenza provava anche le vecchie. Una mattina era stato convocato un rabdomante. Una specie di stregone che avvertiva le falde d'acqua. Impugnando il suo ramo a forcella si era mosso per ore

finché a un certo punto aveva iniziato a tremare ed il ramo aveva puntato verso terra. Qualche mese più tardi in quel punto sarebbe sorta una pompa a vento con la girante tonda come si vedono in Maremma. Nel bosco costruimmo un deposito per l'acqua che per caduta arrivava al nostro ed ai due poderi vicini. Figliolo caro questo era il mio mondo, e i film, le foto di vostro nonno, i miei sogni stessi erano in bianco e nero, e se ripenso alla luce invernale fredda, alle nuvole che correvano dalle montagne verso il mare, penso in bianco e nero. Crescendo avrei cercato di mettere quella luce e quei sogni nelle foto che scattavo. Ma quel Natale di tanti anni fa avevo per la prima volta espresso un desiderio ad alta voce, talmente grande da crederlo impossibile. Non so cosa mi fosse preso, avevo 9 anni e iniziavo a crescere, forse avevo visto i giocattoli nuovi nella vetrina del negozio-emporio che tua nonna gestiva in paese. Quel Natale del '65 dissi che mi sarebbe tanto piaciuto un trenino col plastico, la stazione, le gallerie. Forse era anche il desiderio di andare in treno, non c'ero mai stato. Mia mamma scosse la testa e si limitò a dire che non ero stato così buono da meritare un dono così grande. Mio babbo non disse niente. Nonno Bovisio parlava poco, ma i suoi silenzi pesavano. Il problema non era neppure economico, ma pratico, non avevamo la luce in casa e senza corrente elettrica non si poteva far correre un trenino. In quei giorni di dicembre con mia sorella andammo a fare la borraccina nel bosco, poi montammo il nostro presepe con le statuine di coccio anni '50, bellissime, piccole, vive, piacere nel metterle, spostarle, avvicinare i Re Magi, commentare se fosse migliore il bue del presepe o quello vero della stalla che, troppo grande, non sarebbe entrato in quella capanna. Ma io rimuginavo sul trenino, lo pensavo, e anche se non dicevo niente lo si capiva. Ma alla vigilia ero quasi convinto, era probabile averlo quanto la luce elettrica che regolarmente ci promettevano da anni i capoccia dei partiti che si fermavano a salutarci. Anni dopo mia mamma mi raccontò che babbo era stato alzato fino alle ore piccole per montare su una grande tavola di compensato il plastico con la stazione, i binari, incroci, scambi, gallerie, treno merci e passeggeri. Al risveglio la mattina di Natale ero talmente felice e stupito che non mi riuscì aprire bocca per un bel po'. Ogni tanto li andavamo a guardare, io e mio babbo, quei trenini e si discuteva delle motrici e dei vagoni, si immaginavano sbucare dalle gallerie, fermarsi alla stazione. L'anno successivo mi portò con sé a Milano alla grande fiera per la prima volta in treno, quello vero. Mi aveva regalato un paio dei suoi occhiali da sole a specchio e diceva agli altri che ero il suo segretario, pensa un po'! Quei trenini qui non hanno mai corso, qualche anno più tardi si smontarono e donarono a dei bimbi di campagna più piccoli e poveri, e lì finalmente hanno sferragliato. La corrente elettrica nel nostro, e nei poderi vicini dell'Ente Maremma, è arrivata nel 1973, quando già consumavo i dischi del grande Jimy Hendrix nel giradischi a pile, e non è arrivata per un piacere di qualche capoccia, ma per una nuova legge della Comunità Europea. Come aveva promesso da sempre vostro nonno quella prima notte lasciammo accese tutte le luci e facemmo festa. Ma ora qui si spegne la luce e si dorme!

Buonanotte Ernestino!"

Tutto sommato è cresciuto forte e duro come un leccio, abbiamo cercato di fare con lui quello che i nostri genitori hanno fatto con noi, ma naturalmente non è possibile fare paragoni, "il mondo si è baltato" nel frattempo come mi disse all'ultimo nonno Santi. Anche la nostra vita dopo la disfatta del Movimento. Ognuno se ne è andato in ordine sparso spargendo più macerie che sementi.

Ho conosciuto la solitudine dopo che per un tempo ostile avevo cambiato spesso casa e città. Ero disposto a tutto prima di perdere la libertà. Invece non si sa per quale combinazione di istinto, caso, amicizia, nessuno mi ha denunciato e nessuno mi ha arrestato. Un mio vecchio compagno di Roma che poi è diventato un medico affermato mi ha procurato un biglietto aereo e i contatti giusti. Mi ha fatto cambiare aria per un po'. Nel posto giusto al momento sbagliato. Sono andato prima a Damasco, poi a Beirut, ospite dei nostri compagni palestinesi del FPLP. Proprio quando l'esercito israeliano ha deciso di regolare i suoi conti con l'OLP e Abu Ammar, noto in occidente come Yasser Arafat. Mi ritornò in mente in quei giorni il film "Lawrence d'Arabia", film che mi fece sognare viaggi esotici dopo averlo visto da ragazzino in paese in un cinema affollatissimo, la vita poteva diventare ferocemente ironica. Mi ritrovai in una città bella e dolente con bambini dagli occhi grandi, curiosi e allegri che correvano a frotte impegnati in giochi di guerra finta con armi vere. E guerra vera con gli israeliani che giocavano con le milizie palestinesi intrappolate in città come il gatto con il topo. L'urlo delle ambulanze della mezzaluna rossa che spesso riportava i pezzi di quei ragazzini. Ho pensato che almeno mi potevo rendere utile e combattere anche qui la mia battaglia. Non avevo più nulla da perdere.

Eppure mi sentivo vivo in quella disperata allegria, in quel mondo che subito mi aveva accolto come un figlio, trattandomi come un ospite di riguardo. Vivevo presso la famiglia di un medico dirigente del FPLP che parlava italiano essendosi laureato a Roma. Hamed mi spiegava la situazione politica e militare, mi portava spesso al piccolo ospedale da campo che era stato allestito tra le macerie dei bombardamenti. Nei momenti liberi mi faceva dare lezioni da alcuni miliziani con armi anticarro. Giravo con una pistola alla cintura che Hamed mi aveva dato dicendomi sorridendo che così adesso ero diventato la sua guardia del corpo. Visitavamo molte case e campi, decine di volte ci accoccolavamo per prendere tè e dolci, ovunque ero presentato come un rivoluzionario italiano amico fraterno del popolo palestinese e della sua causa. Ricevevo decine di abbracci e benedizioni, da parte mia masticavo un po' di frasi in arabo; a parte i convenevoli la mia preferita era "Thawra atta' nasr - Rivoluzione fino alla vittoria". A casa Rashida badava a tre bambini dagli occhi neri, la femmina Jasmina, faceva il segno di vittoria con le manine e poi sorrideva guardandomi con aria interrogativa solo quando il tonfo cupo delle esplosioni sempre più vicine faceva tremare tutto come in un terremoto. In quel caso la prendevo in braccio mentre Rashida prendeva per mano gli altri due fratellini e scappavamo con altre famiglie in una cantina che faceva da rifugio antiaereo. Lì, alla luce fioca di una lampada a gas, sotto lo sguardo benevolo dei poster di Arafat, Habbash e Leila Khaled, Rashida mi parlava senza abbassare gli occhi o nascondere con fazzoletti il suo volto splendido. In un inglese molto migliore del mio mi diceva come stesse lavorando per l'organizzazione con le donne palestinesi, come fosse fiduciosa che questa rivoluzione ormai in marcia non si sarebbe fermata fino a che la Palestina non fosse stata liberata, i suoi uomini e le sue donne emancipati. Ero io invece con imbarazzo ad abbassare gli occhi quando mi chiedeva della nostra rivoluzione. Era lei a farmi coraggio alla fine, un giorno mi disse di non disperare mai, e mi citò una poesia di Hikmet "la speranza, la speranza, la speranza: la speranza è nell'uomo".

Non saprei dire quanto è durata. Ripensandoci alcune volte mi sembrano pochi giorni, altre dei mesi. Le giornate infinite che quando il buio si decideva a imporsi ci pensavano i bengala a illuminare tutto sinistramente a giorno. E ogni minuto vissuto con tutti i sensi dilatati e all'erta si protraeva per una eternità. Ogni volta che salivo con Hamed su un pickup ero conscio che potevamo saltare in aria da un momento all'altro centrati dalle bombe o i missili dell'aviazione israeliana. Ma ero assolutamente calmo, una calma profonda che andava oltre le mie stesse intenzioni, confinando sicuramente col fatalismo atavico familiare. Mi gingillavo allora per distrarmi con pensieri macabri, tipo chiedermi se avrei avvertito il distacco della testa dal collo, o se la testa su un corpo comunque maciullato avrebbe per qualche frazione di secondo continuato a elaborare pensieri a una velocità assurda, magari come sostenevano tanti mi avrebbe fatto rivedere il film della mia vita in pochissimi secondi. Altre volte venivo incoraggiato a fotografare rovine, soccorsi, miliziani che gridando brandivano in alto i loro kalashnikov. Ma non ero più sicuro che queste fotografie sarebbero servite a scuotere le coscienze come era accaduto per la mia generazione alcuni anni prima. Il racconto ormai lo facevano le tv più che i fotoreporter e chiaramente chi controllava le tv imponeva il suo racconto qualunque fosse la verità oggettiva.

Anche a livello lessicale. Lentamente "i territori palestinesi occupati illegalmente da Israele dopo la guerra dei sei giorni" erano diventati "i territori palestinesi occupati" e infine "i territori" ove far nascere decine, centinaia di colonie israeliane. Ove sbarbare ulivi centenari palestinesi per far posto a strade e tangenziali in nome della sicurezza. Sembrerà strano ma le olivete distrutte equivalevano per me agli omicidi mirati, alle stragi. Erano un reato contro l'umanità. Decine di generazioni e avi contadini insorgevano per questo scempio dentro di me.

Non so che fine abbiano fatto Hamed e Rashida, in seguito mi dissero che avevano perso i contatti con loro dopo che si erano trasferiti a Damasco.

Estate del 1982 bombardamenti dal cielo, dal mare e da terra, tra una partita e l'altra del mondiale di calcio. Ho scoperto che i ragazzini palestinesi erano tutti per noi. "Paolo Rossi-squadrazzurra!" Foto di un popolo orgoglioso, bagliori di bombe e di tv con il commento in arabo delle partite e i gol di Pablito intervallati dalle urla dei feriti e dei miliziani mentre gli shebab gioivano dei gol. Chissà che bei bianco e neri ma non li ho mai visti, la Yashica per una cannonata è finita sotto dei calcinacci, le tendine sfondate i rulli dispersi durante la fuga precipitosa. Dopo un abbraccio frettoloso con Hamed e Rashida, mi hanno caricato quasi a forza su un vecchio Mercedes che mi ha riportato a Damasco, non volevano martiri italiani, ne avevano d'avanzo in proprio. L'Italia ha vinto il campionato del mondo ma non abbiamo potuto vedere la finale, l'arbitro era israeliano e le tv arabe non l'hanno trasmessa. La radio sì, urli di gioia nella notte e raffiche di mitra sparate in aria. L'ultima festa per molti di loro prima che Abu Ammar fosse costretto in esilio a Tunisi, prima del massacro di Sabra e Shatila. Niente da fare, sono rimasto vivo e sono sopravvissuto anche a questo inferno.

Anna non aveva lasciato messaggi scritti questa volta. Effettivamente aveva cercato di parlarmi, di avvisarmi che stavo andando alla deriva, che non sarebbe rimasta ferma a osservare lo sfacelo, che eravamo giovani e potevamo ancora ricominciare da capo magari in un'altra città o paese. Forse andare in Francia dove aveva amici e parenti. Rimanere a Massa era fuori discussione, era un posto segnato da Dio e dagli uomini e il podere vicino alla miniera di Niccioleta stava in un luogo ancor più tragico. Ci eravamo illusi, davvero stupidi a pensare di essere inattaccabili da tanto dolore che aleggiava intorno, di poter cambiare tutto e tutti.

Non le rispondevo, prendevo su per greppi boschi e poggi, trovavo un minimo di sollievo quando non sentivo più i rumori delle auto o della miniera ma solo il sibilo del vento o lo sfrascare brusco di qualche cinghiale. Dopo mesi di incertezza e silenzi lei un giorno aveva fatto due valigie e con Ernestino in collo mi aveva salutato in lacrime.

Era andata a vivere da Stella a Bologna che per un po' l'avrebbe ospitata.

Mi ero seduto sul gradino d'ingresso a veder passare il tempo, le stagioni, la luce e a notte fonda mi addormentavo sul divano davanti al camino aspettando che qualcosa accadesse. Erano passati altri mesi finché un giorno era arrivata una lettera di Anna da Parigi. Sostanzialmente lavorava, Ernestino cresceva e stava bene. Alla fine ce l'aveva fatta a porre tra sé e la Maremma maledetta 1500 km.

Avevo deciso di non andarmene come tanti dall'Italia, mi sono giocato il destino affidandomi all'istinto e alle radici. Sono rimasto a vivere nel podere anche se in realtà ho continuato a vagare solitario e mi sono aggrappato negli anni alla mia macchina fotografica come a una zattera. Ho iniziato a fotografare in lungo e largo per l'Italia, spesso barattando le mie foto per un tetto e un piatto di pasta, altre volte riuscendo anche a organizzare mostre e collaborazioni con gruppi di volontariato, foto dalle campagne saccheggiate dai nuovi ricchi e dalle zone terremotate. Seguendo vecchi contatti mi ero ritrovato in Calabria. Qui avevo incontrato per caso un professore attivista dell'Opera Nomadi di Cosenza, un tipo simpatico e impegnato con un cappellino alla John Lennon e una spilla dei partigiani yugoslavi e immediatamente mi aveva ingaggiato alla meno peggio per un progetto di sensibilizzazione sulle popolazioni rom calabresi. Dormivo in una baracca a Gergeri lungo il fiume Crati insieme a una famiglia rom orgogliosa di avere una figlia che frequentava l'Università di Arcacavata. Il giorno con l'auto di Claudio visitavamo le situazioni più disparate. Fotografavamo tutto e tutti visitando baraccopoli attorniati da bimbetti urlanti. Ci offrivano un caffè fatto con la stessa acqua che provocava dissenterie tra i ragazzini e mentre parlavamo accoccolati su dei tappeti o divani sfondati facevano la loro comparsa serpi e rattoni cacciati a sassate e colpi di scopa. Claudio era il tramite con "i gagè" per cui ovunque riceveva accoglienze cordiali, suppliche, questioni da dirimere come saggio e paciere. Nella Sila albanese locali attivisti della comunità arbereshe ci informavano dell'avanzare del collettivismo anarchico anche se stranamente le elezioni comunali venivano vinte dai soliti tristi figuri. Ma non sempre filava tutto liscio.

Una mattina nel rione Archi di Reggio Calabria ci eravamo trovati in mezzo ad uno scontro tra due clan rivali, urla, coltellate e poi colpi di pistola da una macchina in corsa proprio dirimpetto alla sede della Polizia di Stato. Dopo un paio di minuti un tipo in divisa che sembrava il sergente Garcia si era affacciato facendo un gesto come per scacciare delle mosche e si era richiuso dentro. Claudio aveva deciso di cambiare zona e andare al campo di Nicastro dove un vecchietto conviveva con un cavallo in una baracca.

Dalla Calabria ero passato alla Bosnia per via della guerra che la devastava. Qui avevo incontrato vecchi compagni in un convoglio organizzato da Radio Maria. Ho le foto, se no non ci crederei neppure ora di averli visti consegnare un ciborio alle suore di clausura in un convento sulla linea del fronte. Erri De Luca e Radio Maria. Il capo del servizio d'ordine di Lotta Continua e i parà della Madonna. Veramente un miracolo.

Con Fausto avevamo deciso rapidamente. Subito abbiamo conosciuto un gruppo di ragazzi di Bergamo dal beneaugurante nome Mir Sada. Tra loro gli animatori erano Susy e Vittorio. È nata un'amicizia forte cementata dalle lunghe nottate di viaggio o di attesa alle frontiere sotto i bombardamenti o la sferza del vento freddo dei Balcani. Le famiglie adottate e i sorrisi di bambini spauriti, le vedove dignitose e forti, i minareti mozzati e il ponte di Mostar distrutto e muto.

Provando a vuotare un mare di odio con il nostro secchiello. In realtà ricevendo più affetto di quanto riuscissimo a darne. Ho conservato le lettere che ci scrivemmo con Susy.

"Ciao, scusa se non ti ho risposto per tanto tempo, ma sono ritornata a Mostar questa primavera, ed allora eccomi qua! Cosa ne penso di Mostar?.. Penso che è una città magica e lo resterà sempre. In tutto questo tempo ho capito davvero la realtà del fatto che ognuno di noi è solo. La mia casa sono solo io, il mio posto è dove sono in quel

momento; un processo continuo. Proprio come il trasparente cielo di Mostar che non cambia, anche quando c'è un temporale... Chissà perché mi sembra un tradimento nei miei confronti, i suoi toni sembrano infiltrarsi in profondità, nel cielo che si riflette dentro me. Nei momenti in cui capisco ho sempre paura.

Immagini e ricordi che scorrono veloci. L'aria è limpida ed il tempo stranamente immobile... Vorrei essere ancora lì, mentre il vento passa trascinando via i miei pensieri erranti, che addensandosi negli spazi tra un palazzo e un altro, tra le macerie, nel buio si trasformano in lacrime. Mi piace cosi, quando i confini tra le cose si confondono, la notte che sfuma nel giorno. E ritrovi le parole nei silenzi di quei gesti quotidiani, nell'odore inconfondibile di una colonna di fumo che si alza da un cassonetto lontano, che si mischia con quello della mia sigaretta e di un caffè. Ma la visione del fiume di notte che scintillando scorre ad una velocità travolgente è cosi impressionante che ogni volta ne sono assorbita. Il suo rumore arriva con una risonanza fantastica, in perfetto accordo con la mia mente, con le mie immagini scolpite nello sguardo. Tutto è collegato, e come parte di questo insieme ho vissuto, e continuerò a vivere.

Ho imparato ad apprezzare le cose semplici ed è la possibilità e non la garanzia che mi fa andare avanti. Me l'ha insegnato questa gente.

Sono davanti ad una scritta, don't forget, il paesaggio che vedo con gli occhi del cuore è infinitamente più triste di quello che riesco a catturare con una macchina fotografica, ma per quanto possa fare quel paesaggio non ho modo di cambiarlo, come i silenzi che nascono tra me e lui. E grazie al fatto di non parlare si condividono perfettamente le cose, i sentimenti, le emozioni. I ricordi di un sentimento che rimarrà per sempre come un giudizio sospeso. Hanno ricostruito il ponte. Eternità.

So che comprendi, in fondo è stata una parte comune della nostra vita.

A volte però mi manca l'atmosfera del gruppo, il cucinare per tutti, lo stare in piedi fino a tardi anche se vorresti solo dormire, scaricare il furgone perché hai forato e con il cric non riesci a sollevarlo, le risate e anche i malumori, il parlare insieme scambiandosi impressioni, commenti, emozioni...

Mi manca tutto il Mir Sada, mi mancano tanto Vittorio, Andrea, Gigliola, Fausto, Paco, Claudio, Vincenzo, Grazia, Maruska, Beppe... Tutti, anche il gruppo dei fulminati da Dio, con i loro urli Amen, potenza, Alleluia....

Sarebbe bello tornare tutti insieme ancora una volta, ancora con i nostri furgoni sgangherati, ancora con la stessa vitalità, la stessa volontà, le stesse canzoni.

Ancora una volta... Un bacio. Susy".

La notizia, la novità del paese mi aveva raggiunto anche nel mio girovagare. Il Simpa, uno degli ultimi personaggi del Bar dello Sport era morto misteriosamente cadendo dal treno che lo riportava da Roma in Maremma. Pare che finalmente si fosse deciso a prendere moglie e che il viaggio nella città eterna avesse questo scopo. Con quale risultato rimase un mistero. Per la sua caduta dal treno visto lo stato alcolico, il borsello ritrovato con soldi e documenti e l'assenza di testimoni, la sua morte fu presto archiviata come un fatto accidentale, insomma una disgrazia. Anche se un ragazzotto in verità lo aveva visto litigare con un tipo corpulento e tatuato alcuni minuti prima della caduta. Ma si era fatto gli affari suoi come gli avevano insegnato in famiglia, nessuna testimonianza, nessuna noia, e poi di un ubriaco che parlava di fascismo e partigiani non gliene poteva fregar di meno. Pace all'anima sua.

Certe volte mi sorprendo con il naso all'insù nelle notti gelide di gennaio o afose d'agosto, le stelle mi comunicano pace, mi piace perdermi nella Via Lattea. Pensare che tante di quelle luci che vedo non esistono più, sono il ricordo di mondi esplosi in altre dimensioni. Risento la voce di mio padre "che bellezza, c'è da perderci il capo!" Ricordo quella stella cadente eccezionale di tanti anni fa che fece gridare Eros e anche da solo spero di poter vedere ancora una volta qualcosa di simile. Ma è praticamente impossibile, ovunque è pieno di luci, fari, lampioni anche intorno ai vecchi poderi riciclati in finti agriturismi. Non si vede più niente, poco anche la luna. Per stare al buio mi tocca allora andare sulle montagne di Gerfalco, sulle Carline, lungo i sentieri partigiani che Mirto mi portò a conoscere. Una volta mi portò dalla fonte del Canaluzzo al capanno in Carline della base partigiana. "Vedi questo campetto? Allora era tutto lavorato e pulito, era l'ultimo tratto prima di scavallare verso la cima, quello più pericoloso perché lo dovevi attraversare per forza e di giorno o con la luna piena era troppo pericoloso, bastava una spia appostata lontano per vederci e per prepararci la festa. Quella notte si era scesi in due, io e Bibe, si portava un marmittone dove prendere il minestrone per tutto il gruppo nel podere del Martini. Si doveva ripartire prima dell'alba, ma avevano una vacca sotto travaglio che pareva dovesse morire, e allora, che avresti fatto, gli avresti detto arrivederci e grazie? No, ci si fermò a dargli una mano anche noi, e tanto si fece che sgravò un bel vitellino e si salvò. Diversamente sarebbe stata la rovina per loro che ci aiutavano, ci si andava di mezzo anche noi, e poi era giusto, e quando una cosa è giusta un si discute. E però quando si ripartì con questo palo sulle spalle per trasportà il marmittone era giorno. Quando si arrivò al campetto da attraversà mi ricordo che Bibe disse: 'Dio ce la mandi bona e senza vento!'. Ma pareva non ci fosse nessuno. Invece quando ormai si era vicini al bosco si sente urlare: fermi! Alt! Nati d'un cane, erano dei fascisti di Massa che avevano fatto un rastrellamento e dei posti di blocco in tutta la zona. Noi non si sentì nulla, si prese di corsa verso il bosco senza mollare il marmittone eh! Che ti sembrerà strano, mentre fischiavano le fucilate e noi si correva a zig zag io sentivo sciaguattare il minestrone e pensavo che si stava perdendo un bel po' nel campo, senti di che mi preoccupavo, ma la fame se l'hai conosciuta è brutta bimbo! Che del resto, c'è chi ha fatto peggio, la sai la storia di Giuseppe, del babbo di Carlo, no? Era rimasto tagliato fuori dalla squadra dopo il rastrellamento del Frassine, dove i fascisti ammazzarono cinque partigiani feriti finendoli a colpi di pugnale e anche il loro cavallo che poi misero ad arrostire. Insomma, cercava di recuperare i contatti, erano tre giorni che vagava senza mangiare, capirai. Alla fine vicino Mucini trova un ragazzo sbandato anche lui, affamato anche peggio, che gli dice che ha sentito dire che vicino a Pianizzoli hanno seppellito una pecora morta di malattia. All'inizio non ci pensarono neppure, se l'aveva seppellita anche il contadino figuriamoci se la si poteva mangiare! Ma con le ore aumentava la fame, quella nera, quella che da ultimo un ti fa più ragionare. Alla fine pensarono che se l'avessero pulita e arrostita bene forse un pochina… Te la fo breve, di notte andarono, la disseppellirono, la pulirono e la portarono nella macchia dove fecero un fuoco coperto in una buca per non far vedere il fumo. L'arrostirono a fuoco lento e quando cominciarono a mangiarla dimenticarono tutti i buoni propositi, insomma la finirono tutta in poche ore. Si salvarono per caso perché li trovò un pastore travolti dalla merda e dal vomito e li nascosero nella stalla e assistettero per una settimana, se no non l'avrebbero raccontata. Come dici? Ah sì, com'è finita col marmittone!

Comunque corri corri ci si fece ad entrà nel bosco e poi via su per le Carline, lì non ci seguirono, non si azzardarono quei vigliacchi. E quando si arrivò al capanno prima si prese una partaccia che mezzo minestrone era perso, poi si accorsero di un buco nella marmitta per una fucilata, che pisciava minestrone ma si mangiò lo stesso d'appetito, e di due buchi nelle falde del mio cappotto che svolazzava mentre si scappava. Sarebbe bastato due dita più in là e mi sa che quel minestrone non l'avrei mangiato!".

Mirto non si compiaceva a raccontare quegli anni. Ma dopo lo scioglimento del PCI Fausto per sollevarne il morale lo aveva convinto pian piano a registrare le sue testimonianze per i libri che cominciavano ad uscire sull'epoca, ad andare nelle scuole medie a raccontare le sue avventure di ragazzo ribelle, e Mirto forse aveva capito che il tempo stringeva, i testimoni cominciavano a scarseggiare, ci aveva preso gusto e riusciva con poche parole e battute a catturare l'attenzione anche dei più scettici e distratti proprio come faceva con i suoi nipoti.

Gli ultimi anni erano volati, lo ricordo sereno sotto un temporale a Niccioleta cantare "Bella Ciao" alla inaugurazione del monumento ai minatori trucidati.

Fausto lo ha ricordato con commozione e semplicità a tutti noi via email. Mirto è stato molto più di un compagno solidale. Ho pensato come questa generazione dei nostri padri abbia sedimentato in noi degli insegnamenti che da ragazzo mi sembravano retorici. Invece adesso mi accorgo che il mio essere adulto ne è colmo. Mi spiace averli delusi: una battaglia importante l'avevano vinta e speravano che noi cambiassimo definitivamente il mondo. Non ce l'abbiamo fatta, ma spero che trasmetteremo ai nostri figli e nipoti almeno la nostra ostinazione, il nostro non arrenderci e non voltare la testa dall'altra parte. Anche se certe notti mi sento come il colonnello Aureliano Buendia, che aveva combattuto 40 guerre, e le aveva perse tutte.

I cani sciolti si annusano e si riconoscono, e così abbiamo fatto io e Paco da subito. Sin dalle scuole elementari, e poi da ragazzi è bastato poco, un disco dei King Crimson che avevo in mano, due battute, i capelli lunghi, parecchio lunghi anche per quei tempi, che già mi chiamavano Fausto tuttopenne. Da lì in poi è stato facile e naturale, eravamo due randagi ma sociali, sempre insubordinati, rivoltosi, cre-

ativi anche, come quella volta che suggerimmo di saldare i cancelli al professionale per far riuscire completamente lo sciopero. Non abbiamo mai perso la confidenza che è sempre stata calda e avvolgente tra noi. Siamo stati segnati sulla carne dalla morte di Cesare: era come noi, è come ci fosse morto un fratello, certe cicatrici non si rimarginano. È inumano sempre, ma a vent'anni dovrebbe essere impossibile. Dopo la fine del movimento e del rapporto con Anna è sbandato ma si è ripreso bene, fuggendo in avanti, ripiegare non è nella sua natura. E ci siamo ritrovati più di prima, specie quando abbiamo cominciato ad andare in Bosnia durante la guerra. Sì, lì è stato bello, perché da due percorsi diversi ci siamo trovati d'accordo nel fare qualcosa subito, nel portare la nostra briciola di pane, di non chiuderci in casa come hanno fatto tanti altri. E le nottate a parlare dell'amore, delle donne, notti che finivano troppo presto in albe ignare e indifferenti al nostro patire. Sì, dell'amore ci abbiamo capito sempre poco, ma forse è stato meglio così, non ci siamo seduti, imbolsiti, intristiti. Non siamo invecchiati in quel senso, amiamo la vita e facciamo a testate con il mondo intero. Non c'è terra che ci tenga, siamo cani sciolti e i cani sciolti non si legano.

Avevo paura a guardarmi dentro. Conoscevo un sacco di persone, correvo da tutte le parti, ma in definitiva eravamo rimasti io e la macchina fotografica. Il resto del mondo lo osservavo come si guarda un grande e luminoso acquario, pochi i rumori di fondo, un vetro a dividermi da tutto il resto. La musica a stordirmi finché non crollavo sul divano, grigi persino i sogni che ricordavo al mattino. Poi stampavo le mie foto in bianco e nero, la notte nel buio vedere emergere una immagine come in un parto silenzioso mi stregava come la prima volta, potevo farci l'alba, chiedevo la luce alla fotografie e non al sole oltre le persiane, mi ci specchiavo, ci cadevo dentro e ci annegavo.

TERZA PARTE

Dopo gli anni del grande freddo, primavera, estate, autunno e ancora inverno

"Se non dovessi tornare, sappiate che non sono mai partito.
Il mio viaggiare è stato tutto un restare qua, dove non fui mai"
(Giorgio Caproni)

L'ho conosciuta per caso, come tante altre persone. Non lo so perché è successo. Non credo ci debba essere un perché. Semplicemente ci siamo incontrati e piaciuti subito, stabilendo una complicità che andava oltre al desiderio e al volersi bene. E poi credo che un certo tipo di amore, di passione, viva in una sola stagione della nostra vita. È accaduto in mezzo al mio vagabondare, ad un mare di problemi, di persone, situazioni, storie, sogni, speranze e delusioni, con un passato che mi portavo come una scimmia sulla schiena e ogni tanto mi accoltellava a tradimento lasciandomi senza fiato. Laura mi ha dato una scossa, una ragione vera per andare avanti, per sperare nel futuro, nell'amore, nella tenerezza privata e non più solo in quella dei popoli. Ore di discussioni, litigi, baci, sorrisi, improvvisi abbracci, quegli abbracci in cui vorresti stritolarti e da cui non vorresti più riemergere. E scriversi senza sosta.

"Guidavo stamani, dopo la nostra telefonata, ed osservavo gli alberi, il cielo... una luce improvvisa, dorata ed obliqua, ha incendiato le cime di un gruppo di alberi ingialliti; le foglie erano bagnate ed a tratti sembravano pezzetti di specchi frantumati in un apoteosi di

morbide fiamme arancioni. Il vento le faceva rabbrividire ed il cielo formava uno sfondo turbolento di nuvoloni grigio azzurri. I cavalli carichi di legna se ne stavano immobili in questo quadro glorioso, gravati dal peso dei tronchi e da una sconfinata malinconia. Vedo spesso i cavalli in questa zona, sono bestie scure, pazienti, pervase da una specie di ineluttabilità dolorosa. Ma oggi ce n'era anche uno bianco, ed ho ripensato alle leggende in cui i cavalli bianchi sono considerati animali magici. Quale magia mi preannunciava quell'apparizione? Chissà perché il filo dei miei pensieri inseguiva la tua persona e finiva per intrecciarsi alle tue belle lunghe dita, di cui sogno costantemente le carezze. Stasera vuoi andare al cinema ed io ci sarò, ma le tue carezze, le tue dolcissime, dolcissime carezze, quando mi sfioreranno? Quando potrò inoltrarmi in quella parentesi di non tempo che si schiude quando le nostre labbra si avvicinano, si avvicinano, sempre più lentamente per un tempo che non trascorre mai ed il tuo sapore è già dentro la mia bocca, ed io non so come? Paco, tesoro, dire che mi manchi è riduttivo oltre che frustrante, e, tutto sommato, inutile. Abbracciami forte e non dire più niente, ti prego".

"Laura, Amore, ieri sera ti ho aspettata due ore in macchina, sotto il nostro albero, anche se sapevo che probabilmente non saresti potuta uscire,anche se, anche se… al buio contavo i fari che si inerpicavano per la salita, il cuore in gola e l'orecchio teso per riconoscere la tua auto smarmittata. Lo so, mi par di sentirti, dovevo rimanere a casa, ma così ti ero anche fisicamente più vicino, e poi speravo in un colpo di scena, come quando mi venisti a bussare a mezzanotte alla finestra facendomi prendere un colpo! No dai, me l'aspettavo, ma non ho potuto fare a meno di pensare quando ho voltato l'auto verso casa, come sarebbe meraviglioso vivere insieme, non doverci più limitare, limitare e rimandare sempre, recintare i nostri sentimenti. Mi viene in mente quella poesia di Neruda che dice - abbiamo ereditato i limiti, e perché? Perché al momento di venire al mondo non abbiamo rifiutato tutto quello che ci concedevano e non capivamo? È

che dovevamo essere d'accordo ancor prima di essere. Dopo che si è e si sa, si impara a recintare e a chiudere. Il nostro misero contributo al mondo è un mondo più stretto. - Invece se vogliamo Laura il mondo è nostro, tutto, e senza limiti. Lo abbiamo in pugno con il nostro amore. Non lasciamocelo sfuggire. Dopo che ci siamo riconosciuti tra milioni di persone sarebbe un crimine. Ti amo e ti bacio fino alla fine delle galassie".

Laura era una ragazza che pareva scoprire il mondo per la prima volta. Osservavo divertito i suoi salti e urli di gioia conditi da un sorriso fanciullesco per la presenza di un tramonto, di un cucciolo di cane, di un'altalena, di qualunque cosa attirasse la sua attenzione. Laura era bella, certo, ma soprattutto era viva e irriducibile a ogni catalogazione, indifferente a voci e invidie. Mi sembrava un miracolo averla conosciuta, poterla guardare negli occhi grandi e scuri eppur così lucenti, scintillanti, sciogliermi con lei in abbracci senza fine, in baci impastati di lacrime, gioia e sorrisi, in morsi e carezze, in mani strette sino a farsi male mentre ci sussurravamo parole come due ragazzini nascosti dai suoi lunghi capelli neri. Ricordo un giorno sulla roccia più alta delle Carline seduti in faccia al tramonto, lei con i capelli bagnati, di profilo, assorta dalla visione del mare lontano e delle isole. Per un attimo ho provato una felicità totale, incontenibile, pura, con il cuore che mi stava per scoppiare in gola. Quando siamo saliti in auto per ripartire ho dato un'occhiata rapida alla mia faccia nello specchietto retrovisore. Non mi sono riconosciuto, non potevo essere io, brillavo senza fardelli, mi erano spuntate le ali, volavo.

Avevo provato a ricominciare a vivere, a non rimanere più sospeso in un limbo privo di emozioni profonde. Non trovavo più senso a guardare scorrere la vita come se non mi riguardasse. Alla fine avevo trovato dei miei simili nelle campagne senesi, mi sembrava di sentire nonno Santi: gira gira, ma da ultimo anche te sei tornato a casa, là da dove si era partiti. Sergio e i suoi amici venivano dal Veneto, scappati letteralmente in Toscana quando il Movimento era finito dietro le sbarre dell'operazione 7 aprile del '79. Ci eravamo riconosciuti subito, le nostre storie e macchine fotografiche coincidevano. La loro grande casa in campagna, una sorte di comune non dichiarata, con tante belle persone e storie, in un luogo il cui nome era tutto un programma: Orgia. La casa di Sergio e dei veneti aveva orari e lavori fotografici in giro per l'Italia molto elastici, bizzarri, mai prevedibili. E fiumi di vino e spritz, per anestetizzare meglio gli anni inutili.

Babbo si era ammalato in primavera, e quella successiva non l'aveva vista. Si era spento come una candela, lentamente, senza mai un lamento. Cercavo di distrarlo con l'attualità, i titoli dei giornali su tangentopoli e l'incriminazione di Andreotti. Mi aveva sorriso e scosso la testa come si fa con i bimbi ingenui. "Cane non mangia cane, al peggio non c'è mai fine, te ne accorgerai" mi sussurrò. Almeno l'era di Berlusconi, del grande venditore di fuffa gli fu risparmiata. Mia madre passava, mi guardava, scuoteva la testa, "siamo mosche senza capo" sentenziava. Il primo giorno che salii a pranzare da lei dopo il funerale feci per sedermi al solito posto ma mi fermò con lo sguardo e indicò il posto di capotavola di mio padre. "Adesso sei tu il capofamiglia" mi disse. "Stiamo uniti, state uniti, qualunque cosa accada" mi aveva raccomandato mio padre gli ultimi giorni. "Stiamo uniti" mi ripetevo fra me, ma a chi potevo dirlo ormai?

Eravamo partiti a mezzanotte. L'appuntamento alle otto di mattina alla dogana di Trieste per unirci ai bergamaschi del Mir Sada per Mostar. Il furgone alla fine ce lo avevano prestato i frati del Cotone di Piombino, che gli amici e i vecchi compagni a cui lo avevamo chiesto in prestito o a noleggio per qualche giorno non ci avevano neppure risposto. Riempirlo era stato facile organizzando i pacchi per ogni famiglia con cibo, vestiti, medicinali,

Ci sono tante brave persone di cuore, basta spargere la voce e chiedere una mano, e poi a Massa la solidarietà, i comitati, sono nel dna di tutti, come l'essere donatori di sangue, che i minatori e gli operai che potevano lo erano tutti senza far storie. Mirto andava a donare il sangue spesso e poi zappava l'orto per tenersi in forma "oggi a me domani a te, bisogna sempre darsi una mano" mi spiegava. Anche la parrocchia ci aveva detto di passare nel loro magazzino a caricare due casse di carne in scatola. Un magazzino pieno di ogni ben di Dio, lasciai gli occhi su una forma enorme di Parmigiano Reggiano. Peccato Fausto si accorgesse che le scatolette erano scadute, per cui senza tornare a rovesciarle davanti al loro portone come volevo fare io mi convinse a lasciarle al canile autogestito di Grosseto, "giusto una piccola deviazione e modifica nella destinazione d'uso. Con gli anni si diventa pragmatici e si smussano gli angoli, una volta ti avrei assecondato senza neppure pensarci adesso penso che magari è stata una svista" mi disse con voce cupa. Non lo so se si diventa più pragmatici e tolleranti, sicuramente più stanchi, e ci vogliono energie per dare fuoco a tutto come da ragazzi, tante energie. O forse sono tutte palle, magari ha ragione Fausto, pensi semplicemente che è meglio non fare casino che se no ti levano il furgone.

È bella la dimensione notturna di un furgone senza radio, il rumore cigolante delle sospensioni, quello del motore e l'odore vago di nafta, una luce microscopica della strumentazione che neppure ci rischiara le facce. La densità della notte fonda, i rari fari contromano, gli autogrill come miraggi popolati di camion e una strana fauna che con la luce del sole svanisce chissà dove. Riempivamo il silenzio liberando i nostri pensieri. Quanti anni erano passati da quella sera al buio nella sede e la radio mai nata? Quanti dalla morte di Cesare o di Brio? Che pensava Ernestino di me? Cosa gli racconta sua madre? Cosa cerchiamo fra tutta questa sofferenza?

Fausto era comparso all'improvviso un pomeriggio. "Senti, cerco qualcuno che venga con me a Mostar, non ce la faccio più a stare qui ad assistere al massacro, vieni? Troveremo un furgone, qualcuno vedrai ce lo presta, Mario e Robertino per esempio ne hanno due, ho contatti per trovare un convoglio tra quelli che già ci vanno, in uno pare ci sia anche il vecchio Erri, te lo ricordi vero? Sì, è lui, lo stesso che adesso scrive, pensa te. Poi la biblioteca ci dà una stanza e fotocopia i volantini per organizzare un comitato di solidarietà, ma sono solo, serve essere in due per guidare e scaricare. Che ne dici?" Non avevo neppure risposto, avevo preparato il sacco a pelo e la macchina fotografica. Mia madre aveva scosso la testa rassegnata: "non ti dico niente, che ti devo dire, tanto te hai sempre fatto come ti pare, sei un legno torto e i legni torti non si addrizzano! Non ti si mette un punto in capo!" "Non ti preoccupare" le avevo risposto "roba che mangia torna a casa, e se un torno manderanno i panni!". Guidando Fausto raccontava, o meglio, si liberava lo stomaco, l'anima, del suo amore deragliato. Lei che gli aveva preferito alla fine l'altro. Erano due anni che non gli rispondeva più e lui viveva di sguardi rubati per la strada, di sensazioni e ipotesi campate in aria, morte nella pratica. Cercavo di distrarlo con la mia di storia, io e lei, lei che non derogava dalla sua libertà assoluta, menava le danze, teneva il coltello dalla parte del manico, ogni tanto lo affondava e ogni tanto no.

Nell'autogrill sul Po alle quattro di mattina eravamo d'accordo sul fatto che in fin dei conti eravamo vittime del nostro amore, sì, ingenui quasi, fratelli anche in questa sventura. Ma la visione di camionisti turchi che facevano salire un travestito con la barba sceso da una Porsche di un pappone coperto di catene e braccialetti d'oro ci lasciò senza parole per un po' davanti a un caffè. Poi Fausto scoppiò a ridere: "forse è amore anche quello!"

L'amore. L'amore per me era quel giorno io e lei accarezzati dal vento caldo nei vicoli di Otranto, il vestitino bianco che gli svolazza. Sorride mentre la fotografo, sorride e scappa mentre la inseguo scattando, bianchi e neri strepitosi, luce accecante di fine maggio, luce accecante del suo sorriso, la sua pelle abbronzata che contrasta con i muri bianchi a calce. Fare l'amore in una grotta con urgenza, struggimento, millenni che ci osservavano complici. Fuggire insieme perdendo nella gioia ogni riferimento spaziotemporale. Vivere quei giorni come se il sole sorgesse soltanto per noi, in una campana di luce. Laura aveva il sorriso sfrontato della giovinezza eppure con una intonazione timida di chi non ha ancora smesso di sognare. Era tutto così bello. Troppo, per non cercare un tarlo che minasse quella perfezione.

Laura non voleva convivere con me. Mi ascoltava paziente ma beffarda, scuoteva la testa alla fine delle mie argomentazioni, sorridendo come si fa con i bimbi scemi. "E smettila, cosa vuoi piantare la bandierina del possesso, dove? Viviamo già insieme così, che altro vuoi? La casetta con la mogliettina? Sì, per scappare dopo tre mesi, bischero! Sei un piccolo borghese di matrice contadina alla fine, tanti discorsi, rivoluzioni, ma è con il possesso che casca l'asino. Dai non incupirti bel tenebroso. Vieni qui, dai, vieni qui, chetati, basta, ti voglio vedere dilatare le pupille, bestia, e non solo quelle...".

Accoglievo tutto quello che veniva da lei con un misto di timore e piacere, di adorazione e sgomento. Avevo cercato anche di convincerla a fotografare e lavorare insieme a me con la stessa ansia che hanno i tossici di spararti in vena la roba; per sentirsi meno soli. Vivevamo in un terremoto, ma senza l'abbraccio degli amici e dei compagni non era più quel terremoto, ognuno disperso e disperato in un modo tutto suo.

Mi ero incaponito. Volevo vivere con lei, sarei andato anche in capo al mondo, sarei stato felice, avrei lasciato le mie zavorre.

Ma nello stesso tempo ero impaurito all'idea che potesse accadere. Sembrava così sicura di sé, così rapida e volubile nelle decisioni, riusciva a spiazzarmi sempre, mi sentivo spesso ingombrante non solo per il mio fisico. Mi sentivo inadeguato, avevo paura di non farcela.

Precipitavo in uno sgomento assoluto alla sola idea di perderla. E più che ne ero spaventato e più che sentivo scricchiolare la nostra corsa entusiasta, più che cominciavo a sbandare e a strusciare contro ostacoli o difficoltà che prima neppure percepivo. E allora mi tuffavo in quel lago nero dei suoi occhi con ancora maggiore violenza e passione, facevamo l'amore con furia, come se non ci bastasse il tempo, come se nei morsi sempre più profondi sulla carne rimanesse impressa indelebile la nostra volontà di amarci ed appartenerci, di mangiarci, entrando l'uno dentro all'altra. La punivo eccitandomi per i suoi tradimenti veri o immaginari, urlandole in faccia la mia rabbia, mentre lei mi sorrideva beffarda, tenera, sensuale.

Una sera mi aveva lasciato un biglietto ripiegato sotto il cuscino prima di andarsene.

"Io e te siamo come Sole e Luna, lo sai. Qualche volta si vedono, ma quando questo non è possibile ciascuno sa che l'altro c'è. Le nostre orbite sono le nostre braccia unite in un girotondo, certe volte lento, altre vorticoso. Giriamo, giriamo, giriamo. Giriamo intorno alla vita.

Con immenso amore. L.".

Il paese intanto aveva scoperto una parola nuova che rimbalzava di bocca in bocca, dai bar ai negozi, dalla piazza sino alle sacrestie, dal sindaco fino al pensionato, dalle sedi di partito alle logge massoniche, ben scandita e pronunciata a voce alta suscitava aspettative, prometteva mirabilie, aumentava a ogni passaggio le sue dimensioni e le sue promesse, creava speranze inconfessabili, faceva fantasticare su un nuovo benessere e facili guadagni. Inoltre inorgogliva e rafforzava il campanilismo paesano, le gloriose tradizioni, che il paese era senza dubbio la gemma medioevale della Maremma, altro che la Brescia maremmana e definizioni risorgimentali simili che sapevano di muffa come le divise tarmate dei garibaldini! E l'amore per Garibaldi non avrebbe certo fatto bollire la pentola, quanti altri paesi lo avevano soccorso e salvato come i massetani? Troppi per rivendicarne l'esclusiva nel museo risorgimentale. No, la parola magica avrebbe aperto ben altre strade e sarebbe stato un controsenso, un abominio, un crimine politico economico non sfruttarla ora che le miniere stavano chiudendo, il Casone e le Acciaierie erano in crisi e anche la Cantina Sociale non ne aveva per molto con quel vino sfuso a prezzo popolare. Addirittura qualcuno, i soliti bastian contrari disfattisti e smerdagiochi, diceva che i massetani si erano svegliati dopo i fuochi, che arrivavano secondi dopo Follonica, che dormivano in cavezza e che ormai era tardi panaia! Ma venivano chetati bruscamente. Non si poteva perdere ulteriore tempo, bisognava correre, allestire, progettare, investire, attrarre. Tu-ri-smo! La parola magica che avrebbe schiuso le porte del bel mondo, della notorietà e portato tantissimi clienti riempiendo i portafogli. Turismo, agriturismo, turismo culturale, turismo museale, turismo sportivo, turismo ecologico, Turismo! Come avevano fatto a non pensarci prima? Gliela avrebbero fatta vedere loro a Follonica, lo sbocco al mare dei senesi, e al suo villaggio svizzero vacanze per pensionati. Loro avevano svizzeri ben più ricchi e ammanigliati nelle campagne intorno al paese che avevano svenduto da anni. Sarebbe stato un gioco da ragazzi coinvolgerli nel banchetto che si prospettava. Un Turismo di qualità, ricco, altro che Chiantishire, altro che Punta Ala dei milanesi o Castiglione della Pescaia col villaggio svedese. Massa di Maremma sarebbe diventata la città più conosciuta in Toscana dopo Firenze, Pisa e Siena. Nessuno li avrebbe più confusi con Massa o Marina di Massa e Carrara! Ne erano sicuri, talmente sicuri che quando una starlette locale per breve tempo ragazza di un divo della Tv rilasciò una intervista al Corriere della Sera definendo Massa "il suo paesello" molti le tolsero il saluto. Massa di Maremma, prima repubblica mineraria, patria di San Bernardino da Siena che i senesi gli avevano rubato anche il santo, sede del glorioso balestro del girifalco da almeno trent'anni, era una città, magari una "piccola città bastardo posto", ma una città. E il nuovo grande vescovo l'aveva capito bene e aveva investito in convegni e iniziative mai viste. Fino alla perla dell'arrivo in elicottero di Madre Teresa di Calcutta, un miracolo a cui non era del tutto estraneo il precedente mestiere del prelato, ex ufficiale dei parà. E un colpo di culo aveva preservato un grande affresco sotto un sottile strato d'intonaco nelle Fonti dell'Abbondanza a pochi passi dal duomo, un affresco allegorico di fine secolo tredicesimo, ribattezzato dagli esperti ai lavori "albero della fertilità" e molto più sbrigativamente dal popolo "l'albero dei grandi cazzi". Che in effetti pendevano come frutti maturi più numerosi delle foglie dall'albero sotto il quale si accapigliavano delle dame, cazzi oltretutto di ragguardevoli dimensioni e colori non potevano certo definirsi un dettaglio. E sull'albero si sarebbe combattuta l'ultima battaglia anticlericale dei massetani, la loro linea del Piave. Infatti due erano stati i campanelli di allarme passati i primi mesi di euforia da affresco di fama mondiale. La prima mossa l'aveva fatta il vescovo commissionando a un noto artista un affresco celebrativo di San Bernardino della stessa grandezza dell'albero sulla strada di fronte alle fonti, volto a rivaleggiare e sviare magari il popolo dalla visione poco edificante e morbosa di sì tanta vigoria carnale. Poi per professione di modestia si era fatto ritrarre tra gli astanti alla predica del santo massetano ma scippato dai senesi. La seconda mossa l'aveva fatta la sovraintendenza senese ai beni culturali, ordinando un restauro dell'affresco che stava svanendo come la neve a maggio per l'esposizione all'aria piuttosto inquinata rispetto al tredicesimo secolo. E l'affresco era stato tappato da tavole e impalcature, ma non per mesi, per anni sperando forse in una eutanasia per chiudere la faccenda. Non avevano fatto i conti con i massetani che all'epoca contavano ufficialmente censite 77 associazioni culturali politiche sindacali o ricreative. La settantottesima si era chiamata "comitato per l'albero" ma tutti, amici e detrattori la chiamavano "comitato grandi cazzi" che cazzuti erano stati perché dopo dure battaglie il restauro era stato effettuato. Neppure il tempo di festeggiare che all'inaugurazione grande era stato lo sdegno nel constatare la scomparsa in nome del restauro conservativo di una metà dei brindelli ispiratori di burle e poetastri che qualcuno per il centenario della nascita di Ungaretti aveva affisso sulle fonti un cartello con su scritto "Massa: si sta / come d'autunno/ sull'albero dei cazzi" La protesta era stata inarrestabile e aveva coinvolto i senesi, il consiglio comunale, i giornali locali sino ad approdare in tv e sui principali quotidiani. "Ridateci i nostri cazzi!" l'urlo di battaglia. Fu così che Massa uscì dall'anonimato turistico grazie al sacrificio dei suoi cazzi migliori.

Mostar e il suo ponte distrutto, la netta sensazione di essere tra occidente e oriente la prima sera che arrivammo e il canto del muezzin ci colse di sorpresa. L'aria sospesa, il rumore cupo, instancabile, secolare del fiume. Abitavamo in una casina bianca intatta anche se senza vetri con teli di nylon alle finestre tra due case diroccate dalle cannonate. Ci facevano da guida e traduttori due ragazzi folli di Dio, uno di Bergamo e l'altro di Lucca che tra una visita e l'altra alle famiglie che avevamo adottato, vedove con figli piccoli, nonni senza una gamba, donne sole e mute, ci allietavano con canzoni terribili sulla potenza del Signore, il cuore di Gesù e grida improvvise: "Alleluja! Amen! Dio è immenso!" Avevano danzato a piedi nudi sulla neve per emulare San Francesco beccandosi una polmonite, ma non demordevano, indifferenti a tutto quello che accadeva intorno. Una sera sul viale dei cecchini il ragazzo di Lucca che ci portava in auto dai furgoni ci disse di stare giù e accelerò al massimo con la Panda che saltava le buche come una capra. In effetti arrivò qualche fucilata vicina, ma lui urlava: "Gesù è potenza! Non ci può accadere nulla! Siamo sotto l'ombrello del Signore, sarà quel che Dio vuole!" Ricordo la faccia che fece Fausto, iniziai a ridere e rise anche lui fino alle lacrime che quando si arrivò salvi alla casettina bianca il folle ci guardò e disse: "che vi avevo detto? Dio ci ama!" Ci conoscevano tutti, "gli italiani, gli italiani", ripetuto tante volte con intonazioni che andavano dal sarcasmo al piacere a seconda di chi ce lo diceva, sempre sorridendo. I croati no, loro sputavano per terra all'ultimo confine, e con la scusa di controllare il carico ci portavano via dopo una lunga discussione almeno una scatola di pannolini per bambini che rivendevano al mercato nero. Tanto che Vittorio del Mir Sada ne metteva una vicina al portellone con i pannolini sopra e il cartone nel resto della confezione. Durante il giorno ed il giro con i pacchi ci toccava accettare venti caffè macinati a mano e venti sigarette per uno, erano gli unici generi che non scarseggiavano in nessuna casa, la sera addormentarsi per questo e per il freddo, illuminati da una lampada a gas non era facile. Allora attaccava Vittorio, iniziava il giro dei racconti e della grappa. Era l'unico a parte noi che parlava veramente: Susy, Gigliola, Beppe, sorridevano, Vinicio, l'ex alpino muratore che scaldava pizze surgelate sul filtro motore durante le attese alle frontiere e che ci salvava dal freddo con la sua riserva tattica di grappa, Vinicio che alla domanda cosa facesse durante le ferie ci guardava smarrito non capendo il significato della parola, taceva e faticava muto. Vittorio no, sorrideva e parlava, fumando e bevendo senza interruzione, piacendo alle ragazze, a tutti, era chiaro come fosse l'anima e il trascinatore del gruppo. "I miei da parte di padre venivano dall'Abruzzo, i nonni pastori facevano la transumanza fino in Maremma, magari hanno conosciuto i vostri di nonni. Mio padre emigrò al Nord dopo la guerra, come tanti, in cerca di un futuro migliore, di un mondo migliore. Ma in realtà di mondo non è che ne abbia visto tanto: Dalmine, Capriate, Brembate, operaio saldatore specializzato, guadagnava bene per l'epoca, ha convinto i genitori di mia madre a darla in sposa a un 'terùn'. Mia madre ricordava sempre il commento di suo padre: è un terun, è rosso, ma gran lavoratore. Eccola qui la mia storia, ho potuto studiare al tecnico, ma in fabbrica mi sarei sentito in galera, e allora ho messo su un camion per girare le Valli a vendere surgelati, dal lunedì al sabato, fischia, senza riposi, e la domenica allo stadio per l'Atalanta, la Dea, ma ho sempre tenuto per la sinistra, come mio padre. Per la sinistra e per la solidarietà con i lavoratori, con i popoli, come lui che votava comunista in una terra di preti e non si era dimenticato le sue origini, non faceva come tanti che compravano l'Alfùn del terùn per tornare giù e farsi belli con quelli rimasti nel paese, ostentando l'accento nordico e la puzza sotto il naso. Abbiamo messo su il Mir Sada, alcuni atei come me, altri cattolici della parrocchia, non potevamo stare con le mani in mano a vedere questo mattatoio, forse è poco ma è importante quello che facciamo, no? Amare la vita, fischia, contro la guerra, sempre, dai. Odia la guerra, mi diceva mio padre, lui l'aveva conosciuta. Datemi la grappa dai, non sono capace a parlare come voi toscani che avete studiato all'università, però so organizzare la lista clienti, sì, insomma, volevo dire, quella delle famiglie, dei pacchi da scaricare, fischia, che cazzo ridete?"

Non ricordo da quale viaggio stessimo tornando. Non ricordo il pretesto, la parola sbagliata. Una sorta di disperazione latente si era insinuata nel nostro rapporto. Abbiamo cominciato a litigare, è scesa la notte insieme alla nostra amarezza. A un certo punto mi ha dato del vigliacco. Ho frenato, accostato l'auto, le ho preso il volto tra le mani con fare minaccioso, poi quasi implorante, la voce che si spezzava e riduceva a un sussurro per spiegarle il mio amore. Ha scosso la testa. "È tutto inutile, non ce la possiamo fare così, se proprio non possiamo vivere insieme, almeno possiamo morire, no? Un banale incidente stradale, uno stupidissimo incidente stradale, basta una sterzata al momento giusto, che ci vuole, hai le palle per farlo?" Negli occhi una luce malsana, un ordine più che una preghiera. Ho messo in moto, siamo ripartiti in silenzio e man mano che l'auto aumentava di velocità i suoi lineamenti si distendevano, prendevano quasi la piega di un sorriso. La superstrada correva in discesa, in fondo al rettilineo il ponte e una curva. Laura si è voltata verso di me, aveva uno sguardo intenso e bellissimo adesso, illuminava l'abitacolo, "dai" mi ha detto, assolutamente decisa e calma, "dai, dai", mi è cominciato a rimbombare nella testa mentre acceleravo ancora, il motore quasi fuori giri, "dai, dai..." Ho frenato all'ultimo, d'istinto, sono riuscito a controllare la macchina che fischiava e strideva sbandando da tutte le parti, poi lentamente ho ripreso il controllo, le ho urlato che dovevamo vivere, vivere insieme per sempre. Mi ha guardato con immensa delusione, non mi ha più detto niente. Quando siamo arrivati in paese è scesa senza neppure voltarsi.

Qualcuno racconta che le foto migliori sono quelle che non abbiamo scattato. Sì, è un po' come quello che di fronte alla cacca di un piccione sul vestito buono dice che porta fortuna. È che le foto non fatte te le ricordi bene, perché continui a immaginarti come sarebbero venute, la tua mente rielabora il ricordo, inquadra sempre meglio, aggiusta le luci con la malinconia di un istante che non sei riuscito a stampare su carta. Ho due albe a Mostar, la prima sotto il vento fortissimo dei Balcani nel piazzale della dogana con quattro camionisti che afferravano un gigantesco laccio del telone di un camion per fissarlo ma il vento li faceva sbandare da tutte le parti senza riuscire a domare il telone. L'altra, livida, grigia, lungo la strada era stato scaricato un mucchio di carbone e un gruppo di donne emerse dalla nebbiolina ne caricava nei grembiuli e correva in casa a scaricarlo.

Sono sicuro di aver visto questa scena anche nei vecchi filmati bianco e nero della seconda guerra mondiale. Non ci potevamo fermare, Vittorio urlava: "via, via, accelera prima che chiudano la strada di nuovo, fischia!"

Erano nati a decine, come i vecchi poderi dell'Ente Maremma, qualcuno spiegava la cosa con le facilitazioni economiche di Italia 90 che spuntavano ristoranti e alberghi mascherati da agriturismi in luoghi come Massa distanti ore dalle sedi del mondiale di calcio. Per altri era lo sfarinamento dei vecchi blocchi, la caduta del muro di Berlino, il Turismo che aveva innescato un circuito virtuoso inarrestabile, un nuovo miracolo economico. I soliti bastian contrari parlavano di sprechi e di investimenti poco chiari, di riciclaggi, ma venivano subissati di pernacchie. La mafia, la malavita organizzata erano roba da Roma in giù e da grandi città, nella perla della Maremma medioevale al più potevi beccare qualche tossico o rubagalline, non esisteva criminalità tanto è vero che era stato chiuso anche il vecchio carcere. Con ciò adesso venivano investiti miliardi per costruirne uno nuovo e ben più grande alla periferia del paese, come una nuova sede della pretura, come il nuovo polo scolastico.

E pazienza ci fossero ormai più aule vuote che studenti. Se il popolo non era d'accordo si creava un nuovo popolo, fino a convincerlo che investire, costruire, disboscare, cementificare tutto, erano sinonimi di civiltà e guadagno. Basta col comunismo e la solidarietà, le nuove bandiere non erano rosse ma quelle blu dei mari puliti e arancioni dei borghi naturali, il sottotitolo era: tengo famiglia e voglio arricchire in libertà! I tempi cambiavano era così giusto ed evidente! Finalmente finiva la guerra fredda, finivano le ideologie, le assurde contrapposizioni politiche. Il vero sole dell'avvenire era uno spritz a bordo piscina di un finto agriturismo con i pratini all'inglese nella nuova Disneyland maremmana. Con cipressi piantati ovunque perché agli americani facevano tanto Toscana e pazienza se erano sempre stati gli alberi dei cimiteri. E tour enogastronomici alla ricerca dei ristorantini segnalati dalle nuove guide radical chic, nuovi di pacca, con la nouvelle cuisine, con vini nuovi e impiattamenti nuovi, nuovi anche i prezzi, che dovevano salire assai per attirare un turismo di qualità, nuovo anch'esso. La Cantina Sociale chiudeva e al suo posto nasceva una nuova boutique di vini e prodotti alimentari per turisti. Cominciavano a grandinare ovunque nuove parole in inglese, quelle che ricordavo erano business, class is not water, politically correct, slow food.

E la novità era il ritorno di Alessio da Barcellona, con un nuovo spirito affaristico alternativo e molti soldi in saccoccia che i soldi non puzzano e business is business. Aveva messo su tra Massa e Follonica due Buddha bar aperti sino a tarda notte con musica giusta piatti e tapas giuste per gente giusta, assetata di tutti gli alcolici possibili e immaginabili compreso l'assenzio che arrivava direttamente dalla Spagna. In più aveva assunto un paio di vecchi amici follonichesi della banda del brasiliano. Aveva provato a contattare anche Marcello che nel frattempo aveva smesso di correre per le ginocchia devastate, ma aveva avuto un netto rifiuto in quanto il nostro antesignano di Forrest Gump aveva adesso un'altra passione. Aveva messo su un canile autogestito alla periferia del paese e non era raro incontrarlo con una ventina di cani a guinzaglio delle più disparate razze e taglie in un abbaio continuo, tanto che più che Sant'Antonio pareva un capobranco lappone piuttosto fuori zona.

La mossa imprenditoriale di Alessio si era comunque rivelata un trionfo, che ex rivoluzionari, tossici o ex tossici, ragazzotti e ragazzotte rampanti avevano bisogno di dipendenze e il buddismo alcolico con canne e coca alla bisogna era perfetto a questo scopo e per raccontarsela e dimenticarsela.

Laura ha lentamente iniziato a ferirmi, ad affondare quel coltello che teneva dalla parte del manico. Non era più così sollecita nei miei riguardi. Ha cominciato a dedicare sempre più tempo a se stessa, al suo lavoro, ai suoi nuovi amici, e ha badato bene a separare i due livelli, a non farmi fare più irruzioni decisive nella sua vita. Lentamente stavo diventando io stesso uno dei tanti interessi, anche se non lo avrebbe mai ammesso mi gestiva come un amante usurato. Terrorizzato di vedermela sparire sotto gli occhi cercavo di fare il duro ripagandola con la stessa moneta. Potevo svicolare fra le maglie del suo possesso, agganciare qualche storiella con le ragazze che conoscevo lavorando in giro, ragazze nuove diverse da Laura ma piacevoli. Storie a termine, in ogni caso non pensavo mai neppure per un attimo a sostituirla. Anche perché persino la ragazza più distratta capiva rapidamente che incombeva una presenza intangibile, ingombrante, nelle stanze colme di libri e fotografie. In tutte le altre cercavo un segno di lei, ma non lo trovavo, non era possibile, non era concepibile. Però cercavo di convincermi che così avevo le mani più libere, che non blindavo il mio futuro, avevo la chiave della mia cella e se volevo potevo uscire. Potevo ridurre il danno, il dolore. Mi illudevo.

"Vigilia di natale, ho una faccia che è tutto un programma. Ancora non riesco ad abituarmi a questo tuo nuovo stile, anche perché per me la parola amore conserva un suo significato preciso, che implica il concetto di dedizione. La dedizione, la cura, la costanza, l'assiduità. Tu ti sei confuso caro Paco-Narciso. Ti sei confuso perché forse pensavi che dire ti amo con un sms ogni dieci giorni fosse sufficiente a mantenere in forze un rapporto d'amore. Ti sei confuso perché credevi che quando una persona, fisicamente e spiritualmente, sta male, bastasse lasciarla sbollire, per fare in modo che si calmi, lasciarla da

sola senza un vero sguardo, un gesto, una parola non virtuale.

Pensavi di dire, beh, me ne occuperò quando avrò più tempo. Pensavi di tamponare il tutto con un bel discorso. Ti comporti esattamente come fai in tutti gli altri rapporti con il mondo: amiche, amici, conoscenti, collaboratori, compagni di bevute, di letture, di idee, di progetti. Qualche bel discorso a cadenza fissa, come siamo diversi, noi sì che ci intendiamo, noi sì che capiamo l'essenza della vita, mentre tutti gli altri, abbrutiti dal vivere borghese, ci danno contro. Che bello parlare, scrivere sui blog degli anni '70, perché noi non dimentichiamo, lottiamo, resistiamo, facciamo progetti e cultura alternativa, possiamo essere persino come dei profeti, noi che abbiamo tanto vissuto, amato, sofferto, possiamo elargire il nostro verbo a queste pecorelle che belano 'peccato che io non c'ero negli anni '70, vi invidio!'. Sì, possiamo masturbarci con la loro ammirazione, ed anzi rinnovare le nostre energie, e sentirci importanti, autentici e, soprattutto, così intelligenti…

Bastardo. Tu ti sei confuso e hai applicato a me, a ME capisci, lo stesso stile con cui comunichi e ti muovi con tutta l'altra gente che conosci. NON TI PERMETTERE PIÙ. Sono un animale, vivo di altre cose, allontanati, tu ora per me rappresenti la peste, l'essenza di tutto ciò che ripudio. Sei uno sconosciuto, un mutante, che mi fa paura, perché mi ha ferito a sangue. Ho sempre saputo, sentito di non dovermi fidare del tutto di te, ma nonostante la mia aria sospettosa, ho preso il mio cuore e te l'ho affidato. E tu l'hai preso e l'hai messo su un davanzale come fosse una piantina ornamentale. Tanto presto è Natale, vero? Vero che stai pensando di venire a casa mia e di portare un bel regalino, di fare un bel balletto natalizio che poi siamo tutti contenti? Spero ardentemente che tu abbia un'intuizione e che non venga. Invece ti conosco e so che verrai, che sei un bischero che non può fare a meno di certi riti. Prego Allah, Buddha, Jahvè e lo Spirito Santo di tenermi una mano sulla testa e di non ammazzarti così, il giorno di Natale. Gesù bambino allontana da me qualsiasi coltello o lama, paralizzami le mani, bloccami i polsi se lui viene. Perché io lo so che tu verrai, grandissimo bastardo, epico colossale immarcescibile. Mi hai ridotto come quella piantina. Guardala; i vegetali sono esseri non violenti, nonostante a volte assumano sembianze mostruose. E tu lo sai, lo hai sempre saputo. Ho perso, ho perso, ho perso, ho perso. Ti ricordi la lettera natalizia che mi mandasti anni fa? Rileggitela, e poi guardati allo specchio, se hai coraggio. Prova a dirtelo lì, di fronte a te stesso, se questi bei discorsetti me li facevi solo per convincermi a vivere con te, razza di un falso, GIUDA. Io ti avevo creduto, ti avevo creduto, ti avevo creduto. Citavi anche Henry Miller 'se un uomo osasse mai tradurre tutto quello che ha nel cuore, mettere giù la sua vera esperienza, quello che è veramente la verità, io credo che allora il mondo andrebbe infranto, che si sfascerebbe in frantumi, e né Dio, né accidente, né volontà potrebbe mai radunare i pezzi, gli atomi, gli elementi indistruttibili che componevano il mondo'. Sono d'accordo, lo vedi che ti fai capire? In fondo lo hai sbandierato a mezzo mondo, ero solo io a non capirlo. Ma adesso ci proverò, ci proverò, lo giuro. Maledetto. L.".

Una sera avevo detto basta all'improvviso, dopo mesi di tensioni, non detti e scontri, quando lei mi aveva bruscamente confermato di avere anche un altro, di vederlo regolarmente e di non escludere una convivenza.

Mi ero alzato senza dire niente, avevo lasciato il mio negroni sul tavolo del bar ed ero andato a casa a piangere e maledirmi. Per giorni, fino a non riconoscermi più nello specchio.

Mesi, anni che evaporavano. Tormenti, pezzi mancanti del puzzle, specchi infranti, ogni pezzetto mi rimandava una immagine di me distorta. L'attesa inutile, viaggiare per rimandare, viaggiare per fuggire, per non pensare che a fotografare.

Pensarla senza tregua. Sentirsi pesante, cercare di far finta di vivere. Malamente.

Sognavo spesso di volare, di camminare a mezza altezza, quando mi risvegliavo rimanevo stordito e deluso. Non mi passava più.

"Terzo inverno senza te. Ieri sera tornando a casa era tutto buio salendo e scendendo dai boschi, l'aria ferma, il cielo un lenzuolo di stelle a portata di mano. Ed allora ho pensato a te, a quanto mi manchi, a questa malinconia scura eppur bianca e gelida come la neve, che mi scende nelle ossa, e nessun fuoco mi riesce a togliere. Ho pensato a te qui, a te ed all'amore che si spandeva per la stanza come la musica di Chet Baker che andava senza sosta, come gli sbuffi di fumo del camino, a questa smania di abbracciarti e baciarti, e in te abbracciare e baciare la vita in tutte le sue gioie e dolori, sorprese e speranze. Nei sassi di mare come nelle nuvole tinte al tramonto, nei tronchi abbandonati e levigati dal vento. Ho pensato alla tua calda gioia di fare l'amore, di sentirti schiacciata da tutta la mia terra,mentre le parole ci rimanevano incollate addosso. Laura, amore, sono uscito nella notte nel silenzio e gelo assoluto, ho provato a scattare una foto, a catturare la luna nera e le stelle, il silenzio della collina, il sonno degli alberi, la tua anima irrequieta. Ma nel mirino della macchina, nel buio che mi avvolgeva, ho intravisto solo il riflesso delle mie paure, il batticuore dell'assenza, il morso della nostra malinconia".

Finivo di scrivere queste lettere, poi riuscivo a non spedirle.

Ci eravamo perduti di notte in Erzegovina di ritorno verso l'Italia sotto una tempesta d'acqua e fulmini. A un certo punto avevamo visto dei furgoni davanti a noi, ma non erano i bergamaschi del Mir Sada. Erano numerati, avevano tutti il baracchino radio e l'adesivo della Madonna di Medjugorie sul vetro anteriore. Era il convoglio di Radio Maria con cui avevamo fatto il primo viaggio anni addietro. Fausto si era esaltato, li aveva sorpassati urlando tra un tuono e l'altro: "ti immagini con questa tempesta cosa si dicono con la radio tra loro? Recitiamo tutti insieme il Pater Noster! E questo Salve Regina frate Ettore lo dedica a suor Celeste del furgone numero 3! Ahahahah! Dio li fulmini!" Aveva iniziato a ridere e suonare il clacson, la stanchezza e la tempesta lo facevano dare di matto. Oltretutto il convoglio aveva preso a seguirci e non ci mollava più, forse si erano persi anche loro e credevano che noi sapessimo dove andare. Dopo un po' la tempesta era finita e come d'incanto eravamo sbucati in una piazza di un paese con una grande chiesa. Fausto aveva fermato il furgone, era esausto, e tutti gli altri furgoni si erano fermati formando un semicerchio. Da metà convoglio si era aperta una porta scorrevole e di colpo era sceso un prete con la stola che in pochi secondi aveva aperto un tavolino e iniziato a dire messa. Fausto stralunato si era messo a ridere: "gli scappa forte! Devono dire messa una volta al giorno se no sono in peccato mortale!" Una donna grande e grossa con un foulard in testa si era avvicinata a noi gridando: "sia lodato Gesù Cristo! E sempre sia lodato!" Avevamo risposto all'unisono scattando sull'attenti.

Ci sono coincidenze strane nella vita. Chissà perché il nipote del Giovannoni dopo affari pochi chiari con i fondi agricoli europei e investimenti nel turismo agricolo, si era dato alla politica scavalcando in pochi mesi gli ostacoli di una gavetta che ad altri sarebbe costata annate. Il cognome smuoveva ancora le montagne e mandava l'acqua all'insù. Ed era stato eletto trionfalmente alla Camera dei deputati per la provincia di Grosseto in quota ad Alleanza Nazionale, "primo deputato di orientamento postfascista eletto dal dopoguerra nella nostra provincia" scriveva il quotidiano locale. Peccato che fosse durato poco, e lo stesso quotidiano sei mesi più tardi avesse dovuto farne articolo di cronaca e necrologio. Stranamente il Giovannoni era volato giù dal treno che lo riportava da Roma in Maremma, lo stesso treno che aveva inghiottito il Simpa tempo prima, più o meno alla stessa ora e nello stesso tratto ferroviario. Nessuno sulla stampa aveva messo in rilievo la coincidenza, entrambe erano state derubricate in assenza di testimoni "in morti accidentali" la porta del treno scambiata per quella del bagno forse, del resto la parola "suicidio" non compariva in nessun rapporto. Ma a Massa e nei paesi vicini a mezza bocca tra sgomento sorpresa e soddisfazione, si facevano ipotesi un poco più truculente. Mi sembrava di risentire Tito: "eh bimbo, che voi, ne aveva tanti di nemici, nipoti anco loro di gente che il su' nonno aveva legnato e tartassato per tanto tempo. Metti uno di questi lo ha incontrato da solo in treno, al buio, lo ha preso per la collottola e vergato di sotto! Pole esse', che dici?" Eh Tito, pole esse' sì, anche se a me piace pensare che il fantasma del Simpa è rimasto in zona ad aspettarlo, gli è apparso e l'ha fischiato giù, dicendo poi: "un dei nostri, un dei loro!".

Erano passati pochi anni ma quale Laura mi aveva scritto questa lettera?

"Mi sta succedendo ancora. Mi sveglio al mattino carica di pensieri oscuri, tutto mi sembra vano, inutile di fronte all'orrore di questa vita in questo mondo pervaso di tragedia, egoismo, sentimenti ostili, violenza assurda. Comincio a pensare a come potrei organizzare il mio suicidio, e intanto faccio le mie cose normalmente, guido con la mente attraversata da questi pensieri, fra le nuvole, come se non fossi più qui. Mi sento sola in queste sensazioni, veramente, come in un deserto sconfinato, desolato, e questa desolazione mi opprime terribilmente e mi fa paura. Non so fino a quando riuscirò a tirare avanti facendo finta di niente. Non sono malata! Lo so che dicono tutti così quelli che poi vengono classificati come malati. Ma chi lo stabilisce? I Medici? Gli Psicologi? I Baroni di una scienza che somiglia ai roghi delle streghe di un tempo? Gli Indiani d'America rispettavano quelli che noi chiamiamo matti, come se fossero toccati da Dio. Noi li curiamo con gli psicofarmaci. Io non mi sento malata, mi sento solo sbagliata, sbagliata per questa vita, per questo mondo, non è fatto per me, mi fa troppo male tutto. Quelli che mi conoscono un po' mi dicono che io vivo male. È vero, perché allora continuare? Anche tu cosa ci puoi fare?"

Il canile autogestito Marcello l'aveva sistemato pezzo a pezzo sotto un grande leccio lungo la strada che da Massa porta a Capanne. Raccoglieva giornalmente le offerte in cibo che gli lasciavano diverse persone dopo aver fatto la spesa alla Coop in uno scatolone dove aveva incollato una bella foto del canile e dei suoi bastardoni che gli avevo regalato, in più qualcuno ogni tanto gli dava una mano o qualche soldo, la volta che aveva rifiutato di lavorare per Alessio era riuscito comunque a spillargli un sostanzioso contributo. I cani erano i suoi tramiti con un mondo in cui si riconosceva poco o niente, che non era riuscito a cambiare ma che non l'aveva avuta vinta.

L'ordinanza raccomandata se l'era rigirata più volte tra le mani, l'aveva letta varie volte, aveva capito perfettamente cosa esigeva alternando minuscole e maiuscole, corsivo e grassetto, ma non l'aveva compresa. Chi poteva essere tanto meschino e vile da arrivare a sequestrargli e smantellare tutto come se lui quei cani già randagi li torturasse o gli volesse male, o li chiudesse in gabbie minuscole per portarli a caccia a farli sventrare dai cinghiali come facevano i cacciatori? A chi davano noia a un km almeno dalla prima casa abitata? Il leccione dove con Paco, Cesare, Fausto e Stella andavano a farsi le canne da ragazzotti era un luogo magico, e persino quei randagi l'avevano capito comportandosi magnificamente tanto che certe volte era lui a sentirsi adottato da loro. Quando i militi della forestale erano arrivati per eseguire l'ordinanza e sequestrargli le bestie non aveva detto niente, assentendo a cenni alle domande di rito che gli avevano posto, aveva rifiutato di firmare il verbale che disponeva il trasferimento e ricollocamento dei cani in canili autorizzati e aveva abbracciato a una a una le bestiole scodinzolanti. Poi era rimasto lì finché non se ne erano andati tutti.

La fune col nodo scorsoio l'aveva già preparata e nascosta su un grosso ramo, aveva dato un'occhiata tutto intorno e respirato forte prima di lanciarsi nel vuoto, con una specie di sorriso perché finalmente poteva volare via libero.

Nelle stesse ore poche centinaia di km più a est ci eravamo buttati a dormire con i sacchi a pelo nel cassone vuoto del furgone parcheggiato in un grande parcheggio deserto sul mare vicino a Spalato. Stanchi per il viaggio di ritorno, il calo dell'adrenalina, le ore di discorsi circolari sull'amore, le donne, la nostra inadeguatezza e vigliaccheria, la loro forza, decisione e cattiveria, il nostro amore disperato e così via.

All'improvviso una botta aveva fatto tremare tutto. Era il mare, sotto la bora scura aveva oltrepassato il molo, fatto cinquanta metri di parcheggio e dato uno schiaffo d'avvertimento. In pochi minuti eravamo a dormire su una collina. Fausto impressionato argomentò che ci avevano mandato un segno della loro potenza le meretrici di Babilonia. Facemmo a loro un brindisi.

Come siamo stati stupidi e ciechi, inutili.

Fotografavo un sacco di gare ciclistiche amatoriali, maratone, cerimonie di laurea in mezza Italia con la banda dei fotografi allo spritz. Una foto, uno spritz, una foto, uno spritz, una foto… In fin dei conti quel poco che guadagnavo se ne andava via in alcool. Cancellavo sul calendario lo scorrere dei giorni. Ogni tanto sul computer appariva l'avviso di una mail da persone lontane

"Ciao, scusami se ti scrivo per sfogarmi, ma so che puoi capirmi e ascoltarmi. Sette anni nel Mir Sada hanno tracciato cicatrici grandi come solchi nella mia anima. Mi sveglio di notte talvolta ed inizio a ricapitolare, analizzare, mi sembra tutto così chiaro. Ogni tanto al mio ritorno qualcuno mi chiedeva quali erano i principali problemi. Ma che senso aveva chiedere cosa è principale e cosa no quando mancava tutto? Gli aiuti umanitari? non so parlare di politica, nemmeno di politica degli aiuti. Giornali e televisioni ripetevano:questi

sono i buoni e questi i cattivi. Poteva anche essere vero, ma non mi interessava, in quanto un messaggio così superficiale diventava: questi soffrono gli altri no. Non è necessario schierarsi da una parte o dall'altra, aggressori e aggrediti lo sono tutti alternativamente e contemporaneamente. Costringere con le armi alla pace è il nome ipocrita della volontà di distruggere tutto o in parte i contendenti.

Esiste una vita prima della morte? Se lo chiedevano i profughi. No, esiste solo la sopravvivenza. I racconti delle vittime a volte si ripetevano. Con un'atroce monotonia nelle esperienze subite, tanto che si poteva stilare un identikit della sofferenza collettiva. Non esisteva famiglia senza morti, all'inizio si moriva perché la gente non aveva ancora imparato le regole della sopravvivenza e si fermava a soccorrere un ferito in mezzo alla strada. Donne seviziate, violentate e poi uccise,o ripudiate dalla famiglia, loro stesse provavano per sé disprezzo, colpevolizzandosi.

Gente morta senza motivo, città assediate, trappole di morte per migliaia di civili che non avevano dichiarato guerra a nessuno. È con questa devastazione negli occhi e nell'anima che riprendevo a vivere la mia vita al ritorno da ogni viaggio, mi vergognavo, ma quanto ad abituarsi è un altro paio di maniche. Una sera discutevo con Emir, e mi sentii gelare il sangue. Si parlava dei problemi personali della vita, e io mi stavo lamentando dei miei. Lui mi strinse le mani, mi guardò negli occhi e mi disse con voce soffocata 'Non capisci… non hai mai dovuto uccidere nessuno per sopravvivere io si, al fronte… e mio padre mi è morto a fianco, mentre lui moriva io sparavo, sparavo, piangevo e sparavo, ho vomitato, ho pianto e ho ucciso.

Capisci, capisci ora?'

Quello che mi spaventò di più non erano le sue parole, ma i suoi occhi, il suo sguardo…

Ho sentito su di me tutto il gelo, il terrore, la devastazione della vita di un ragazzo di 20 anni scappato dalla guerra.

Provaci te ora a spiegarmi tante cose, avevo solo 20 anni quan-

do ho intrapreso quest'esperienza, ora ne ho 35. Ho dormito in un furgone parcheggiato in un cortile dove abitavano i profughi, ho sentito le granate, gli spari, i kalashnikov, pregavo Dio perché non ci colpissero, perché anche i cecchini dormissero, perché i soldati che passavano di lì non sparassero al furgone. Viaggio dopo viaggio abbiamo imparato ad essere invisibili, abbiamo trovato una casetta sulla linea del fronte dove dormire, finché i croati coi fucili non ci hanno costretto ad andarcene, a cercare riparo dalle famiglie dei profughi, profughi noi stessi. Il terrore negli occhi dei bambini e delle donne, le cantine buie dove vivevano, il coprifuoco, la devastazione, il silenzio prima dello scatenarsi dell'inferno di bombe, e a quel punto dove scappi? Rimani fermo dove sei e speri che non sia il tuo turno. I sacchi di sabbia alle finestre e quel camminare veloce e silenzioso, a testa bassa, per andare a prendere il furgone parcheggiato davanti alla stazione della polizia, 'così non ce lo rubano', per tornare a casa. Quando albeggiava e le stelle ti guardavano le spalle. Sul muro una scritta arancione "'Opaznot! Sniper'. L'odore acre e particolare, misto di bruciato, macerie e non so bene cosa, ma cosi particolare e inconfondibile che trovavi solo lì a Mostar.

Ho voluto imprimermi nella testa la fatica che ho provato andando avanti e indietro per la strada che da casa mia mi conduce qui, in questa città che non voglio mai più perdere.

Il panorama della città avvolto dalla nebbiolina all'alba, la sua luce strana, inconfondibile, la trovi solo qui. Ferma in quell'aria pungente mi sembra di stare in un luogo un po' più vicino alla morte, in una solitudine desolata e surreale.

Ecco, forse mi giudicherai male, ma è un qualcosa che ti devasta dentro, non so spiegare,solo descrivere, e non è sufficiente, lo so. Sono tornata. Tra le macerie di un'epoca distrutta a cercare la mia storia.

Ti abbraccio, Susy"

Per un po' di anni Sergio ha resistito con tutta la banda dei fotografi allo spritz nella mezza comune di Orgia, poi la proprietà è riuscita a sloggiarlo, ma almeno ne ha avuto una buona uscita che ha reinvestito in un nuovo podere affittato con la clausola di rimetterlo in sesto. Ha avuto la grande idea di trasformare tutti gli amici fotografi in manovali, e di pagare i muratori a rate e in natura, con un bel po' di fumo. Più che un cantiere la casa della Rondinella è diventato un mucchio selvaggio, un accampamento che mi sembrava di essere ritornato adolescente ai tempi del mare e dello stato di felicità permanente, con pranzi sotto la grande quercia, gente che andava e veniva certe volte aiutando. I due fratelli muratori ingaggiati da Sergio fra gli ex del movimento veneto proclamavano ogni ora una pausa-canna. Abbiamo iniziato dal tetto, prendendoci anche il sole, dicendo a chi arrivava di venirci a raggiungere per godere della vista. Comunque abbiamo ristrutturato tutta la casa, dando alla fine una festa epica, finita sui giornali locali che propagavano voci di un ragazzo travolto e ucciso nel buio da una macchina nel parcheggio improvvisato nel campo. Peccato il tipo si fosse solo rotto due costole e i carabinieri avessero dovuto certificarne la resurrezione.

Dormivo spesso da Sergio sul divano accanto al camino; sul soffitto con i travi di legno un grosso lucernario trasparente, vista sulle stelle le nuvole e la luna ancora più alta. Non è strano ripensavo, iniziare dal tetto spaziando con lo sguardo sul mondo circostante, un po' come abbiamo sempre fatto durante tutta la nostra vita. Quella sera il fuoco che aveva acceso Sergio piano piano perdeva di forza, luce e calore e io me ne stavo come la brace, aspettando di scivolare in un sonno grave, senza sogni. Pensavo a Laura, a come fare per trovare la forza di continuare una vita scombinata, a dove trovare un po' di entusiasmo e speranza di riserva, qualche soldo, un sorriso e un bicchier di vino. E immaginavo nuove storie, nuovi reportage e viaggi per farla finita con le foto ricordo di laurea.

Si affacciò Sergio, le fiamme proiettavano la sua ombra sulla parete, sembrava accusare improvvisamente secoli sul volto, gli occhi acquosi e lontani: "non ne posso più, non ho un euro in tasca e domattina dobbiamo andare a fare le lauree a Viterbo". Scese il silenzio. "Dai, beviamo un altro bicchiere di rosso, ci scalda, e pazienza se poi si russerà come treni".

Mi svegliai alle 5 con la gola riarsa, la luce della luna in faccia, e dal rumore capii che Sergio si era alzato, armeggiava con la borsa fotografica, travolgeva una sedia, pestava un gatto e sacramentava in ostrogoto stretto. Era ancora buio pesto. Ma dove cazzo andavamo?

Francesco si era unito alla nostra banda di fotografi. Campava facendo traduzioni e aveva anche pubblicato due libri, uno sulla storia dei ribelli maremmani durante il fascismo e l'altro sull'emigrazione italiana in Argentina. Anni prima ci eravamo incontrati in Maremma. Non potevamo non essere complici. Erano i tempi delle presentazioni letterarie di libri editi da Stampa Alternativa nell'osteria di Mucini, della fanzine anarchica "Mal Aria", nota per fumetti situazionisti e proclami di butteri che invitavano al saccheggio degli agriturismi maremmani. Teorizzava inoltre la rivolta della lingua parlata contro ogni accademismo. Una lingua che prendesse a "tronca macchioni" nella vita, come i cinghiali nei boschi. Di quei tempi in cui Francesco conviveva con Paolina in un podere con due cavalli e un cagnaccio nero, era rimasta leggendaria una perquisizione dei ROS dei carabinieri. Una mattina verso le 4 guidati dal maresciallo del paese con due blindati e tre auto avevano fatto irruzione una dozzina di teste di cuoio armate di visori a infrarossi, giubbotti antiproiettile, mitragliette e bombe lacrimogene. Alla ricerca di armi, esplosivi e documenti comprovanti un'associazione sovversiva anarco-insurrezionale. Tutto perché un mese prima "Mal Aria" aveva aderito ad un manifesto di solidarietà ad alcuni compagni arrestati per una piccola rapina a un "grassatore sociale". Quando il maresciallo aveva aperto i pensili della cucina era rimasto stupefatto. "Libri! Libri invece che pasta e conserve! Da questo si capisce che non siete normali!" Se ne erano andati via alle 6 sequestrando solamente qualche copia della fanzine e di altre riviste antagoniste. Francesco e Paolina per tutto il tempo avevano messo su caffè e toast, e quello che non erano riusciti a finire lo avevano dato al cane. Tutto per far incazzare i caramba, che avrebbero dato un blindato pur di far colazione. Ripartiti i cc dopo poco avevano sentito bussare. Questa volta era un vicino di casa, un noto bracconiere. Con un gran sorriso aveva dato una strizzata di mano ai due. "Bravi! Maremma rospa, bravi! Non ve l'hanno trovati i fucili! Noi si va a caccia quando cazzo ci pare, in culo al maresciallo! Bravi ragazzi!" E se ne era andato soddisfatto, non prima di promettere un cosciotto di cinghiale.

La dritta me l'aveva data proprio Alessio una sera che mi ero fatto coraggio ed ero andato a trovare al Buddha bar a Follonica. Non solo mi aveva offerto un paio di giri di gin tonic in ricordo dei vecchi tempi massetani, ma come niente fosse mi aveva detto che una associazione di amicizia con Cuba della zona cercava un fotografo che fosse disposto a passare due settimane nell'isola al seguito di una loro delegazione che avrebbe ufficializzato un gemellaggio con strutture ospedaliere all'Havana e in altre città. Biglietto aereo a prezzo scontato, minimo di cassa comune per mangiare, pernottamenti assicurati in case di compagni cubani, foto gratis naturalmente alla maggior gloria della Rivoluzione cubana. Non me lo ero fatto ripetere due volte, una settimana dopo ero già stato incluso nella lista dei partecipanti e a metà novembre avevo preso il primo aereo della mia vita. Dei miei compagni di viaggio conoscevo solo Gigi di Follonica, gli altri del livornese no, ed erano quanto meno curiosi con grandi differenze di età stile e vestiari. Il capodelegazione, un cinquantino pelato con baffetti curati vestito come "l'uomo del monte che dice sì" si era profuso con estrema serietà in raccomandazioni severe: "non facciamoci subito riconoscere come italiani, a Cuba certe norme sono inderogabili e vanno osservate, non pensiamo di essere più ganzi e di poter fare il cazzaccio che ci pare. Vige il periodo especial ci sono grandi ristrettezze e difficoltà, vediamo di collaborare con coscienza solidale. Non vi fate subito accalappiare dalle mulatte, non vi fate spillare soldi, tenete un comportamento consono compagni alla missione di solidarietà internazionalista che andiamo a compiere, divertitevi, ballate, bevete ma senza mai perdere il controllo, mi raccomando. La prima notte dormiremo in un ostello per la gioventù, poi la mattina riunione per essere smistati in tre gruppi nelle case di compagni del partito. Puntuali domani alle 11 ora cubana". Gigi di Follonica appena il capo aveva finito di parlare mi aveva tirato con discrezione una gomitata "Chiacchera bene eh, te pensa una settimana fa vado nel suo ufficio per vedere se il materiale sanitario e le vecchie ambulanze erano già arrivate via nave a Cuba, e mentre si parla mi casca l'occhio su tre foto che tiene sulla scrivania. Una è con la moglie e i figli, bene, una è Fidel col Che, bene, l'ultima è di quel boia di Franco. Manca poco mi prende uno strambuglione!

Gli chiedo che cazzo ci facesse Franco accanto a Fidel e lui serissimo mi dice che la Spagna è sempre stata amica di Cuba e Franco uno dei suoi sostenitori internazionali per cui a lui piaceva anche se in Spagna era stato un po' un dittatore. Del resto quando Franco era morto Fidel Castro aveva proclamato tre giorni di lutto nazionale a Cuba. Io non credevo alle mie orecchie. Ho fatto due conti: se lo cazzottavo e fischiavo dalla finestra poi non si partiva che i biglietti li aveva lui, e allora ho fatto finta di niente, ma questa è la prima e ultima volta che ci confondiamo con lui!" Gigi indossava una maglietta con una stella rossa con scritto comunisti sì! Russi no! Un paio di ragazzotte al seguito avevano gonne di jeans con spilloni e capelli tinti arancioni e si erano subito qualificate come buddiste imbucate all'ultimo minuto nel viaggio. Un tipo alto con i rayban vestito come se stesse per scendere in spiaggia che tutti chiamavano Bracco, nota avanguardia operaia comunista, aveva ciarlato instancabile, rivolto a tutti e a nessuno, di quando in solidarietà con Cuba e Cieggue-vara avevano bloccato il porto di Livorno de', di come con lui non ci fossero problemi, non si sarebbe confuso con le negre de', perché pur non essendo razzista per lui erano un po' sudicie. Avevo iniziato a sospettare di avere un ritorno di fiamma dopo tanti anni di qualche trip, la leggenda voleva che l'lsd fosse come una bomba innescata celata nell'organismo che ogni tanto si riattivava. Iniziai anche a sudare di colpo, ma capii che avevano aperto il portellone e l'aria tropicale con i suoi odori sconosciuti insieme ai 31 gradi a mezzanotte avevano iniziato a fare effetto. Appena scesi a terra e passato il controllo passaporti Gigi mi aveva detto che distingueva l'odore dell'Havana da ogni altra città e che sicuramente in una precedente vita doveva essere stato spagnolo perché si sentiva a casa, anzi, di più, meglio che a Follonica e Piombino, per non parlare di Massa o l'entroterra. Non avevo replicato, mi sembrava infantile replicare a un buzzo verde di Follonica proprio lì nella patria dell'internazionalismo proletario, e anche avessi voluto rimasi rapito da un clamore da rissa che si era scatenato a pochi metri di distanza. Il capodelegazione ci aveva dimenticati all'istante; si era fiondato tra le braccia di una ragazza cubana massimo sedicenne e adesso stava urlando contro due poliziotti che non era una jinetera ma la sua fidanzata all'Havana, di mollarlo subito se non volevano che chiamasse il segretario del partito cittadino che li avrebbe messi in riga. “Maremma strega eccoci arrivati eh, altro che predicare bene e razzolare male, questo franchista è pure un vecchio maiale, facciamo finta di non conoscerlo, via, via, cachiamolo qui!" aveva detto Gigi trascinando il resto del gruppo verso il pulmino dei cubani che ci attendeva. E così avevamo fatto lasciando col capodelegazione anche Bracco che si era detto sicuro, non si sa in base a quale sua idea megalomane non parlando spagnolo ma solo livornese ed essendo anzi l'unico al mondo a dire Ciegguevara, che sarebbe riuscito a chiarire la situazione, che "Bracco era Bracco de'! Lo conoscevano tutti anche a Cuba sin dalla crisi dei missili del 1961".

La mattina dopo alle 11 tra le facce assonnate nella saletta dell'ostello della gioventù comunista mancavano sia il capo sia Bracco. Dopo tre orc di inutili attese e congetture mentre ormai le voci davano per certo l'arresto di entrambi e secondo alcuni anche una probabile deportazione rieducativa in campagna a tagliare canna da zucchero, Gigi aveva preso in mano la situazione essendo l'unico che parlava bene spagnolo, non prima però di essere accusato da un biondo che pareva il batterista degli Europe e che fino a quel momento non aveva proferito parola tanto che pensavo fosse muto, di essere un infiltrato per via della maglietta antisovietica. Dopo un breve accenno di scazzottata i due davanti a un Cuba libre erano diventati amici per la pelle alla faccia di Trockij e Stalin.

Tutti ci eravamo sistemati in due casette vicine tra un deposito di frutta tropicale e una fermata della "guagua", che scoprimmo ben presto essere quasi inutilizzabile in quanto il vecchio bus avvolto da una nuvola di fumo nero e sentore di frittura passava a orari imprevedibili un giorno sì e due no e, soprattutto, talmente pieno che se si fermava venivi pressato all'interno tra spintoni, urla, risate e prese in giro degli indigeni che ti spiegavano che stavi partecipando al record di capienza e che in ogni caso alla prossima curva il ribaltamento era certo. Oltretutto potevi solo scendere seguendo il flusso dei passeggeri, cioè a casaccio, ti potevi ritrovare a km da dove avevi pensato di fermarti e dovevi ricominciare il tragitto a piedi o facendo l'autostop a tutto quello che si muoveva con esiti positivi ma anche balzani. Ero stato subito caricato sulla canna da un tipo in bici che mi aveva dirottato a casa sua a conoscere tutta la famiglia che aveva voluto fotografassi giurando di inviargli le foto, per cui alla fine mi ero ritrovato ancora più lontano dalla meta che all'inizio. Gigi e il biondo avevano beccato un passaggio da un tipo con un carretto trainato da un cavallo, durante il percorso avevano tirato su anche due mulatte e avevano finito per fraternizzare ampiamente finendo in un bar vicino al Malecon. Le buddiste imbucate si erano ritrovate seguendo urla tipo blues brothers a una messa di una chiesa evangelica e si erano messe a ballare come indemoniate riscuotendo un successo clamoroso.

Per cui il primo appuntamento ufficiale con un coordinatore cubano del progetto era andato deserto e i cubani avevano adottato la linea dura. Era stato distaccato un pulmino con autista e interprete dedicato agli italiani. Gigi si era subito detto convinto che in realtà l'interprete fosse lì solo per controllarci e fare rapporto anche perché Miguel sin dalla prima riunione aveva tranquillamente ammesso di sapere solo il russo e lasciato ben volentieri Gigi alle traduzioni. Il misterioso programma cubano si era poi dipanato giorno per giorno senza una logica apparente se non il fatto che la mattina dopo colazione venivamo raccolti a ore variabili dal pulmino con un Miguel sorridente ed evasivo e portati in giro per fattorie collettive, scuole, fabbriche, spesso perdendoci per le campagne o le periferie chiedendo la direzione a campesinos o neri ciondolanti, prendendo autostrade con incroci a raso, trattori, cavalli e cereali stesi a seccare nelle corsie d'emergenza. Gigi aveva provato un paio di volte a domandare a Miguel che fine avessero fatto il capodelegazione e Bracco, ricevendo grandi sorrisi e dichiarazioni che stavano perfezionando l'accordo con le autorità sanitarie cubane e che presto sarebbe stata celebrata la cerimonia dell'imperitura amicizia tra il popolo cubano e quello maremmano, ma ogni giorno alla richiesta di una data la risposta era domani, domani, cioè vai a sapere quando.

Alcuni giorni più tardi si era verificato un cambiamento inatteso: eravamo stati raccolti dal vecchio pulmino ma da una nuova guida. Raul ci aveva detto di non conoscere e sapere niente di Miguel ma tutto del nostro gemellaggio, e di sapere tradurre in inglese e francese, per cui Gigi aveva ripreso a fare da tramite ma con un sospetto denso nell'aria vista la sparizione di Miguel e il fatto secondo Gigi che in realtà Raul capisse perfettamente l'italiano. Il biondo era sempre più sicuro che si mettesse male, era solo questione di giorni, i cubani ormai giocavano con loro come il gatto col topo, avendo capito che erano dei cialtroni e non dei rivoluzionari seri.

La giornata dopo la visita a una fabbrica di trattori aveva preso una piega inaspettata, Raul aveva annunciato con enfasi che non saremmo tornati all'Havana ma fermati un paio di giorni in una fattoria collettiva per seguire da vicino lavoro e vita dei campesinos cubani. Il biondo era sbiancato guardando Gigi, lo sguardo era inequivocabile, "vai! Siamo fottuti ora ci mettono al solco a pane e acqua per facci passà il bischero nel capo!" Persino le buddiste amarille avevano smesso di ciarlare e sorridere, Gigi aveva provato di nuovo a chiedere quando sarebbe avvenuta la cerimonia di gemellaggio con il capo e Bracco presenti e Raul con un gran sorriso aveva risposto in italiano "presto vedrai!" gettando definitivamente nel panico il biondo. Appena arrivati nella fattoria che pareva uscita da un bombardamento aereo dopo il saluto del capataz che aveva offerto a ciascuno di noi un dolcissimo bicchiere di succo di canna spremuto al momento, eravamo stati informati con grandi sorrisi e pacche sulle spalle che la mattina dopo avremmo prestato nello spirito di amicizia e internazionalismo proletario una giornata di lavoro "volontario" per meglio conoscere le dinamiche lavorative collettive all'interno della fincha.

Gigi sarebbe stato messo a tirare buoi e aratro per piccole lavorazioni terra, il biondo a concimare spalando letame, io a tagliare canna da zucchero in una squadra, le buddiste amarille a governare polli oche e maiali nonché aiutare in cucina, tutto sotto la supervisione della mulatta Eufemia, una gigantessa almeno centenaria e dall'occhio baio che guardava con scetticismo il loro colore dei capelli. Dopo una cena frugale con i prodotti della terra e un rum intorno ai sessanta gradi ci avevano messo a dormire in due baracche di legno con sveglia e colazione previste alle 5. Col favore delle tenebre ci eravamo radunati tutti insieme come cospiratori per discutere il da farsi. Gigi aveva proposto di vedere cosa fosse effettivamente accaduto l'indomani prima di agire, protestare, fare alcunché. Il biondo a voce bassa ma tesa non l'aveva presa benissimo "basta maremma budella! Basta! È andata storta è andato tutto in merda come ho sempre previsto! Qui finisce male se non facciamo qualcosa! Ma non avete visto che ghigne hanno dietro quei sorrisi? Dobbiamo scioperare, altro che collaborare! Vogliamo tornare all'Havana, fare 'sto cazzo di gemellaggio e ritornare in Italia, comunisti sì, russi no!" Gigi si era incazzato per la battuta rubata, le buddiste avevano aderito entusiaste allo sciopero, alla fine avevo proposto di andare a dormire. "Meglio non contrariarli troppo direi, che questi sono campesinos veri se gli fai girà i coglioni son capaci di affettarti col machete e darti ai maiali!" Ma ben prima delle 5 ululati grida e due raffiche di mitra ci avevano svegliati e fatti saltare dai letti. "Vengono a fucilarci è finita" aveva detto con voce impastata dal sonno il biondo, invece Gigi in piena trance aveva urlato "i contras i contras! Aqui no se rinde nadie!" cercando disperato un fucile inesistente e avevo dovuto scrollarlo per svegliare del tutto, "siamo a Cuba cazzo, non in Nicaragua, calmati!". Cautamente avevamo fatto capolino fuori dalle baracche e presto l'arcano era stato svelato. Semplicemente un vecchietto che faceva la guardia alla fattoria con un kalashnikov si era svegliato di colpo per dei rumori e pensando a qualche ladruncolo aveva lanciato l'allarme furibondo ma in realtà il fracasso era stato provocato da alcuni cinghiali e il capataz lo aveva cazziato di brutto per averli ed essersi svegliato.

Non avevamo più chiuso occhio aspettando l'alba come se dovessimo andare al patibolo, ma il sole era sorto e nessuno era venuto a bussare alle baracche. Alla fine Gigi aveva trovato Raul che ci aveva informati di un improvviso cambio di programma, purtroppo dovevamo tornare all'Havana che nel pomeriggio avremmo avuto l'occasione di incontrare il ministro con delega allo sport Alberto Juantorena, sapeva che eravamo dispiaciuti di non poter prestare il lavoro volontario, ma il mito olimpionico cubano aveva una finestra libera negli impegni ed aveva espresso il desiderio esplicito di conoscere gli internazionalisti italiani che avevano donato a Cuba due ambulanze e un container di medicinali. La notizia ci aveva elettrizzato, poco ci mancava di fare le capriole dalla gioia, mentre Gigi con un sorriso a trentadue denti salutava a pugno chiuso con frasi roboanti il capataz e la fattoria collettiva e il biondo tra sé immaginava decine di gesti dell'ombrello sentendosi un miracolato. Eravamo arrivati in città sulle ali dell'entusiasmo, fuori da un palazzetto senza segni particolari avevamo visto arrivare Juantorena al volante di una vecchia Fiat Lada, senza scorta, senza portieri o segretarie aveva aperto con un mazzo di chiavi l'ufficio scusandosi pure per i dieci minuti di ritardo. Gigi dall'emozione aveva le lacrime agli occhi, io avevo scattato con trepidazione alcune foto sperando che il dio dei fotografi mi mandasse la giusta esposizione, c'erano stati due brevi discorsi informali di Juantorena e Gigi e ci eravamo fatti la foto di gruppo tra la bandiera cubana e un ritratto del Che. Il biondo balbettando aveva donato una piccola statuetta in radica di olivo di un omino stilizzato che saluta a pugno chiuso, spiegando che l'aveva fatta appositamente suo padre per i compagni cubani. Le buddiste amarille si erano fatte di colpo avanti buttando le braccia al collo e schioccando baci sulla guancia del ministro regalandogli sorridenti una statuina in alabastro del Budda. Juantorena non aveva fatto una piega mettendo le statuine in una mensola tra coppe e gagliardetti sportivi, e si era profuso in sorrisi e ringraziamenti che non finivano più. Gigi mi aveva confessato in seguito di essere stato lì lì per invitarlo a bere una birretta con noi al bar.

Il giorno dopo in fretta e furia era stato firmato il gemellaggio nel principale ospedale della città.

Il capodelegazione e Bracco si erano presentati all'ultimo momento come niente fosse abbronzatissimi e rilassati e neppure sull'aereo di ritorno avevano dato una qualche spiegazione ai nostri sguardi ostili. Gigi mi raccontò in seguito di non averli visti mai più alle riunioni dell'associazione.

L'isola che non c'è, il bar che c'è stato

"Collezionare fallimenti con l'ostinazione di voler cambiare il mondo".
(Orsola)

Erano passate diverse primavere, era passato anche il movimento mondiale no global che a Genova per il G8 era incappato nell'ennesima mattanza di Stato, "una macelleria messicana" l'aveva definita un funzionario di polizia schifato da tanto zelo. Qui avevo incontrato mio figlio Ernesto ormai maggiorenne che quando raggiungeva il paese per le vacanze estive aveva ereditato come da tradizione il mio soprannome. Paco II aveva ereditato anche una discreta verve polemica e tra noi le scintille non mancavano. Ma sulla lettera che tempo dopo mi aveva scritto concordavo pienamente. Non si faceva più illusioni, l'Italia aveva perso anche questa occasione.

"Se gratti la vernice scrostata dello Stato di diritto, degli uomini col senso dello Stato, dei Falcone e Borsellino, del quando c'era Pertini, del Berlinguer che ha fatto tante cose buone, e togli tutti gli altri simboli e alibi che ci fanno vivere come un gregge teneriello in pasto agli orchi di Mordor ma innamorato della democrazia ottieni Genova 2001. E quello non è orrore, non è sospensione della democrazia, è la logica conseguenza di una catena di comando di guerra alla popolazione, che passa da Fini a Bolzaneto, da Bianco del partitone che compra i manganelli nuovi alla celere, che ha avuto la sua prova generale quattro mesi prima nei pestaggi di Napoli sotto il governo

Prodi e che a monte sale a Roma e a valle scende alla scuola Diaz e alle sue torture sudamericane. L'Italia aveva deciso di far vedere che è il più fedele e risoluto gendarme NATO massacrando i manifestanti del G8 casalingo. Qualcuno ha dato ai carabinieri e poliziotti l'occasione della vita, dare un senso alle loro povere esistenze vuote attraverso un luna park del sangue di cui non avrebbero dovuto dar conto a nessuno. Erano giorni in cui gli sbirri avrebbero potuto fare quel che gli pare senza le detestate fregnacce democratiche, e lo facevano. Far cantare Faccetta nera ai manifestanti fermati, canticchiare in coro mentre li massacravano 1-2-3 evviva Pinochet 4-5-6 morte agli ebrei 7-8-9 il negretto non commuove! Uno a zero per noi, zecche! Su larga scale eh, perché nel piccolo di mille altre situazioni meno moltitudinarie non è cambiato nulla e Genova non è niente di nuovo rispetto al passato. È stata l'ultima battaglia campale combattuta contro una generazione, in nome del progresso, del profitto, dell'ordine costituito. Hanno vinto loro, noi siamo stati massacrati. Il Capitale piangeva, il politico ordinava, lo sbirro ammazzava. Così è la vita".

Ma Genova era stato l'inizio e la fine della sua militanza politica, Paco II non aveva voluto più partecipare né ai social forum europei né alle manifestazione contro la guerra in Iraq. Anche se mi aveva ascoltato con un sorriso benevolo quando gli avevo raccontato che in famiglia erano cento anni che ci battevamo, e ci saremmo battuti per altri cento almeno. E se ci avessero cacciati dalla Terra ci saremmo battuti su un altro pianeta per altri cento e così via fino alla fine dei tempi e delle galassie, maremma infernale.

Genova per me era stata l'ennesima stazione della mia personale via crucis, non trovavo altro termine, in cui l'unico sollievo erano le fotografie. Loro in qualche modo sarebbero rimaste, avrebbero preso nuove vite e strade girando il mondo, avrebbero fatto da semi per nuovi raccolti di riflessioni e sogni che qualcun altro avrebbe continuato a coltivare. Come era accaduto con Sebastiano, che un giorno mi aveva chiesto alcune foto che avevo scattato nei campi nomadi calabresi per metterle in un grande presepe nella parrocchia che gestiva a Follonica. Qualche mugugno forse c'era stato ma Sebastiano era un prete giovane, carismatico e incredibilmente attivo, e i suoi parrocchiani si erano abituati a vederlo leggere "il manifesto" e a intervenire al social forum europeo di Firenze, per cui il presepe aveva riscosso un successo che non avrei immaginato. Se ne andò subito dopo, ricordo la sua bara avvolta dalla bandiera della pace.

Volevo credere alla fotografia per non arrendermi alla depressione, ai musi lunghi, ai rancori. Perché ero conscio che in realtà in ogni foto qualunque fosse il luogo o il soggetto c'ero essenzialmente io con tutte le mie domande. Alla fine era arrivato il moderno 11 settembre, le Torri gemelle, la guerra infinita, il terrore per il terrore, il terrore per zittire e irreggimentare.

Avevo provato a mollare tutto, a ricominciare da capo senza andare in capo al mondo, che sessanta km in certe occasioni possono bastare e Siena era un ritorno alle origini. Avevo lasciato Massa e la sua triste decadenza senile.

Avevo cercato di lasciarmi alle spalle il dolore atroce per la perdita di mia madre e dei grandi vecchi che uno alla volta si erano spenti intristiti da un mondo che non aveva un futuro luminoso come avevano creduto per tutta la vita.

La dritta e qualcosa di più me l'aveva data ancora una volta Alessio. Che adesso venduti i Budda bar all'apice del successo si era improvvisato anche ristoratore con immutata baldanza e risultati. Pareva diventato un Re Mida, niente era riuscito ad intralciarlo nella sua scalata: inchieste giudiziarie, espatri, cadute rovinose di vecchi soci e amici, malanni dovuti all'eroina che invece avevano stroncato in vari modi presto o tardi la maggior parte del suo vecchio giro. Ne usciva sempre più forte, alla faccia dell'anagrafe, delle analisi mediche, delle giravolte politiche e culturali. Imprenditore di successo che poteva permettersi di guidare l'associazione turistica, la programmazione degli eventi estivi, persino l'elezione del nuovo sindaco, lui che era diventato più follonichese dei follonichesi dimenticando i suoi vecchi lazzi contro i "buzzi verdi". Ma non mi aveva dimenticato e incontrandomi per caso in libreria mi aveva costretto a pranzo nel suo megaristorante sulla spiaggia su cui aveva innalzato le bandiere dei corsari e quella giamaicana mentre un Budda sorridente a grandezza naturale accoglieva i clienti all'interno. L'impepata di cozze e il polpo briaco all'elbana erano stati all'altezza come il vermentino toscano, e invece del solito limoncello aveva portato in tavola due robusti gin tonic con tanto di chicco di caffè.

Poi aveva smesso di sorridermi e mi aveva parlato come se mi leggesse i pensieri. "Senti lo so che te la passi male come fotografo e che cerchi un lavoro per campare, le voci corrono, i paesi son piccoli. Io sinceramente potrei anche prenderti qui per l'estate, ma ho già tutta la squadra pronta, mi manca giusto un lavapiatti e non mi pare né bello né conveniente per te, un bengalese mi fa e avanza. Però ho una idea che fa al caso tuo, ascoltami bene. Conosco un tipo che vuol dare in gestione un piccolo bar a Siena, un bar di studenti, punkettoni, giovani insomma, non c'è da farci tanto metallo ma camparci sì, e divertirsi con tutte quelle studentesse senz'altro! Se ti va ti faccio dare i fondamentali del mestiere dal mio barista, stai qui una settimana a spese mie e bevuta libera, poi ti presenti a nome mio al tipo di Siena e cominci a lavorare, che ne dici? Ah, immagino che non hai la caparra per iniziare e subentrare, ma a quello c'è rimedio non preoccuparti". E dopo essere sparito dietro il bancone era riemerso con un sorrisone e una busta in mano. Dentro la busta c'erano tremila euro in pezzi da cinquecento.

Non aveva voluto sentire se o ma. Aveva concluso con un cazzotto sulla mia spalla dicendomi "non ti preoccupare, me li rendi se tutto va liscio, alle brutte avrò perso del denaro maledetto, che si rimedia quando ci pare, che vuoi che sia, la nostra amicizia vale molto di più!" Entrambi sapevamo bene che con ogni probabilità non li avrebbe rivisti quei bigliettoni, ma questo faceva sentire bene Alessio e faceva ingollare un grosso rospo a me. Non avevo scelta, abbozzando un mezzo sorriso e farfugliando due parole di ringraziamento per l'amicizia fraterna avevo accettato.

Ero sembrato rinascere all'inizio. Mi pareva di chiudere un ciclo, rigenerarmi nella terra dei miei genitori in una dimensione sferica del tempo. Lavorare in una città universitaria, ragazzi da tutto il mondo, e il bar Ortica sia pure piccolo e vituperato dai senesi come bar di puciosi terroni e punkabbestia, funzionava, dava persino da vivere oltre che farmi conoscere un sacco di belle persone e storie interessanti. Mi sentivo riconosciuto come uno di loro anche se per età, più che fratello maggiore, avrei potuto essere il padre della maggior parte degli aficionados. Riuscivo a organizzare persino qualche mostra fotografica, avevo iniziato a insegnare in corsi di fotografia nei locali occupati dell'ex manicomio, "la Corte dei miracoli" un luogo e una metafora adatta allo stesso tempo. E certe sere dei concerti clandestini con i ragazzi del Siena Jazz con una vedetta sulla porta per avvisare se stessero arrivando i vigili urbani o i carabinieri. Alcune volte abdicavo alla neutralità e venivo trascinato nel magazzino da studentesse che volevano un sesso rapido e selvaggio, così come prima avevano voluto in maniera compulsiva alcolici per farsi in fretta, la calma e i sentimenti erano poco contemplati in un mondo che precipitava senza freni. Poteva anche accadere che di notte mentre rimettevo a posto il locale si fermassero persone a raccontarmi le loro pene o i loro sogni.

Il giorno era un fondale pallido di incombenze, la notte liberava sempre più i demoni di ognuno di loro presi a ballare mentre la nave già affondava senza che nessuno ancora se ne rendesse conto.

Credevo di poter ricominciare correndo, fuggendo in avanti, muovendomi rapido per non venire nelle foto come era scritto su quella maglietta che mi aveva regalato Laura una vita prima. Lo avevo anche spiegato ai miei perplessi studenti al corso fotografico che tenevo nella Corte dei miracoli. Avevo cominciato titubante ma strada facendo mi ero accorto come ancora una volta la fotografia lenisse i miei dolori. Oltre che di tecnica fotografica discutere con dei ragazzi curiosi mi permetteva di ricordare e cercare di trasmettergli dei sogni. Mi avevano chiesto come e perché avessi iniziato a fotografare, e se avessi lo stesso entusiasmo degli inizi. Avevo iniziato a raccontare del contesto storico, di come la fotografia di reportage potesse allora cambiare un po' il mondo, quello che stavamo cercando di fare con tutti i mezzi. Ma a un certo punto le parole che stavo pronunciando mi erano sembrate alle mie stesse orecchie edulcorate, corrette, false. Allora mi ero interrotto e avevo ricominciato da capo. "No, ragazzi, mettiamola così: parafrasando Berneri la fotografia mi ha acceso una stella nel cielo della dignità umana ma costretto a navigare in un mare senza porti. Navigando si varcano prima o poi delle personali colonne d'Ercole. La mia vita è diventata una odissea; viaggio per ritornare, fotografo la mia vita incollando foto in bianco e nero su un taccuino di appunti, senza nessuna nostalgia che sogni l'isola del giorno prima, una realtà mitizzata ed immobile. Immagino invece una nostalgia creativa, riflessiva, che recuperi quello che è possibile rigenerare, le vie mai prese, i fallimenti, i fili spezzati, i frammenti. Sprigionando nuove dinamiche rivoluzionarie. Fare memoria del passato non significa necessariamente guardare indietro, ma avanti a noi. In una visione ciclica del tempo il passato ritorna sotto forma di futuro. Navigo verso quell'isola che va costruita con le narrazioni, immaginazioni, utopie e sogni, ma anche consapevole degli incubi che hanno reso travagliato il nostro viaggio, la nostra storia. Questo sono, questo fotografo". Per un po' non avevano detto nulla. Mi avevano guardato come si guarda una persona a cui si vuole bene ma che pensiamo anche un po' tocca.

L'Ortica era un porto sicuro in mezzo al medioevo. Studenti da tutta la penisola, universitari stranieri da tutto il mondo, borderline e antagonisti, pazzerelli ed ex tossici, turisti, gente del quartiere. Non mancava nessuna tipologia.

Un cartello sulla colonna all'interno del bar avvertiva:

Ortica loc. fig. Essere come l'ortica - di persona pungente, mordace
ci crescono le ortiche - luogo incolto, abbandonato
gettare la tonaca alle ortiche - spretarsi, sfratarsi

L'omino curvo e secco come un tralcio di vite, con più rughe in faccia che denti, arrivava quasi tutte le sere verso le 8. Dalla sua giacchetta d'altri tempi spuntava una copia de l'Unità. Incurante della calca per l'aperitivo, della musica rock, del vociare, sgusciava lesto fino al bancone per ordinare un caffè. Faceva simpatia a me, ai ragazzi. Spesso gli veniva offerto il caffè, alcune volte lo facevo io stesso prendendo a pretesto avvenimenti storici, il 14 luglio, la Rivoluzione d'ottobre e altri ancora. Lo chiamavo "compagno" e lui mi sorrideva di rimando. Una sera stranamente tranquilla mentre sorseggiava il caffè mi aveva raccontato come frequentasse il bar da una vita, da quando era stato aperto negli anni '60. All'inizio era un locale con biliardo, fumoso e buio. Lo chiamavano "dall'Assassino" perché il suo gestore era stato un fantino del Palio. Negli anni '80 aveva mutato aspetto e titolo, dal soprannome del nuovo gestore, un tipo scorbutico. In effetti di quel periodo rimaneva appesa al muro una foto che l'Ortica F.C. aveva vinto un torneo di calcetto.

Freak era considerato una quinta colonna del bar. Questo perché da laureato faceva il praticante giornalista a "La Tenzone", quotidiano cittadino coacervo di forcaioli. Quelli che gioivano di titoli come, "Paura in centro, cane di punkabbestia sbrana barboncino", "Ecco la mappa delle vie da bollino rosso" o "Rave party a Ravacciano, terrore tra i residenti". Ma per non farsi mancare niente era anche l'addetto stampa della Corte dei Miracoli. Freak a ben vedere aveva due qualità che erano anche i suoi maggiori difetti. Un vitalismo estremo, tanto che alle volte pagava e andava via prima che fosse pronta la sua piadina. E una bulimia sessuale che rivendicava felice, spacciandola ogni volta per Amore. Il che, chiaramente, gli provocava tra le ragazze del bar una pessima e ottima fama allo stesso tempo. Niente pareva preoccuparlo. Raccontava di venire dalla terra dei casalesi, per lui essere vivo e in Toscana era culo e festa.

Lucy invece sembrava fuori contesto. Vestita con eleganza, si lamentava un po' per scherzo e un po' seriamente del bar, della pulizia, dei punk, dei cani, del cibo. Lucy non sopportava Freak lo considerava un essere vacuo e inutile. Quando ne parlava tirava fuori dal cappotto di astrakan un guanto nero e lo sventolava, come se con il gesto il malcapitato potesse svanire. Trovavo bellissima la contraddizione tra la sua aria un po'snob e una grande generosità. Quando Lucy era in buona raccontava le storie di una famiglia di nobili decaduti, con una vena latente di pazzia. La zia laureata prima della guerra in matematica inflessibile insegnante e credente, tanto da vivere come una monaca, ma col vizietto del cognac. Alla sua morte si era fatta seppellire col velo da suora e una bottiglia del nettare divino per l'ultimo viaggio. L'altra zia, fantina atea e dalla vita sessuale tumultuosa, che aveva seppellito più mariti che cavalli. Un nonno che aveva girato l'Europa come fornitore di bestie feroci ai circhi dell'epoca. Lucy ricordava i suoi racconti dell'Africa, dove andava a catturare le belve che poi rivendeva. E la sua casa piena di gatti, cani, conigli, uccellini, pappagalli e persino un serpente mangiatore di topolini. Una piccola arca di Noè con gli animali che vivevano in armonia, ipnotizzati dalla voce calda del vecchio che ad orari stabiliti ne portava a gruppi sui balconi con vista sul golfo di Napoli. Mi piaceva tantissimo Lucy.

Non era durata la luna di miele del bar. E come avrebbe potuto? Una città attenta alle apparenze e gelosa delle sue secolari tradizioni mal sopportava quelle migliaia di studenti universitari fuorisede nonostante li avesse fortemente voluti, e a cui pure affittava a prezzi esosi e spesso in nero appartamenti bui e umidi per tirare su un bottino che pareva più il frutto di una estorsione che di un regolare contratto di affitto. Per i senesi gli studenti erano una mucca da mungere che però alle nove di sera avrebbe dovuto dare la buona notte senza più rompere le scatole. E invece tra terroni e studenti erasmus di mezzo mondo diversi bar facevano ottimi incassi e le ore piccole con sbornie musica e schiamazzi. Che non erano però quelli autorizzati e tollerati dalle gloriose tradizioni della città del Mangia durante i mesi del Palio con corollario di sfilate e stamburate. Per cui come due 'briachi dapprima si guardano in cagnesco per marcare un territorio e dopo una serie di insulti passano a prendersi a legnate, spesso le tensioni tra vecchi residenti e studenti salivano di tono. Difficilmente sfociavano in vere risse, se non durante le feste di contrada o i giorni del Palio che complice il caldo grandinavano cazzotti generosamente su tutti, che anche questa era una tradizione. No, i senesi sapevano più astutamente come manovrare le leve politico massoniche, aizzare i giornali locali, sguinzagliare le forze dell'ordine, che del resto si annoiavano a morte tranne angariare un po' gli immigrati arrivati in gran numero dal Kosovo dopo la guerra voluta anche da D'Alema, e non vedevano l'ora di "ripulire" la città e in particolar modo una via presa a simbolo forse anche per il nome: Pantaneto. La campagna stampa era stata degna di più antiche e nobili cause, non era suonato a distesa il campanone della Torre del Mangia ma era mancato giusto quello. Mentre con più di due secoli di ritardo il vescovo e le autorità chiedevano scusa e ricordavano il saccheggio del ghetto e l'uccisione di tredici ebrei arsi vivi in piazza del Campo nel 1799 durante i moti reazionari antifrancesi del "viva Maria!", con nuova e democratica foga veniva additato un nemico, un capro espiatorio anche per far dimenticare lo scippo e la rovina della più vecchia banca del mondo. Rovina con cui gli studenti ci azzeccavano come il cavolo a merenda, ma un bersaglio per distrarre i benpensanti era inevitabile. Basta con i punkabbestia, con i rave party a Ravacciano, con i gatti cucinati dai primi ristoranti cinesi e con i barboncini delle persone a modino sbranati dai cani degli anarchici, con gli spagnoli molesti e ubriachi che pisciavano ovunque, con i fricchettoni rasta di ogni provenienza sempre lì a rollare canne e a cantare fino a tarda notte in piazza. I veri senesi non le mandavano a dire. "In piazza del Campo ci nasce la verbena, viva la nostra Siena, viva la nostra Siena!" "Siena di tre cose è piena: torri, campane e figli di puttane!" "Buongiorno a tutti ma chi non è di Siena schianti!" "Per forza o per amore ci dovete rispettà!". Tradizionali e profeti di sventura nel mentre accaniti segavano il ramo su cui stavano seduti.

"Inverno 2007. Laura, un tempo eravamo tutta la bellezza del mondo. Solcavamo paesi e strade emanando una luce che"

Avevo appallottolato con rabbia il foglio, per poi gettarlo lontano. Un tempo non avrei avuto bisogno di scriverle. Ci avvertivamo sempre, senza neppure il bisogno di parlarci. Entravamo l'uno nei sogni dell'altra. Eravamo felici.

Ero rimasto con la penna a mezz'aria, e avevo gettato via anche quella. Mi ero servito dell'altro vino. Avevo cercato nel cassetto dove conservavo le sue lettere e presa quella dove mi spiegava il suo arrivo in Toscana, tanti anni prima.

"Paco, tesoro, ti voglio raccontare una storia. Sono passati molti anni da quando ho messo piede su questa splendida terra. È stato

amore a prima vista. Reciproco sicuramente, perché il profumo della ginestra e quella sensazione di fusione assoluta con la profondità del paesaggio, la forte connessione con la terra sotto ai miei piedi, non mi hanno mai abbandonato. Amo questa natura, il suo silenzio, amo le strade polverose che ho percorso e le ricordo una per una, amo i boschi e gli occhi degli animali selvatici, il maestrale sul Tirreno e il colore dei mattoni sotto al sole nei paesini arrampicati sulle colline. Sento che questa terra ha messo radici ormai solide dentro di me, sono le mie seconde radici, nell'anima, così profonde da confondermi a volte, che sono rimasta in fondo un po' cittadina, nonostante abbia vissuto veramente questa terra. Vedi, allora non era così frequente in questi paesini vedere donne sole aggirarsi con una decrepita quanto gloriosa Golf. Donne che facevano anche due chiacchiere volentieri, e magari al bar tirando giù due spritz a mezzogiorno senza fare una piega, e il tutto rigorosamente senza manco pensare alla lontana di dartela.

Io vengo da una cultura dove le donne hanno un ruolo socialmente rilevante, e ne sono fiera. Poi, un po' di stabilità in più non guasta, e allora cerchi lavoro… insegnante? impiegata?

Impossibile. Se sei donna qui in Toscana, e non sei la sorella, la figlia, la moglie, la cognata ma soprattutto l'amante di qualcuno (inteso come maschio) non hai chance. Tutto il mondo è paese, ma in Toscana, la 'rossa' Toscana, è pure peggio. In queste piccole realtà regna il peggior clientelismo, la peggior mafietta di partito se non di famiglia (che è poi la stessa cosa, un po' come i clan meridionali o arabi).

E allora mi sono rimboccata le maniche e ho fatto ciò che le brave ragazze paesane non avrebbero mai fatto, i lavori considerati da poveri.

È stata dura. Non capivo, entravo nelle case di persone nate nelle campagne alla fine dell'800 inizi '900. Un abisso con la mia cultura. Poi, tra un lavoro precario e l'altro, il lavoro sociale cominciò ad essere sempre più frequente, e sempre più familiare. Fu faticoso ma mi coinvolse, ci pensavo anche a casa. Mi piaceva sempre di più entrare nelle case della gente, ascoltare le loro storie incredibili di un mondo così lontano da me e dal mio tempo. Ridere di parole mai sentite come 'unguanno' e 'dianzi', e nomi propri così originali, storici, mitologici e fantasiosi... Arsete, Rivoltasociale, Sollecito, Tiepido, Nondecisa... E poi, le bestemmie! Madonna sul ciuco e Cristo a piedi! Eccoli i toscani che amo, dissacranti, anticlericali, anarchici, comunisti, gente in gamba, ignorante a volte, ma vera, senza la paura di dire la sua. E poi le storie della Resistenza, le storie di guerra e di sfollati... Ricordo un tipo che evocava un tardivo medioevo parlandomi delle civette che abitavano le mura antiche del paese che ora non ci sono più, e dove, quando era piccolo, una volta al mese arrivava il carro dei preti, pieno di santini e terribili presagi, ed era il telegiornale mensile con le notizie dal resto del mondo! Con i mazziniani che sputavano per terra alla sua vista. E poi tanta e tanta umanità sofferente. Cercavo di dare il massimo, e la gente spesso mi voleva bene veramente. Scuola di vita il mio lavoro, anni di commistione totale, a volte forzata, con la gente, con quella che tu chiami la 'tua' gente. Perché, la mia no? Anni di cura, di ascolto, di mediazione difficile, incazzature pure e fatica più psicologica che fisica a furia di ascoltare persone.

... Io ho vissuto molto della mia parte sociale nel lavoro, e continua ad essere così, e conosco a fondo questo tessuto sociale e la sua gente. Ne sono anche parte. Ho molti amici di tutta Europa, del Mondo ormai, e questo non significa affatto che io non abbia stabilito contatti con la terra in cui amo vivere, e con chi ci è nato, ma piuttosto che per mia natura, e per l'appartenenza ad una generazione particolare (e qui immagino di sfondare una porta aperta) ho seguito affinità che nulla hanno che fare con la tradizione e le radici culturali familiari strette. I toscani sono xenofobi, e tu non sei da meno, ma non te ne voglio, solo sai, sopporto molto male quando mi dai della nordica, della tedesca. Vedi, mio padre è stato partigiano, poi prigioniero dei tedeschi, deportato, e si è salvato solo per caso.

Passava 24 ore al giorno in una baracca gelida in Germania, e sai, anche lui, come Primo Levi, si ricordava di qualcuno che si puliva le mani sulla sua spalla. Un abbraccio. Laura".

Rimisi a posto la lettera, spensi la luce e chiusi gli occhi sperando di addormentarmi subito.

Quelli del Palazzetto Occupato arrivavano sempre in gruppo, mai meno di cinque o sei. Calavano in Pantaneto di tanto in tanto per distribuire volantini di feste, incontri, tentando di allargare a tutta la zona l'occupazione del vecchio casale proprietà della Regione. Incontravano studenti e amici, se ne stavano tra l'università e il bar, bevendo vino e spritz che gli elargivo a prezzo politico. Portavano all'Ortica anche caprino e miele autoprodotti. Si mettevano a parlare delle prospettive dell'occupazione. Pasquale attaccava in bacheca una delle sue poesie. Ricordo questa:

Poche lucciole
una Luna timida e calante.
Le stelle sono lontane dalla brezza di terra
che rinfresca boschi e campi.
È un silenzio perfetto:
speranze d'Anarchia rollio di sogni.
Quale oceano navigano i tuoi pensieri?
Dove sei
insenatura perfetta della mia anima?
Viviamo solo finché l'amore ci sostiene

Già due volte Digos e caramba avevano provato a sgomberarli, ma antifà e studenti accorsi in buon numero con la presenza di giornalisti e videocamere allertati da Freak, avevano dissuaso dall'usare la forza e in qualche modo avevano ottenuto una proroga.

Intanto era arrivato dicembre e le luminarie natalizie facevano sparire i frequentatori del bar, avevano su di loro un po' l'effetto della luce del giorno con i vampiri.

Quella sera una ragazza che si era unita con i figli all'occupazione entrò sorridendomi e attaccò varie copie di un volantino.

"Palazzetto Occupato - 24 dicembre - Ormai è fatta!

Il 24 dicembre 2001 moriva Horst Fantazzini, anarchico ribelle, rapinatore gentile, primula rossa degli anni 60-70. Ultima rapina il 19 dicembre, l'arresto, il carcere, il cuore che non regge, muore la notte di natale. Ritroviamoci tutti per una serata conviviale il 24 dicembre, al Palazzetto Occupato, nel ricordo di Horst. Aperitivo cena e proiezione del film Ormai è fatta! Portate solidarietà e fraternità".

Tra i manifesti politici, le poesie di Pasquale, gli avvisi sulla colonna accanto al bancone, era comparso un articolo di "Repubblica", una intervista a Vallanzasca sottolineato in giallo in alcune parti da Leo, il mio barista milanese eterno studente fuoricorso.

"Come diceva Bertolt Brecht? È un crimine più grande fondare una banca o rapinarla? Bene, io a quella domanda come tutti sanno ho dato una risposta. Ma guardandomi intorno oggi, sai cosa mi colpisce? Che quarant'anni fa Milano era più cupa, più sporca. Ma ad avere paura era solo chi aveva il grano. Le porte delle case restavano aperte. Gli operai che tiravano la lima alla Marelli lasciavano i ragazzini alla vicina o in cortile. Oggi chi ha il grano paura non ne ha più. La paura è dei disgraziati. Paura di essere scippati, violentati, accoltellati. E sai cosa trovo ancora più incredibile? Che a dire «al lupo, al lupo», però, sono rimasti sempre quelli che hanno il grano.

Oggi uno che fa una rapina prende quindici anni. Chi manda sul lastrico qualche decina di migliaia di famiglie succhiandosi i loro risparmi, va bene se fa un mese ai domiciliari. Il senso della comunità è andato a farsi fottere. E se non c'è comunità, non c'è mito.

Guardia o ladro che tu sia".

Accanto Leo aveva messo un foglietto con l'avviso di lezioni gratuite di lumbard e milanese aulico per terroni. Celia, l'altra mia barista di Malaga, una maglietta dipinta a mano che offriva a prezzi modici. In mezzo alla baraonda di avvisi si trovava sempre qualche perla. Ma era difficile che incontrasse molto consenso. Tutti commentavano criticamente, magari aver letto li spingeva a scrivere ma era una babele di linguaggi, un groviglio di sensazioni e di malesseri, messaggi in bottiglia. Una ragazza timida un giorno mi aveva allungato un foglietto stampato da computer, raccomandandomi di non appenderlo.

"il mio bar è l'ortica.
Se ne sta sempre fermo li' in via pantaneto, con la sua insegna nera e gialla
e quelle pareti cosi' eccessivamente piene di cose, per lo più cazzate
biglietti bigliettini manifesti manifestini bandiere,
c'è addirittura un reggiseno.
Il mio bar è l'ortica.
dicono che sia un bar di pregiudicati, anche se io lo definirei di più una caritas atea e di sinistra,
è una famiglia per chi non ha famiglia. e come in tutte le vere famiglie c'è un capofamiglia autorevole, grande, lui si chiama Paco, è il mio barista,
il mio fotografo,
a volte è mio papà.
come in tutte le vere famiglie
da lui dipende spesso l'umore che regna nella casa, perché a volte

se lui è di cattivo umore tutti se ne accorgono e cambia l'atmosfera.
Allora capita che Giorgio sia più molesto del solito, Elvis magari spacca un bicchiere
Pasquale ha gli occhi chiusi da tanto ha bevuto, Donato scrocca monetine più del solito
e parla col suo amico immaginario. e io li detesto tutti
e mi riduco a bere una tisana
e tutti mi danno puntualmente della sfigata. Il mio bar è l'ortica.
e quando non c'è il capofamiglia ci sono i suoi bracci sinistri.
Uno è il Leo
che non ha più un cognome e con quelle magliette strane
parla spesso di calcio con Giorgio
che passa praticamente tutto il suo tempo al bancone del bar.
L'altro braccio sinistro di Paco è Celia.
Celia è molto bella.
Celia è una ragazza
ma ha le palle più di tutti i maschi dell'ortica messi insieme,
poi lei fa yoga e fa delle magliette
e prepara la mia tisana meglio di chiunque altro.
Al mio bar
ovvero la mia caritas di sinistra siamo tutti un po' pazzi
sì. Ci vogliamo bene credo
ma ci guardiamo bene dal dircelo, abbiamo tutti delle belle teste
e spesso preferiamo non portarle perché si sa
le teste pesano, allora noi
che non siamo scemi le lasciamo a casa
e passeggiamo per via pantaneto più leggeri degli altri.
Al mio bar
quando ci sono i giorni belli sorridiamo e basta
urliamo molto
Paco canta vecchie canzoni quando non impugna il megafono per arringarci

Leo gioca a fare il barman facendo volar le bottiglie
Celia abbandona i suoi libri sul bancone, Giorgio va fuori a fumare una sigaretta
e urla vaffanculo agli americani che passano, Elvis non finisce mai le sigarette e la birra
Pasquale ha l'occhio vispo
e Donato mi offre una sambuca, e tutti gli altri che sono tanti e belli pure loro urlano
e sorridono e si fanno gli scherzi stupidi.
L'ortica è il mio bar, un ospizio, un ricovero, una famiglia allargata, una specie di cosa certa in una serie di vite precarie
e non dovrebbe chiudere mai".

Impossibile sbagliarsi. Vanno sempre in coppia e hanno un modo di guardarsi intorno inconfondibile. Aspettarono che facessi il resto di un caffè ad una ragazza poi tirarono fuori i tesserini della PS ed un fascicolo abbastanza corposo. Quello che sembrava più alto in grado prese dal taschino anche una biro e indicò con una crocetta dove firmare per ricevuta. "Siamo qui per notificarle l'avvio di un provvedimento di chiusura del locale per giorni 7 ai sensi dell'articolo 100 ex tulps, perché frequentato da pregiudicati e o elementi socialmente pericolosi. Ha trenta giorni da questa notifica per presentare le sue controdeduzioni da sottoporre al Questore". Firmai rapido la ricevuta presi il fascicolo e detti loro le spalle.

Per prima cosa spedii via fax tutto il fascicolo ad Alessandro, amico e avvocato romano. Depurato di quattro pagine di burocratese, commi articoli e regolamenti, in buona sostanza il dossier affermava che nel corso di alcuni controlli documenti avvenuti in tarda serata al bar era stata riscontrata la presenza di alcuni pregiudicati e /o elementi socialmente pericolosi, o con atteggiamento minaccioso con cani di grossa taglia, o non in regola col permesso di soggiorno. Non si facevano nomi, in rispetto alla legge sulla privacy, ma con una domanda da presentare in Questura si potevano avere i precedenti delle persone controllate, senza rivelarne l'identità. Ma non avevo bisogno di nomi, bastava abbinarli ai reati citati nel fascicolo: invasione di terreni, oltraggio a pubblico ufficiale, ritiro patente-Pasquale poeta, ubriachezza molesta detenzione sostanze stupefacenti, resistenza a pubblico ufficiale, guida senza patente già ritirata per guida in stato di ebbrezza rissa aggravata, oltraggio, detenzione sostanze stupefacenti e armi da taglio-Joe, permesso di soggiorno scaduto, decreto espulsione territorio nazionale, ubriachezza molesta, atti contrari alla pubblica decenza, Elvis.

Quella sera l'Ortica ribolliva di sdegno, vibrava come un traghetto in partenza e allo stesso tempo nel clamore delle voci e dei commenti si poteva cogliere l'euforia di chi dopo tanto aspettare abbandona le incertezze e si prepara alla battaglia. Nessun muso lungo, ma sorrisi, invettive e proposte. Quelli del Palazzetto Occupato caldeggiavano una campagna informativa da farsi con un carrello tipo coop con volantini, megafono e bicchieri di vino in giro per la città, raccogliendo l'entusiastica adesione di molti che proponevano di aggiungere anche della grappa nel carrello.

Come un falco era piombato il consigliere comunale dei rifondatori comunisti portando una tiepida solidarietà e promettendo non meglio precisate iniziative. Freak era entrato e uscito come invasato più volte, poi aveva promesso articoli su giornali e web. Leo e Celia avevano buttato giù due righe che avevo approvato e nel frattempo avevo incaricato Alessandro di mandare un ricorso urgente al Questore. Alla fine era apparso un manifesto sulla colonna del bar e fotocopiato accanto alla cassa per raccogliere firme di solidarietà. Immediatamente i ragazzi avevano fatto la fila per firmare, non senza qualche mugugno dei duri e puri, che ritenevano l'appello troppo moderato, o come Lucy che lo riteneva ruffiano e mal scritto.

"L'Ortica non deve chiudere!

Visto che durante alcuni controlli dei documenti effettuati tra i presenti in tarda serata dalla Polizia, sono risultati non meglio specificati pregiudicati noti alle forze dell'Ordine, il Questore dispone che il bar caffè Ortica sia chiuso una settimana allo scopo di tutelare l'ordine pubblico e allontanare i suddetti soggetti. Trenta giorni di tempo per presentare una memoria difensiva e, nel caso sia respinta, una ordinanza, la chiusura, da ottemperare dall'oggi al domani. In base a un pretesto così si può chiudere la stragrande maggioranza dei bar italiani. L'Ortica è frequentato da studenti, professori, precari, erasmus, turisti, residenti in Pantaneto. Facciamo mostre mensili, presentiamo libri, abbiamo una piccola biblioteca, cerchiamo di parlare con e aiutare tutti, accogliamo gli ex casa-famiglia, ospitiamo le riunioni del comitato antifà e dei precari e ricercatori universitari. Non entrano mafiosi o spacciatori, non ci risultano assassini o stupratori. Gli ubriachi molesti e rissosi li abbiamo sempre allontanati. In questi anni mai una multa o una diffida. La cosa che ci fa più male è ridurre un luogo VIVO, pieno di giovani, sorrisi, solidarietà e colori in un mondo ingrigito e razzista, ad un ritrovo per pregiudicati. Lo troviamo offensivo e comunque una scusa per colpire uno dei pochi ritrovi cittadini non allineati al pensiero dominante. Il clima, il vento di dittatura che spira anche qui, è preparato dal tambureggiare di articoli forcaioli sulla stampa locale; si cerca di generare paura e guerra tra poveri, e zittire le voci fuori dal coro. Oggi si colpisce l'anello debole, piccolo, il problema della città, il covo di pregiudicati, la sentina di tutti i mali. Domani toccherà ad altri. Noi faremo ricorso, non staremo zitti, noi ci batteremo per difendere verità e libertà. A testa alta. I Lavoratori dell'Ortica".

In pochi giorni le firme avevano raggiunto e superato quota cinquecento. Leo aveva sorriso affermando che era nata la diciottesima contrada.

Lucy aveva firmato, ma continuava a guardarmi e a scuotere la testa. Mi aveva aspettato una sera che staccavo alle 8 per andare al corso di fotografia, accompagnandomi al parcheggio accanto alla Corte dei Miracoli. "Mi dispiace per l'Ortica, e mi dispiace per te ma ci sono cose che tu non vedi al di là dell'umanità e della solidarietà. Qualcuno forse spera che questo bar chiuda per uscirne fuori. Non vedi quanta noia e quanto degrado? Tu non lo vedi o forse lo vedi solo un po', tutti vogliono bene all'Ortica ma nessuno l'ama, anzi, quasi tutti la detestano e poi è vero che ci sono anche personacce. Sai benissimo che tipo di gente frequenta il tuo bar, anche questi ma non solo, perché ci sono tutte le altre persone normali che ci vengono, come me, che si rilassano e divertono, quando non capita una serata di gente di merda stupida e ignorante che ti molesta da tutte le parti, e sai perché dico questo? Perché non mi piace il tuo modo di difendere il bar, vuoi farlo apparire per quello che non è, infighettarlo e nascondere la verità. Perché non dici quello che dovresti dire e cioè che il tuo è un bar dove ognuno è libero di entrare e di non sentirsi giudicato per come è? È questo il punto infatti, il tuo è un bar così con una decadenza profonda, è questo che lo rende bello, unico. Io non capisco, in quell'appello che avete scritto perché cercate di farlo figurare come un caffè letterario o un posto dove certe persone non ci vengono. Certo che ci vengono e l'Ortica non è un caffè letterario, e se tante giovani e belle menti lo frequentano ti assicuro è per affetto e perché lì si possono concedere di essere chi sono senza doversi sbattere troppo. Cerca di capire che le mie non sono offese ma solo precisazioni e profonde anche. Secondo me quello che tu vedi da dietro al bancone è filtrato, dall'altra parte i tuoi avventori si scambiano le anime e i propri demoni, la noia e le paranoie per un futuro che non si vede e per i talenti sprecati. Gli eroi del bar sono tutti negativi Paco, ma la loro umanità, la loro cruda nudità e il loro cinismo li rendono bellissimi. Io ti voglio bene e spero tu capisca, non ti offenda e non ti faccia soggiogare dal buon senso comune, devi dire le cose come stanno, mentire è sempre sbagliato. Che male c'è se un pregiudicato o un ex galeotto frequenta il tuo bar? Questo è il punto. In quale società dovrebbe vivere chi ha sbagliato e pagato? Se tu neghi l'identità delle persone che frequentano il bar gli neghi il diritto di ricominciare a vivere, glielo neghi anche tu perché fai finta che non sia mai successo niente e peggio ancora ti metti dalla parte di chi crea i detenuti a vita! E non mi dire che sono confusa perché io ho le idee chiarissime su questo e se vuoi battagliare fallo con le palle!" Lucy aveva terminato la sua lunga tirata in crescendo, ma le ultime parole le erano uscite quasi strozzate, gli occhi lustri. Appoggiato all'auto la tirai a me abbracciandola forte. Rimanemmo così a lungo, finché il buio non fu totale.

Il ricorso legale di Alessandro supportato dalle firme raccolte terminava così:

"Ma, soprattutto, il nostro Bar cerca di ospitare e di regalare, umanità, capiamo che questo non sia di immediata comprensione per chi venga all'Ortica nottetempo solo per identificare persone, ma questa è la nostra piccola speranza, che ci spinge ogni mattina a tirare su la serranda del locale, e a sorridere a chi entri: *Assolutamente necessario conservare la capacità di provare emozioni, per continuare a stupirsi e a essere impressionati dalle cose. Essenziale restare immuni dalla più terribile delle malattie: l'indifferenza"*.

Naturalmente il ricorso era stato respinto.

Un funzionario mi aveva chiamato in Questura. Un tipo accomodante con una sciarpina nera di seta mi aveva blandito cercando di farmi balenare la possibilità che l'Ortica andasse avanti senza più problemi se avessi aperto una linea diretta di comunicazione e collaborazione con le forze dell'ordine. Fingendo di cascare dalle nuvole quando gli avevo chiesto se avesse letto l'appello e i precedenti comunicati e articoli. "Se dovessimo leggere tutto quello che scrivono i giornali… No, il problema è che forse per prevenzioni reciproche non c'è stata comunicazione tra noi, ma adesso possiamo rimediare, nessuno vuole che lei perda il suo lavoro". Mi scappò da ridere, lo sbirro buono, la carota, dopo la scarica di legnate. Sempre la solita storia, non cambiava mai nulla in questo povero Paese.

Il bar nonostante la chiusura obbligata, i marosi della crisi che era arrivata persino a Siena, il montare del rancore e della frustrazione di chi sentiva franare il terreno sotto i piedi mentre che fallivano la squadra di calcio e poi quella di basket, mentre Matera diventava capitale europea della cultura a discapito della città del Palio, l'università finiva nell'occhio del ciclone per ruberie e baronie e un dirigente della più antica banca del mondo "volava" dalla finestra della sede centrale, pareva nella sua semplice e sgangherata esistenza resistere. Del resto aveva ben poco da perdere da una crisi economica non possedendo che la sua disperata allegria. Certe serate passavano alla storia come surreali, altre come moleste, altre ancora come poetiche, vissute come non ci fosse un domani, vissute forse intuendo che non c'era un domani. Elvis ne era l'esempio più eclatante. Ragazzo kosovaro fuggito ai tempi della guerra del '99 e approdato per caso in città e poi al bar ne era rimasto colpito e aveva comunque suscitato affetto negli aficionados dell'Ortica finendo per esserne adottato, votato com'era alla sconfitta con quei suoi documenti yugoslavi desueti e inutili, patetici come il "viva Tito!" con cui dava il buongiorno e la buonasera, con quel suo essere minoranza nella minoranza della minoranza, cioè kosovaro gorano, di lingua serba e religione musulmana, perciò inviso e sospetto a tutti nei Balcani e considerato un nullafacente semiclandestino da espellere dalla questura e dalla Benemerita che lo avevano preso a bersaglio. Elvis aveva suscitato l'interesse persino di Lucy che certe sere passava a prenderlo al bar e dopo avergli spiegato pazientemente che non poteva andare in giro con dei vestiti sudici lo portava a casa e come un bimbo piccino lo obbligava a farsi un bagno mentre gli lavava i panni e gli dava un pigiama con l'orso Yogi per dormire sul divano degli ospiti. Leo gli aveva fatto una linea di credito spesa quasi unicamente in birre 0,66 che si allungava a dismisura nonostante alcune gli venissero offerte e altre se le guadagnasse alla chiusura dando una mano a recuperare vuoti e bicchieri. Ma Elvis era capace di scene epiche improvvise come arrivare vestito con camicia nera giacca e pantaloni bianchi e occhiali da sole e dopo aver fatto metter le musiche di Bregovic e ballato urlando "viva Tito! Viva comunizam! Viva partizan!" sulle note di "Kalashnikov", pagare il vecchio debito e offrire da bere a tutti fino allo sfinimento, fino a cadere in terra continuando a ridere e a muovere le braccia come le ali di un falchetto che cerca di volare. Per qualche giorno spariva infine rientrava più male in arnese e al verde che mai. Era il nostro fratello dell'Est, il nostro specchio deformato.

La crisi economica si era abbattuta come uno tsunami un po' per tutto il mondo e alla fine l'onda lunga era arrivata anche a Massa e per quanto attutita non aveva mancato di devastare conti correnti, risparmi, attività commerciali. Il sogno milionario, Massa quarta meta di turistica di Toscana, i B&B, le case acquistate con mutui trentennali credendo nei soldi che avrebbero continuato a creare soldi all'infinito: tutto svanito come neve al sole, da un giorno all'altro e anche le bandiere blu e arancioni penzolavano afflosciate. Un broker era sparito con i risparmi di molti compaesani, un direttore di banca si era fatto bello con i conti correnti cittadini finanziando e sponsorizzando a tutto spiano, tranne poi scappare di notte con una mulatta quando il gioco era stato scoperto. Come in un'alba seguente a una gigantesca sbornia centinaia di massetani giravano a vuoto con facce smarrite, intontiti, sgomenti, disperati, incazzati neri col mondo, con chiunque, tranne che con la loro dabbenaggine. Poi, finalmente, era arrivato il capro espiatorio. Il tam tam mediatico amplificato a dismisura dal nuovo giochino dei social aveva preso tutto e tutti nel tritacarne. Messo su da nuove facce di bronzo per un gioco vecchio come il mondo, quello della guerra tra poveri che viene vinta dai ricchi, aveva tramutato la bonaccia in uno scirocco impetuoso con olezzo di fogna.

C'era un bersaglio perfetto per far dimenticare ogni disgrazia, per non far pensare ma agire, per dare il via all'odio purificatore. Eccolo qua Il Colpevole, la sentina di tutti i mali, lo schifoso, il ladro, il mangia pane a ufo, il parassita, il succhia sangue, il rovina famiglie, lo sfruttatore della nostra economia in crisi, il cocco dei preti e del Vaticano, il portatore di malattie, lo spacciatore, lo stupratore delle nostre donne, il disgraziato falso e traditore, altro che povero affamato, palestrato e con i telefonini buoni, con 35 euro al giorno per non fare un cazzo, ciondolare e pietire, accattonare, intortare le nostre nonne, sodomizzare i nostri ragazzini e andare in giro con quei tonaconi di merda piegandosi cinque volte al giorno per pregare a bucoritto verso La Mecca! Il negro e musulmano maledetto, subdolo e invasore, finanziato da Soros, dagli ebrei, dai comunisti, dai buonisti maledetti che però non se li prendevano in casa, per fare la sostituzione etnica, per cancellare la popolazione italica e instaurare anche da noi l'Eurabia come scriveva la grande Oriana Fallaci che paragonava i manifestanti del social forum europeo di Firenze ai nazisti, e chiedeva ai suoi vecchi amici anarchici di Carrara la dinamite per far saltare in aria la Moschea di Colle Val D'Elsa, peraltro col risultato di essere mandata a quel paese. Naturalmente tutta questa canea non aveva mancato di creare reazioni, che pur dilagando il vaffanculismo e il populismo esistevano ancora gruppi di persone per bene e democratiche, di quelle che gli piace la libertà ma senza esagerare troppo, che cercavano di contrastare garbatamente la marea nera.

Essenzialmente quindi il paese si era spaccato in due: una metà pur senza dirlo troppo apertamente faceva il tifo per i pesci quando i barconi si rovesciavano nel Mediterraneo, e l'altra metà si dispiaceva molto balbettando qualcosa ma senza muovere un dito. I pochi cattolici facevano la carità ma senza entusiasmo, che un po' spaventati da tutti questi musulmani e neri lo erano anche loro.

La città del Palio aveva uno strano rapporto col suo manicomio oramai chiuso ma ancora lì, imponente, una città nella città a partire da Porta Romana, con i suoi padiglioni, ponti, passaggi, centrale elettrica, farmacia, laboratori artigianali, con il panopticon realizzato al reparto Conolly, con le bocche di lupo per "i furiosi", ettari e ettari, uno dei più importanti in Italia centrale, che da Grosseto a Viterbo quando dicevano "stai calmino se no ti portano a Siena" non intendevano una gita di piacere, dove sbrigativamente insieme a malati veri o presunti erano state confinate a centinaia le "isteriche", ragazze che avrebbero complicato lo spartirsi dell'eredità e proprietà familiari. E i senesi senza accorgersene intercalavano spesso nei discorsi il modo di dire "da manicomio!" che un poco ne erano vergognosi ma anche fieri perché dove lo trovavi un manicomio così ben fatto e bello anche architettonicamente? E gli ex pazzerelli che adesso stavano in piccole case famiglia erano rispettati e vezzeggiati come parte del paesaggio umano della città. Naturalmente in questo l'Ortica non faceva eccezione, anzi, non si capisce bene perché ma Elvis in particolare amava intrattenersi a ridere e scherzare con loro, senza mai arrabbiarsi, neanche quando Nina gli diceva "o sudicio, lavati!" oppure lo bombardava di facezie mentre cercava di giocare a scacchi. L'unica regola assoluta era non dare loro alcolici e anche Elvis quando ascoltava i racconti dei vari personaggi si limitava a bere un caffè o una gassosa. Poi faceva un riassunto dei loro racconti a Leo o Celia, che spaziavano dai vecchi palii alla vita nelle campagne senesi nel dopoguerra, ai motivi del loro internamento, che spesso, in un gioco delle parti, era mascherato col raccontarsi dall'altra parte, nel ruolo di infermiere e lavorante, e certe volte così bene che alcuni veri ex impiegati venivano guardati con benevolo scetticismo. Elvis non mancava mai di osservare che c'era più saggezza in loro che in tanti loro concittadini ricchi ma con la puzza sotto il naso. Questo quando era particolarmente malinconico lo portava a parlare del suo paese perso tra le montagne, dei matti visti come persone in qualche modo toccate da Dio e quindi da preservare e rispettare, oracoli e profeti, delle contraddizioni della sua famiglia col nonno iman e il padre capo della locale lega dei comunisti fedelissimo al mito di Tito emancipatore dei popoli e degli albanesi infidi e traditori. Della sua fuga ai tempi della guerra del '99 che a suo dire era stata avvertita prima che scoppiasse dai Rom macedoni con i quali diceva di avere parentela che avevano tolto le tende dalla sera alla mattina, "loro avvertono la guerra come i cani e i gatti i terremoti", di come era riuscito a schivare eserciti e milizie varie e a riparare prima a Milano e poi in Toscana sulle tracce di compaesani. Del suo occhio sinistro da cui non vedeva più certe sere dava spiegazioni di schegge belliche durante fughe e bombardamenti, altre più semplicemente di uno schizzo di calce viva quando per breve tempo aveva aiutato un cugino muratore, e questa disavventura unita alla conoscenza degli studenti del bar gli aveva fatto cambiare vita e valutare il fatto che non era affatto male vivere come loro, bevendo, festeggiando, amoreggiando senza neppure avere l'incombenza di alzarsi relativamente presto per frequentare l'università. E tutti noi nelle serate alcoliche e felici non mancavamo mai di intonare il coro "Elvis uno di noi, Elvis uno di noi!" mentre lui accennava leggiadro passi di danza macedoni, kosovari, rom o vai a sapere cosa gridando come sempre "viva Tito!".

Mi era venuto in mente all'improvviso. In una delle sere in cui riavvolgevo il film delle conversazioni con mia madre. Non era mai ritornata a Mucini. Mai. E neanche mio babbo. Eppure se ne parlava dei cambiamenti e delle trasformazioni della fattoria seguite alla morte di Don Pino, la vendita a una grande società immobiliare, la costruzione di villette a schiera tutte uguali, piscine, campi da tennis, ristoranti per improbabili turisti vista la crisi finanziaria arrivata in concomitanza con la fine dei lavori. Eppure ci passavamo molto spesso accanto nei nostri viaggi in auto, sarebbe bastata una deviazione di un minuto per ripercorrerne le stradine. E neppure io del resto che mi fermavo spesso all'osteria dove in un tempo remoto andavo la domenica con mia sorella a vedere passare le auto verso il mare c'ero più salito. Un giorno allora mi feci coraggio e dopo aver parcheggiato all'osteria e bevuto a digiuno un bicchiere di vino rosso aspro salii lentamente a piedi lungo la doppia fila dei cipressi. Alcuni poderi erano ancora lì dove li ricordavo, però non li riconoscevo. Intonaci vivaci, spiazzi asfaltati, aiole in stile marino, nessun animale da cortile. Mi sembrava tutto più piccolo e allo stesso tempo sconosciuto.

Nonostante alcune auto pareva un luogo disabitato o da cui le persone erano fuggite in tutta fretta. Una piscina con acqua verdastra alimentava le zanzare. Non riuscivo più a sentire le voci e le risate di un tempo, anzi, avevo dei brividi nonostante la temperatura mite. La chiesina frequentata da mia sorella aveva il portone sbarrato da un lucchetto gigante. La casa dove ero nato era diventata gialla ocra con aggiunta una tettoia esterna in stile tirolese, il piccolo pozzo sull'angolo era diventato un monolite di cemento con pretese artistiche, il vecchio forno del pane un posto auto. Cartelli metallici gialli e neri indicavano albergo, ristorante, pizzeria, reception, così, a casaccio. Nessuno, nessuna vita. Dopo un po' avevo ripreso la discesa verso l'osteria. Mi aveva affiancato in auto un vigilantes che scrutandomi perplesso mi aveva chiesto se cercassi qualcosa. Avevo scosso la testa e continuato a camminare. Lascia perdere, cercavo il mio passato, bisbigliavo tra me, cercavo un segno per capire dove andare a parare.

La telefonata mi aveva svegliato in piena notte e ancora intontito non riconoscendo la voce avevo faticato a capire che mi stava parlando, peraltro peggio del solito e più agitato, Elvis. Alla fine avevo messo a fuoco le parole "mama, morta, aereo domani Kosovo, borsa mia documenti in bar". Avevo riaperto il bar alle tre di mattina a Elvis e a un suo cugino vai a sapere spuntato da dove, recuperato la borsa che teneva nascosta nella grotta seguente al magazzino dove si era nascosto tante volte per sfuggire ai controlli di polizia. Elvis mi aveva fatto vedere le sue vecchie foto di famiglia, un vestito accettabile, i suoi documenti yugoslavi, e dopo un'ultima birra ci eravamo abbracciati con la promessa di rivederci presto. Tutto il bar la sera seguente aveva saputo che giunti all'imbarco del volo per Pristina i poliziotti avevano bloccato Elvis per via di quei documenti obsoleti. Ma il pragmatico cugino dopo aver spiegato il motivo del viaggio e soprattutto averli convinti a chiamare la questura toscana era riuscito ad ottenere la rapida soluzione del problema mentre la voce di un poliziotto senese si udiva chiara anche nell'aeroporto di Venezia urlare: "imbarcatelo subito! Son dieci anni che cerchiamo di espellerlo e ora che se ne vuole andare lo volete bloccare?! Ma siamo impazziti?! Via! Via! Levatecelo di torno!".

Il becchino si era fatto vivo un pomeriggio nelle ore morte. Tarchiato in doppio petto e cravatta con valigetta di cuoio al seguito. Avevo pensato fosse un rappresentante di birre, ma mi sbagliavo. Si era presentato così: "mi scusi se mi sono permesso, ma sapendo che il bar non naviga in buone acque forse ho trovato una fonte di guadagno per risollevarvi, sono un concessionario di slot machine". Mentre rimanevo impietrito il tipo incravattato prendendo il mio silenzio per un assenso era partito rapido in una disamina delle caratteristiche del bar, un po' piccolo, ma comunque possibile per due macchinette, con un bel ricavo di almeno duemila euro puliti al mese, stando bassi, perché purtroppo frequentato essenzialmente da studenti. Rintronato dall'ora e dal caldo riuscii miracolosamente a mantenere la calma: "la ringrazio per il pensiero, veramente, ma adesso per favore si accomodi fuori di qui". Il tipo mi aveva dato uno sguardo tra il cattivo e il beffardo ma aveva avuto il buon senso di non aggiungere altro.

Visto che il bar si ostinava a chiudere al suo orario stabilito e non appena facesse notte come avevano cercato di "consigliare" i tutori dell'ordine, era arrivata pochi mesi dopo una seconda chiusura questa volta a cura della Benemerita, giusto per far capire con le buone o le cattive chi comandava in città. Azzoppati, screditati, diffamati, minati dalla crisi che faceva sparire studenti e incassi, avevamo ricevuto il colpo di grazia dal proprietario dello stabile passato a dirci che non avrebbe rinnovato il contratto di affitto. Per non darla vinta allo sconforto e andarmene a testa alta avevo organizzato al bar una grande festa l'ultimo giorno bloccando la via e dando appuntamento agli irriducibili l'anno seguente a Malaga per aprire il bar "El Pantaneto", per un improbabile esodo in Andalusia dove pareva riparato Elvis con una falsa identità romena dopo vari tentativi respinti di rientrare in Italia. Ma sapevo benissimo che né io né Elvis avremmo raggiunto Malaga.

Senza un soldo in tasca, senza un lavoro, senza più forze e voglia di inventarmi una ennesima fuga in avanti, persino gli amici mi evitavano avvertendo il mio dolore.

Insonne per giorni avevo raggiunto il vecchio podere maremmano ormai vuoto e avvolto dalle erbacce su cui campeggiava un cartello con scritto "vendesi" e mi ero seduto sulla soglia di casa per giornate intere senza saper bene che fare. Una notte avevo acceso il camino e mi ero fermato ad ascoltare il silenzio profondo, quello che da bimbetto mi faceva sentire il sangue che circola nelle orecchie. Per ore, ipnotizzato dalle fiamme. Avevo versato un residuo di rum in un bicchiere e preso carta e penna.

"*Laura, sono arrivato alla fine anche di questo tentativo. Immagino cosa mi diresti. Che la devo far finita di perdermi nelle mie fantasie, di cercare di ridurre la realtà, che è ben più complessa e spietata, ad un sogno romantico di un innamorato deluso. O anche comunque di ridurre la realtà che viviamo a un sogno, un'utopia che reitero da una vita. No, guarda, forse all'inizio era così, almeno in parte, quella che in genere non mi confesso. Poi con l'andare del tempo delle storie che mi coinvolgevano e pressavano come il caffè che preparavo a questi ragazzi, tutto ha preso un'altra strada. Ci ho creduto. Per la prima volta dopo tanti anni ci ho creduto, ho creduto finalmente di combinare qualcosa di duraturo e positivo, e tutto in mezzo a tempi più che difficili, infami. Con ragazzi che il più delle volte potevano essere anagraficamente miei figli. E che invece mi rispettavano e accettavano per quello che ero, semplicemente. Sai la felicità di riuscire a creare un punto di ritrovo, un porto di pirati, di giovani non (del tutto) remissivi, un luogo vivo e caldo? Troppo bello per durare. Ho sottovalutato tempi e luoghi, ho sopravvalutato le mie capacità e forse anche quelle di questi ragazzi che alla fine possono (per ora) rimandare o scappare un po' più là. Ho dimenticato come uno stupido che non si può, non dico dare l'assalto al cielo, ma neppure sfidare impunemente il fascismo discreto della borghesia, da soli a mani nude, allo scoperto. Sì, lo so, hai buon gioco, mi sembra di sentirti nel dirmi con la matita blu in mano che dovrei pensare a concretizzare, per salvare la mia stessa esistenza. Va bene Laura, ma non è che io mi diverta a perdere, a ricominciare da capo ogni volta, che non capisco più se sono*

Ulisse o Penelope. Ma io sono questo, proprio questo qui, non trovo il termine e in ogni caso sarebbe riduttivo. Ho imparato dopo un percorso durato una vita ad essere me stesso, a praticare la libertà, a scavalcare le macerie e le ferite dell'esistenza, cercando di ricostruire un mondo nuovo, giorno per giorno, persona per persona, incontro dopo incontro, ascoltando storie intricate, abbracciando persone disperse e confuse, dando e ricevendo tanto, tantissimo da loro. Questa trovo sia la grandezza della vita. Vedi? Mi sono innamorato come un adolescente della vita, delle storie, dei percorsi possibili, di quello che era possibile fare per vedere un poco più di sole tra il grigiore di un mondo prigioniero di una banda di assassini. E non darmi del prete! Lo sai che è facile, ma inutile. A te va bene così questo mondo? Sì, ne esco ancora una volta sconfitto, ma non vinto. Non mi arrendo, né ora né mai. E anche se scuoti la testa so che sei dalla mia parte.

Con tutto ciò domani devo ricominciare, e non so ancora come, non lo so. Ma con il cielo negli occhi. Ti abbraccio forte"

Una volta terminata misi anche questa lettera con le altre.

In un tempo che non saprei datare, nuovo ma già vissuto, in un tempo in cui mi sentivo addosso i secoli e contemporaneamente parevano immobili le giornate e interminabili le ore, sono ritornato nei luoghi da dove erano migrati i miei genitori tanti anni prima. Ho ricominciato dalla campagna, dalle olivete e dalla fotografia, stella polare per incontrare il mondo e le persone. Non si può scendere da questa giostra, non si può fermare il mondo, tanto vale camminare cercando un cammino facendosi domande che non possono avere il più delle volte risposte. Sognando notte e giorno che i sogni sono la coda della nostra cometa. Vai a sapere se ripasseremo in questo cielo o ci perderemo in altre galassie senza tempo e senza fine.

Spiegazzata nell'agenda mi rimane una mail di Lucy che ho

stampato e messo da parte come un segnalibro che ogni tanto merita un'occhiata per sincerarmi che non sia stato tutto uno dei miei strani sogni dentro un sogno più grande ancora.

"Un pezzo di cuore l'Ortica, nessuno di noi potrà dimenticarla, noi volevamo bene al nostro bar e gliene volevamo perché era diverso come eravamo noi agli occhi di tutti, finché non hanno iniziato a chiamarci dottori e allora sì che gli siamo sembrati uguali, cioè strambi ma uguali perché ingegneri, insegnanti, biologi, insomma gente con cui vuoi o non vuoi c'è sempre il rischio di poter avere a che fare oggi o domani e quindi gente che si è ravveduta, che è finalmente cresciuta e ha smesso di cantare a squarciagola in quel vicolo in cui la discoteca non faceva rumore ma una chitarra con la sua poesia capace di intrecciare voci sguardi e vite lo faceva eccome e lo faceva tanto bene che se ci chiudevano proseguivamo la serata ovunque, spesso tutti insieme senza preoccuparci di chi fosse la casa che avremmo occupato per la serata, la bandiera dimenticata sulla panchina che trascinavamo in spalla o il libro, la pipa e persino il ragazzino che ci ritrovavamo a dormire in collo. Nessuno mai si preoccupava di chi fosse cosa, di chi guidasse la macchina in cui ci si infilava per raggiungere le terme del Petriolo in cinque o in sei, o il furgone con cui si partiva per una festa fuori città dopo un esame. Noi si era tutti una cosa. A nessuno importava chi fosse chi perché ci si vedeva al bar e anche se ci si poteva stare antipatici, si sapeva di essere dalla stessa parte, da quella giusta. E infatti ci si ribellava tutti insieme ai tentativi ripetuti di annichilire le nostre energie vitali e queste ribellioni prendevano le forme più poetiche. Ricordo una sera che ci chiusero perché i ragazzi del Siena jazz presero a improvvisare qualche nota. Io mi portai a casa tutto il bar e ci ritrovammo in tanti in questa casa in Pantaneto in cui avevano progressivamente abitato tutti quelli che conoscevo, e in cui ho passato tante notti con te quando ti venivo a recuperare al bar con le sedie sui tavoli. E chi suonando, chi chiacchierando del più e del meno, chi fumando, chi bevendo,

chi amoreggiando in un angolo di casa e chi piangendo sullo scalino davanti alla porta per un amore ormai finito, tutti continuammo a vivere quella serata perché era troppo bella per lasciarla morire. In mille altri luoghi si riproduceva il bar quando era chiuso o quando ce lo chiudevano a forza. Per me era questo l'Ortica ed è per questo che era troppo per il nostro piccolo mondo scellerato. L'Ortica eravamo tutti noi, in qualunque città vivessimo e qualsiasi bar frequentassimo ma non sarebbe stato quello che è stato se non ci fossi stato tu Paco e tutti quelli come te a collezionare fallimenti con l'ostinazione di voler cambiare il mondo. Perciò grazie, per sempre. Con grande affetto anche per tutti quelli che non ho mai sopportato ma so che non sono mai diventati uguali come ci impongono di diventare. E un pensiero intenso e speciale agli amici che abbiamo perso, o che si sono persi".

Un fiore seccato dentro la mia agenda questa mail stampata ed anche un po' stinta, presto non sarebbe stata più leggibile e anche nel server non c'era più. Chissà se era stata veramente scritta. Un fiore che non muore è la rivoluzione, quante volte lo avevo detto e me l'ero detto nel mio vagabondare reale e immaginario, per sognare e darmi coraggio. E quante volte avevo pensato che Paco non esisteva, non esistevano Marcello, Fausto, Cesare, Alessio, Anna, Stella, Laura, Lucy, nessuno, nessuna di loro. Se non il grande sogno che li aveva sognati e che svaniva come tutti i sogni all'alba.

Una specie di epilogo, note e ringraziamenti

"Potrei chiedere agli anarchici. Se c'è una cosa che va riconosciuta agli anarchici è la memoria lunga. Tengono una memoria persino tignosa di ogni cosa. È logico, senza l'assiduo esercizio di una buona memoria l'anarchia non sarebbe altro che un naufragio eterno. L'anarchia non costruisce nazioni, l'anarchia costruisce mondi".
(Maurizio Maggiani)

Un caro amico, Marco Dinoi, uno di quelli che manca tanto nonostante lo porti con me per le strade del mondo, scriveva: "Non si sceglie di fare fotografie, di scrivere o di raccontare. Lo si deve fare". La genesi del libro è stata questa essenzialmente. Emergendo da diari, agendine, fotografie, mi ha avviluppato per anni, creandomi a un certo punto anche il dubbio che più che un Ulisse fossi la Penelope della situazione, e che quella che in realtà facevo e disfacevo non fosse una tela letteraria ma una terapia indispensabile per cercare di lenire le tante ferite e perdite.

Intanto intorno a me tendevano a svanire lentamente i ricordi, gli appunti, i volti e persino le fotografie di queste storie. Le miniere, le acciaierie, molti luoghi di lavoro socialità e umanità di cui narro in queste pagine sono chiusi o hanno proprio cessato di esistere come molte persone che li animavano. I paesi stessi sono irriconoscibili pur nell'immutata cornice medioevale; sono rimasti per lo più dei gusci vuoti, franchising senza storia e anima. A un certo punto ho veramente pensato di essermi sognato tutto, e la tentazione di mollare la presa è stata forte. Salivo ancora sulla cima delle Colline Metallifere e spaziavo con lo sguardo sul mare cercando di vedere oltre la curvatura dell'orizzonte, immaginandomi i miei figli che nel frattempo sono andati via lontani a guadagnarsi il pane delle sette croste.

Per cui a maggior ragione devo ringraziare tante persone che nel corso del tempo hanno letto parti o frammenti di questi marosi e che mi hanno spinto in tutti i modi per terminare questa traversata.

Sperando di non dimenticare nessuno: Emiliano, Raffaello, Federica, Paola, Orsola, Alberto, Sandro, Patrizia, Elena, Mario, Francesco, Carmela, Antonella, Sabrina, Stefania, Daniela, Carla, Giancarlo, Maurizio, Marcello, Antonello, Alessandro, Luciana, Sacha, Leo, Celia, Regina, Pasquale, Romana, Valeria.

E poi chi è andato un po' più in là: Cesare, Massimo, Eros, Giorgio, Vittorio, Dino, Marco, Manuela, Claudio, Stella, Gigi. Troverò un modo per leggerlo anche a loro.

Poco avrei potuto senza l'allenamento delle storie fantastiche raccontate dai miei nonni Santi, Pia, Beppina, dai miei genitori Bovisio e Marisa, nonché da tutta la tribù familiare dei Pacini.

C'è poi il contributo più o meno consapevole di una moltitudine di persone e dei loro racconti mediati dai miei ricordi che hanno ispirato i personaggi di queste pagine. I luoghi e molti fatti storici sono reali, le storie dopo decenni di versioni ed elaborazioni hanno preso tutt'altra strada.

Come ha scritto mirabilmente Gabriel Garcia Marquez "la vita non è quella che si è vissuta, ma quella che si ricorda e come la si ricorda per raccontarla".

Per cui ogni verosimiglianza con persone o situazioni reali è puramente casuale. Nessuno si senta chiamato in causa anche se siamo tutti coinvolti.

Massa è chiaramente Massa Marittima, a lei e alle sue campagne dell'alta Maremma dove sono nato e vissuto devo molto, come alle campagne di Siena a cui ho fatto ritorno a settant'anni dalla migrazione dei miei genitori.

E devo tanto ai frequentatori del bar dello Sport e del dancing la Lucciola di Massa Marittima degli anni sessanta e settanta e a quelli del bar Ortensia di Siena quarant'anni dopo. Luoghi mitici chiusi da tempo che videro incontri straordinari e furono casa di molti miei amici adesso dispersi per il mondo intero.

A Siena è ancora aperta e frequentata da tante belle persone la "Corte dei miracoli", se passate a visitarla può essere che mi intercettiate anche se cerco ancora di muovermi rapido per non venire nelle foto. I luoghi mutano, le persone spariscono ma non c'è mai una fine, le rivoluzioni e i mondi sono infiniti.

Nelle storie che si dipanano in queste pagine cito espressamente brani di alcuni libri basilari per capire gli anni tra la fine del novecento e l'inizio del terzo millennio, come "Pinelli una finestra sulla strage" di Camilla Cederna, "il sovversivo, vita e morte dell'anarchico Franco Serantini" di Corrado Stajano e "77 la rivoluzione che viene" a cura di Sergio Bianchi e Lanfranco Caminiti. Ma pesco anche per le memorie maremmane in "piccola contro storia popolare" di Alberto Prunetti. Un libro fondamentale per capire il decennio rivoluzionario 68-77 è "L'orda d'oro" di Primo Moroni e Nanni Balestrini.

L'articolo sulla cacciata di Lama dall'università di Roma pubblicato su Repubblica il 18 febbraio 1977 è di Carlo Rivolta. Carlo era un giornalista coraggioso, un nostro coetaneo solidale portatoci via dall'eroina nel 1982.

L'articolo in ricordo della rivoluzione dei garofani portoghese pubblicato sul Corriere della sera del 4 aprile 2004 è di Aldo Cazzullo.

Quando il tutto mi è sembrato veramente pronto e stavo cercando un editore è arrivato il covid a sparigliare le carte, per cui il libro è finito in un cassetto per altri due anni. Una volta riletto ho provato un forte senso di straniamento. Alcune parti le ho cestinate o riscritte. Come non mi mancasse altro una notte ho sognato che lo stampavo col vecchio ciclostile del collettivo operai e studenti e davo le sue pagine a casaccio agli amici, che così per capirne il senso e trovarne il capo e la coda sarebbero stati costretti a incontrarsi. In effetti questa cosa l'ho già fatta vent'anni fa con una mostra fotografica a domicilio che si chiamava "abbiamo ballato una sola estate". Questo sogno mi ha fatto capire che dovevo andare in stampa prima che tanti anni di travaglio finissero in fumo.

Infine una dedica particolare a chi nonostante tutto non ha mai chinato la testa e dimenticato. A tutte le persone che mi hanno amato e fatto sì che trovassi un posto in questo mondo, chiaramente dalla parte del torto. E ai miei figli e nipoti a cui spero di lasciare ali e radici.

Appendice

Lettera aperta alla tribù dei Pacini

Sono sempre stato affascinato dalla storia familiare che va a intrecciarsi con gli eventi della grande Storia che bene o male (purtroppo generalmente male) studiamo sui banchi di scuola.

Capire cosa facevano i nonni durante la prima guerra mondiale, dove erano i genitori l'8 settembre del '43, come finì la grande famiglia mezzadrile e perché solo i tuoi decisero di emigrare in Maremma nel secondo dopoguerra. E così via, che gli intrecci possono essere tanti e incredibili. Certe volte con esiti commoventi, altri tragicomici come quando per anni confusi l'epidemia di "spagnola" che fece strage giusto cento anni fa e a cui scamparono fortunosamente i miei nonni, con una signorina iberica di dubbia moralità che nonno Santi definiva "brutta, ma brutta davvero eh, tu sapessi quanti li ha fatti fori!".

Il lento sparire dei capostipiti, il precipitare degli anni e delle stagioni, i cambiamenti che hanno spesso modificato le nostre vite rarefacendo i nostri incontri, la migrazione di figli e nipoti; a un certo punto tutto pareva limitare seriamente le mie ricerche. Finché Carla che evidentemente coltivava la mia stessa passione mi lanciò una idea-sfida: "perché te che scrivi e fotografi non raccogli testimonianze e documenti per scrivere un libro sulla nostra famiglia? Non pensi sarebbe interessante con tutte le storie che sappiamo e possiamo trovare?"

La cosa mi piacque molto. Stavo rimettendo insieme agende e diari proprio in quel periodo e pensai che avrei avuto un sacco di nuovi ricordi e spunti da scrivere nei miei quaderni.

Per cui incontrai a Gracciano i vecchi della famiglia e soprattutto ebbi dalla infaticabile Carla diversi materiali; fotocopie, documenti, notizie e una piccola storia scritta da Livio nel 2006 "breve storia di una famiglia mezzadrile dal 1930 al 1956" (che casualmente è l'anno della mia nascita). Livio terminava il suo scritto dicendo: "nuove importanti storie potrebbero essere raccontate da parte di tutti i nuclei familiari sviluppatesi successivamente, senza mai dimenticare la storia originale...".

Ecco, fu questo il punto dove mi arenai per poi ripartire in una maniera imprevista.

Potevo scavare nel passato, ma era il "presente" (ovverosia la nostra storia dagli anni sessanta in poi) che non potevo raccogliere da solo, oltretutto non ne avevo le forze che dopo anni di rovesci mi battevo faticosamente per sopravvivere. Certo che sarebbe stato interessante per capire le trasformazioni, le direzioni prese. Livio aggiungeva nelle righe successive a quelle che ho già citato: "... senza mai dimenticare la storia originale, a dimostrazione delle dimensioni dello sviluppo democratico e civile, quale frutto principale delle grandi lotte mezzadrili, condotte per la libertà e la democrazia, per la parità dei diritti tra uomini e donne, per il progresso sociale e la pace". Sì, capire e riflettere sulle nostre trasformazioni, sul futuro delle nuove generazioni.

Quindi non ho scritto "quel" libro sulla famiglia Pacini. Ho scritto "un" libro, quello che avete adesso tra le mani. C'è anche la mia e la nostra storia. Nessuna storia si regge da sola, tutte vivono intrecciandosi con altre. Vi chiedo comprensione, questo è un racconto che mette insieme altre vite e punti di vista assai diversi. Perdonate inesattezze, voli di fantasia, nomi, luoghi o date imprecise o volutamente riscritte per ragioni narrative.

Il senso è comunque quello di coltivare radici e memoria, senza le quali non si va da nessuna parte. E l'auspicio è quello che tutti noi si continui a raccontare a chi verrà, a donare storie, a volare oltre le nuvole pur con i piedi ben piantati in terra, anche per continuare nei modi più disparati "quel" libro.

Babbo Bovisio mi lasciò tanti anni fa con queste parole: "restiamo uniti". È difficile in tempi così complicati ma dobbiamo provarci.

Vi ringrazio per il sostegno e la pazienza, per l'affetto che ho sempre sentito. Vi abbraccio forte tutti.

Stefano

narrAZIONI

1. Fabrizio Tondi
Dentro il nido dell'aquila
2. Clorinda Pieri
L'ultimo Castello anno 1376
3. Nedo Bianchi
Mafalda e la siepe di ginestre
4. Anna Genni Miliotti
Il dono di Celestina
5. Lamberto Berretti
Il diavolo e la campana del borgo
6. Fabrizio Tondi
La penna dell'uccello grifone
7. Alessandro Angeli
Ragazzo Fiume
8. Lea Melandri, Stefano Ciccone - *Il legame insospettabile tra amore e violenza*
9. Riccardo Parigi, Massimo Sozzi, Laura Vignali - a cura di Virginia Logis Pazzi
Bocconcini al cianuro
10. Giada Guidotti
Nudo di donne
10 Bis. Paola Zannoner
Jazz! Racconti su scala modale
11. Vincenzo Cozzani a cura di Giuseppe Momicchioli
Giorni di guerra · Diario 1939-1944
11 bis. Graziano Mantiloni
Fantasmi nella vigna, un verde quasi tinto di giallo
12. Ennio Graziani
Note bibliografiche
Joseph Pinetti De Mercì Conte di Willedal
13. Alvaro Giannelli
Quando le mucche stavano in paese
14. Maria Pia Gardini
Maremma. Un amore proibito
15. Riccardo Parigi, Massimo Sozzi
Il fumo uccide
16. Graziano Mantiloni
La Badante
17. Letizia Franchina
Per capire casa mia
18. Maria Pia Gardini
Specchietti per le allodole
19. Anselmo Rondoni
Il paesaggio de "La Gioconda"
20. Alessandro Orlandini
Il Palio delle Contrade Guida storica (e pratica)
21. Romina Fantusi
Il codice di Hodgkin
22. Antonello Ricci
Fuori da dove
23. Antonella Sarti
Dalle cime al mare
24. Laura Vignali
Doppio giallo
25. Silvano Polvani
Chi chi chi le le le
26. AA. VV. - *Rime assassine*
27. Anna Maria Bernardini Manacorda
Parole di pace in tempo di guerra
28. Maurizio Cavina
Luci spente nella storia
29. Luciana Bellini
Tre pezzi 100 lire
30. Graziano Mantiloni
Devil
31. Monica Granchi
Mio nonno era comunista
32. Enzo Parabolani
La Baita
33. Giuseppe Corlito
Attraverso la grande acqua
34. Monica Granchi
Alla sinistra di Giove
34. bis. Maurizio Centi
Lampi al magnesio
35. Laura Vignali
Il delitto vien mangiando
36. Guido Mazza
Un Arlecchino con gli occhi azzurri
37. Claudio Gualandri
Epopea Gardenese
38. Luigi Ambrosio
Kaino, Ricasoli e altri demoni
39. Andrea Ruffolo
Se questo è un padre
40. Roberta Trice
Luci e ombre d'agosto
41. Oscar Montani
Vetera tempora
42. Maria Modesti
Voci e suoni della Maremma
43. Alvaro Giannelli
Spighe di grano
44. Francesca Ciardiello
Madonna di Val di Prata Monticello Amiata
45. Festival Resistente
Un motivo per resistere. Racconti e storie
46. Sandro Bilei
Operazione nostalgia
47. Paola Alberti
Angela, Lucio e le erbe cattive
48. Francesco Puccio
Undici e mezzo
49. Vincenzo Reale
La fortuna del Greco
50. Antonio Ceroni
Come gattini ciechi
51. Sergio Paparini
Cera nera
52. Marcella Marraccini
Ombre
53. Laura Vignali
Pensione Tripoli
54. Flavio Fusi
Campi di fragole per sempre
55. Clemente Cipresso
Frantumi di calma apparente
56. Giada Guidotti
Come far crescere un banano in Antartide
57. Marco Farmeschi
Don Venanzio
58. Stefano Adami
Calisto
59. Stefano Lucarelli
La trama dei gesti
60. Gianguido Piazza Zelia Grosselli
Sotto le bandiere del Granduca
61. Daniela Piccinetti
Il giro del girasole
62. Cristina Gagliardi
Sotto il lenzuolo
63. Laura Flamini
Storie di Natale e di amicizia
64. Giorgio Richetti
Tornare a casa
65. Azeza Khouribech
Storie di donne
66. Flavio Cultrera
Le indagini del Commissario Lombardi
67. Fausto Meoli
NeroFirenze
68. Fausto Arrighi
Pupurrì
69. Laura Vignali
Sette storie nel cassetto
70. Fabrizio Tondi
L'ultima eco
71. Fiorenzo Corsali
Novelle
72. Oscar Montani
Lo chalet in pineta
73. Luciana Bellini
Parole senza capo né coda
74. Luca Vivarelli
Marà e tutti gli altri
75. Claudio Ulivelli
Dopo il buio
76. Giuseppe Ciani
L'arco del giorno
77. Pier Luigi Pardini e Laura Vignali
Lucciole e grilli alla Camposampiero
78. Claudio Contorni
Miciarello e Gualdrada
Il racconto della Postilla Amiatina

79. Giuseppe Grattacaso
Parlavano di me
80. Associazione Festival Resistente
Le cose giuste
81. Luigi Ambrosio
Mai stato in serie A
82. Vincenzo Giannetti
La Maremmana
83. Piergiorgio Zotti
Storie e leggende dal Medioevo
84. Davide Buzzetti
Leaving Italy
85. Barbara Perelli
Lo scrigno di Sharon
86. Clelia Pettini
Anime sospese
87. Laura Vignali
Delitto sui binari
88. Pasqualino Bonelli
Notturno italiano
89. Mauro Cresti
Prima che io dimentichi
90. Lorenzo Anselmi
Dove il bosco si fa macchia
91. Olga Fotino
Lhena
92. Roberto Magnani
Davide
93. Renato Pisani
La polenda dolce
94. Vladimiro Nesi
Se così doveva essere
95. Silvano Tanzini
I Mambrini
96. Cinzia Della Ciana
Acqua piena di acqua
97. Michele Cocchi
La cosa giusta
98. Ada Bellanova
Papamusc'
99. Andrea Santini
La miniera scomparsa
100. Dina Ferri
Quaderno del nulla
101. Igino Ugo Tarchetti
Racconti fantastici
102. Maurizio Pagnini & Paolo Scopetani
Chiasso chiuso
103. Oscar Montani
Donne d'arcani minori
104. Laura Vignali
Bergamotto, gelsomini e champagne
105. Giuseppina Scotti
Grosseto. Un'alluvione per la povera gente.
106. Riccardo Parenti
Arrendersi mai
107. Gianfranco Filippini
La stagione Grande
108. Paolo Banfi
Stavamo dalla parte degli indiani
109. Festival Resistente
Restiamo Umani - Poesie e racconti
110. Alessandro Bambagioni
Spifferi sacri e turbini profani
111. Sabrina Massini
Ninetto
112. Enzo Gradassi
Ci giurammo eterno amore
113. Carla Bardelli
Il suono breve della neve
114. Barbara Sodi
Il Segnalibro
115. Associazione Perle Onlus
Infinite sfumature di lilla
116. Emilio Giovanneschi
Storie di donne. L'inconscio verso l'eros
117. Laura Vignali
I calzari dell'Abate Gioacchino e altri racconti
118. Aa.Vv.
Con la montagna nel cuore
119. Marco Cesari
Don Cesare, ovverossia il "figlio" di don Camillo e di Peppone
120. Oscar Montani
La lunga ombra del bonsai
121. Mattia Nocchi
Come cerbiatti sulle strisce pedonali
122. Mario Di Sorte
Sotto la polvere del tempo
123. Roberto Ferretti Piergiorgio Zotti
Qualcosa di bianco in Maremma
124. Stefano Bortolussi
Billy & Coyote
125. Marco Barbetti
This Wall will fall
Questo muro cadrà
126. Andrea Matteini Laura Vignali
Niente di nuovo sul fronte del "Baccello"
127. Laura Vignali
Il dubbio di Bianca
128. Aa. Vv.
Ho visto l'Amiata...
129. Stefano Pelli
Risalire il pendolo
130. Maria Modesti
Sui passi di Mario Luzi
131. Silvia Schiavo
I cieli visti dal tempio
132. Agata Florio
Quell'agosto del '59
133. Christiana de Caldas Brito
Colpo di mare
134. Massimiliano Tozzi
Lu lione
135. Giovanna Ballerini
Sotto la cenere
136. Paolo Barcucci
Il pozzo dell'amore
137. Festival Resistente
L'identità
138. Franco Galiziano (a cura di)
Pietro Forci. La mia Vetulonia
139. Roberto Nesti
Il ritorno dei cormorani
140. Marco Di Eugenio
Quando l'amore finisce
141. Giovanni Feo
Oracoli. Racconti simbolici
142 Giuseppe Ciani
Madeleine
143. Lisandro Torrini
Il Giacobino
144. Lido Nanni
Emozioni di una vita
145. Sergio Carbone
Una vittoria mancata
146. Antonella Inga
Tarcisio il Talpone
147. Paolo Banfi
Tra non molto, la notte
147bis. Rossana Papalini
Sulla scia dei giorni
148. Piero Conz
Sette giorni
149. Laura Vignali
L'estate di Mimì
150. Guido Adriano Tori
Nel mondo oltre
151. Fulvia Perillo
Metteva l'amore sopra ogni cosa
152. Oscar Montani
Requiem in re minore
153. Andrea Gamannossi
Le province in giallo cotte e narrate
154. Carla Bardelli
La guerra è femmina
155. David Berti
Due racconti per una notte
156. a cura di Roberto Goracci
La Rossina
157. Donatella Tognaccini
Le memorie di Ronzinante
158. Fabrizio Giugnoli
Dell'invisibile amore e di altre trasparenze
159. Franco Burchietti
Il cugino inglese
160. Renzo Renzetti
La prima chitarra non si scorda
161. Nedo Bianchi
La chitarra di Teresa
162. Piero Conz
Tutta mia la città
163. Fabio Baldassarri
Commedia di paese con cadavere

164. Renata Caprini
Le piccole storie del gusto
165. Emilio Sarti
Il mio paese Arcidosso e dintorni
166. A cura di Elena Bocci
Nonni angeli custodi
167. Simona Babbucci
Le castagne sono cotte
168. Francesco Ciai
Una ragazza in ballo
169. Giancarlo Pagliai
E se un giorno mi svegliassi morto?
170. Giuseppina Lamioni
Nata in Maremma
171. Raffaele Ascheri
Il Professor Ugo Populizio
172. Gino Pucci
Una vita allo specchio
173. Guido Adriano Tori
Le Ricordanze
174. Vincenzo Coli
Secreti
175. David Parri
La non protagonista
176. Cristoforo Teofilo
Trentatré racconti
177. Alessandro Scanavini
Un pasoliniano mancato
178. Roberta Trice
Frontiere
179. Giancarlo Pagliai
Da Passannante a Tartaglia
180. Roberto Orsini
Il Navigante
181. Lisandro Torrini
Questa è un'altra storia
182. Nando Maurelli
Il Chopper
183. Dario Castriota
La trattativa
184. Cristoforo Teofilo
Trentatré racconti
185. Piero Conz
Splendide Creature
186. Salvatore Allocca
Tutti suoneranno il gong
187. Oscar Montani
EIKONEΣ
188. Roberto Tonini
I racconti del Granocchiaio
189. Giorgio Ferretti
Julian Cabote e il caso Campground
190. Daniele Locchi
Piombo
191. Laura Vignali
Gianluigi Ramazzini
192. Giovanni Maria Gambini
Creando il Mare
193. Massimo Viti
Nei tuoi occhi
194. Sergio Carbone
Una duplice vittoria
195. Fabrizio Tondi
Cara abbadia ti scrivo
196. Roberto goracci
che bellezza! Mi si schiantava il cuore nel petto...
197. Paolo Banfi
La confessione di Luz
198. Maurizio mambrini
Pensieri Aperti
199. Laura Vignali
Un segreto per Livia
200. A cura di Alessio Vagaggini e Luca Fancello
Interpatia
201. a cura di Roberto Goracci - Guelfo Civinini
Gesummorto
202. a cura di Roberto Goracci - Ercole Luigi Morselli
Storie da ridere... E da piangere
203. David Berti
Errando
204. Giovanna Ballerini
L'ombra dell'albero dei kaki
205. Giorgio Ferretti
La seconda vita di Julian Cabote
206. Lucia Focarelli
L'orologio russo
207. Franco Burchietti
Un azzardo di troppo
208. Sorin Cherubini
Lacrime al buio
209. Oscar Montani
Nessun dorma
210. Andrea Santini
Fare posto agli alberi
211. Roberto Orsini
Una preghiera mi portò lontano
212. Alessandro Bertini
Ti ritroverò
213. Fabio Baldassarri
Il dottor Fabbri e il gioco del calcio
214. Daniela Piccinetti
Diseguali opportunità
215. Carla Bardelli
Io con i mostri non ci parlo
216. Anna Genni Miliotti
Misakemiama
217. Laura Vignali
Il supplente
218. Paola alberti
L'ultima cena con delitto
219. Roberta Trice
Dietro lo specchio
220. Mauro Papa
Le figurine della maremma
221. Fiorenzo Corsali
Il proletario imbalsamato
222. Vinicio Pagn
Racconti
223. Edoardo Cannoni
Storie vere
224. Giulia Malinverno
Grisou
225. Marc Di Maggio
Voglio che tu sia quello che sei
226. Graziella Pesenti
Una coperta di cielo
227. Luciana Bellini
Donne di Maremma
228. Daniele Locchi
Due gocce d'acqua
229. Sandra Poli
Passato, presente e viceversa
230. *Io mi ricordo di Franco - Testimonianze, ricordi e materiali su Franco Petrucci*
231. Lisandro Torrini
Questa è un'altra storia
232. Edoardo Cannoni
Diario di una bicicletta
233. A cura di Giuseppina Scotti
La vita al tempo del coronavirus
234. Roberto Delle Cese
Sans Papiers
235. Piero Conz
Donne senza tempo
236. Olga Fotino Canino
Delfina
237. Giovanni Carbone
Le statue di sale
238. A cura di Nino Muzzi
Günter Eich - *Sogni*
238. A cura di Nino Muzzi
Günter Eich - *Sogni*
239. Maria Modesti - *Nel segno del destino*
240. Pierluigi Elia - *Tra cielo e mare*
241. Ercole Luigi Morselli, a cura di Roberto Goracci - *Storie da ridere e da piangere*
242. Fabiano Raffaelli - *Il mangia, il folle e il vichingo*
243. A cura di Nino Muzzi
Anton Cechov - *La signora col cagnolino*
244. A cura di Nino Muzzi
Guy de Maupassant - *Una scampagnata*
245. Stefano Erasmo Pacini
Malamente

Finito di stampare
marzo 2022
per conto di

Effigi